本译作系国家社科基金抗日战争研究专项工程"世界反法西斯战争史（含中国抗战）档案资料收集整理与研究"（批准号：16KZD020）阶段性成果。

全球视野下的
第二次世界大战
1931—1953

Andrew N. Buchanan
［英］安德鲁·N. 布坎南　著
张士伟　译

WORLD WAR II
IN GLOBAL PERSPECTIVE　1931–1953

中国出版集团
东方出版中心

图书在版编目（CIP）数据

全球视野下的第二次世界大战：1931—1953 /（英）安德鲁·N. 布坎南著；张士伟译. -- 上海：东方出版中心, 2024.7
ISBN 978-7-5473-2436-3

Ⅰ.①全… Ⅱ.①安… ②张… Ⅲ.①第二次世界大战战役 - 研究 - 1931-1953 Ⅳ.①E195.2

中国国家版本馆CIP数据核字(2024)第109417号

上海市版权局著作权合同登记：图字09-2024-0617
World War II in Global Perspective, 1931—1953: A Short History by Andrew N. Buchanan, ISBN: 978-1-119-36609-6
Copyright ©2019 John Wiley & Sons, Inc.
All Rights Reserved. This translation published under license with the original publisher John Wiley & Sons, Inc. No part of this book may be reproduced in any form without the written permission of the original copyrights holder. Copies of this book sold without a Wiley sticker on the cover are unauthorized and illegal.
本书简体中文字版专有翻译出版权由John Wiley & Sons, Inc.公司授予中国出版集团东方出版中心。未经许可，不得以任何手段和形式复制或抄袭本书内容。本书封底贴有Wiley防伪标签，无标签者不得销售。版权所有，侵权必究。

全球视野下的第二次世界大战（1931—1953）

著　　者　［英］安德鲁·N. 布坎南
译　　者　张士伟
策划组稿　刘　叶
责任编辑　黄　驰
装帧设计　余佳佳

出 版 人　陈义望
出版发行　东方出版中心
地　　址　上海市仙霞路345号
邮政编码　200336
电　　话　021- 62417400
印 刷 者　上海万卷印刷股份有限公司
开　　本　710mm×1000mm　1/16
印　　张　21.25
字　　数　248千字
版　　次　2024年8月第1版
印　　次　2024年8月第1次印刷
定　　价　85.00元

版权所有　侵权必究
如图书有印装质量问题，请寄回本社出版部调换或拨打021-62597596联系。

献给 玛丽·内尔

年轻的亚历山大征服了印度。

他是一个人吗?

凯撒打败了高卢人。

他身边连个厨子都没有吗?

西班牙的菲利普哭了,

当他的无敌舰队沉没时。

难道再没有其他人哭了吗?

腓特烈大帝在七年战争中取得了胜利。

获得胜利的

还有谁?

——摘自《一个工人读书时提出的问题》

(贝托尔特·布莱希特著,1936年初版于德国)

中文版序言

看到《全球视野下的第二次世界大战（1931—1953）》被翻译成中文，我深感荣幸。鉴于中国在当今世界中的分量和重要性，以及中文是世界上母语使用人数最多的语言这一事实，翻译本身也是朝着就第二次世界大战的真实特征和意义开展急需的对话所迈出的一小步，但却是重要的一步。长期以来，在欧洲和美国撰写的二战史——即使是那些声称提供"全球"路径的历史——基本上都采用了欧洲中心主义（Eurocentric）和美国中心主义（America-centric）的视角。本书采用了一种截然不同的方法论，其目的不是简单地通过增加有关亚洲及世界其他经常被边缘化的地区的材料来"再平衡"历史，而是从整体世界的视角出发，不再着眼于任何一个国家或国家集团的经历，来重写整个故事。

本书的论点是，第二次世界大战并不是一个有明确起点和终点的精确事件。相反，最好将其视为20世纪中叶在世界各地发生的一系列相互交织的地区战争和政治革命。这些地区性战争逐渐有了一个中心，后来又从这个中心散去，这场"中心发作"（central paroxysm）的出现即是由于美国的参与。这段激烈的中心冲突期确实有明确的起点和终点，它起自1941年12月7日日本偷袭美国海军基地珍珠港，结束于1945年9月2日日本正式投降。彼时美国是唯一一个既有政治意愿又有经济和军事能力同时在欧洲和亚洲发动战争的国家，这一事实决定了战争的性质。然而，这场真正的世界性战争，虽然是由华盛顿领导下的重塑世界经济和政治秩序的斗争所驱动的，但它只可能发生在欧亚大陆东西部的地区性战争早已蔓延肆虐的背景之下。从这个意义上说，第二次世界大战是在日本自1931年开始在中国和东南亚发动战争以及德国1940年打败法国、1941年对苏联发动殖民征服战争的基础上发展起来的。

因此，第二次世界大战是以渐进和不均衡的方式开始，并以类似的方式结束，尤其是在亚洲。在亚洲，虽然华盛顿在东京取得了对帝国主义对手的决定性胜利，但它在东亚和东南亚许多地区的军事存在却很薄弱。此外，日本投降后，美国士兵迅速要求复员，当华盛顿在1946年初试图延缓这一进程时，他们在世界范围内发起了一系列抗议活动，确保了美军的加速——即使是暂时的——解体。因此，华盛顿无法派遣军队对抗世界大战所直接引发的社会革命和民族解放战争。在东亚和东南亚的大部分地区，世界大战的正式结束带来的不是和平，而是新的武装冲突。从这个角度来看，中国革命与朝鲜、印度尼西亚（荷属东印度群岛）、越南（法属印度支那）、英国殖民地缅甸和马来亚以及美国殖民地菲律宾的民族解放斗争显然都是"长期"世界大战的组成部分，离开这一框架，注定无法充分理解它们。

反之亦然，如果不去讲述那些充分融合到战争中的地区——包括撒哈拉以南的非洲和拉丁美洲在内——也无法把握冲突的真正的全球性，这些地区过去经常被边缘化或完全被忽略。此外，本书据以锚定这场长期战争的重要日期和事件——1931年日本入侵中国东北和1953年朝鲜停战——凸显了亚洲在20世纪中叶世界危机的整体特征、进程和结果中的核心地位。中国发生的事件对战后世界的建构也起到了特别重要的作用。对中国海量资源和潜在市场的争夺与控制构成了日美冲突的核心问题。为确保美国在中国的主导地位，美国领导人计划在太平洋战争中击败日本，提升蒋介石国民党政府的外交形象，同时为中国提供与日本持续作战所需的武器、装备和军事训练。为此，富兰克林·罗斯福总统将中国列为战后世界的"四大警察"之一，并让蒋介石参加了1943年11月在开罗举行的高级别首脑会议。因此，华盛顿试图通过维持国民党适度的作战努力，在免于大量部署美国地面部队的情况下，来确保它在中国的主导地位。然而，到1945年，大量的中国人对自己国家的未来产生了截然不同的想法，他们积极自觉地参加了随后的内战，确保了中国革命在1949年的胜利——这一事件与第二次世界大战密不可分，就像俄国和德国革命与第一次世界大战密不可分一样。

将中国革命纳入第二次世界大战的叙事中，凸显了人民大众在本书论述中的核心地位。"二战"不仅是一个关于高层领导人、大战略和军事战争的故事，也是一个关于普通民众——工厂工人、贫苦农民和城市中产阶级——如何在历史上留下自己印记的故事。在世界各地，从意大利和希腊到海地、伊朗和东南亚殖民地，劳动人民参加了罢工、占地和游击等活动。鉴于莫斯科的政策取向，随着战后秩序的巩固，大多数起义最终都失败了，但在南斯拉夫，正如在中国一样，资本主义财产关系被人民革命推翻了。这些斗争，加上苏联模式意外地扩展到东欧，对这场长期战争的结果产生了深远的影响，因此我将它们纳入了战争叙事之中。

最后，我要感谢张士伟先生为本书翻译所做的工作。这并不是一件简单的事情，因为书中既讨论了复杂的历史进程和史学思想，也对人物、地点和事件进行了较为直率的论述。张士伟先生的敬业精神及其对细节的关注与重视，确保了本书中的概念与历史叙事都能被完整地译成中文。我期待着这本书能引发热烈的讨论！

安德鲁·布坎南

2023 年 11 月

目 录

中文版序言 1

致 谢 1

原版书序言 1

第一章 世界旧秩序的危机 7
  第一次世界大战与战后安排 9
  美国的崛起 12
  20世纪20年代的欧洲 14
  俄国革命 18
  日本、中国和亚洲不断加深的冲突 20

第二章 大萧条与第二次世界大战的发轫 23
  美国新政 25
  日本大萧条与军国主义 26
  纳粹德国的崛起 29
  走向"轴心"联盟 34
  苏联对集体安全的追寻 36
  法国人民阵线联盟与西班牙内战 38
  德奥合并、绥靖主义与军备重整 41
  亚洲走向战争之路 43
  欧洲走向战争之路 46

第三章 1940年：轴心国的胜利与新的战略抉择 51
  芬兰冬季战争 52
  德国在波兰的"生存空间" 53

德国对斯堪的纳维亚半岛的控制　56

英法计划和"帝国动员"　57

1940 年夏：法国沦陷　60

不列颠空战　63

新的战略抉择　65

《三国同盟条约》　69

柏林转向东方　70

东京转向南方　72

罗马的"平行战争"　74

第四章　1941—1942 年：轴心狂潮　79

意大利将德国拖下地中海　79

中东的战争与民族主义　82

巴巴罗萨行动　85

大屠杀　88

巴巴罗萨行动与即将到来的世界大战　91

珍珠港事件与世界大战　94

日本的离心攻势　97

阿卡迪亚会议　101

第五章　1942—1943 年：大战转折点　105

一场世界大战　105

海道、航线和全球互通网络　106

空中高速公路　111

军事转折点：太平洋战役　113

中国战场的僵局　116

军事转折点：苏德战场　118

　　　　　军事转折点：地中海战场　123

第六章　战时经济　129
　　　　　苏联：社会主义经济的战时规划　130
　　　　　美英的战争与商业　132
　　　　　轴心国的战争规划　134
　　　　　中国：战时生产与资本主义的现代性　138
　　　　　生产之战　139
　　　　　劳工动员　144
　　　　　技术之战　152

第七章　1943年：全面战争与战后世界的新轮廓　159
　　　　　盟军联合轰炸攻势　160
　　　　　德国东线的危机　163
　　　　　太平洋战略选择和东南亚民族解放战争　166
　　　　　英属印度的转型　170
　　　　　中国与开罗会议　172
　　　　　意大利的战争、民众起义和盟国政治　175
　　　　　南斯拉夫切特尼克和游击队　179
　　　　　德黑兰会议　181

第八章　1944年：盟国走向胜利　185
　　　　　世界大战与拉丁美洲　185
　　　　　中立国　190
　　　　　盟军前进：红军摧枯拉朽　193
　　　　　盟军前进：意大利和法国　197
　　　　　戴高乐将军与法国的光复　202
　　　　　意大利和希腊的战争与政治　206

　　　　　美国在太平洋上的进军和日本在中国的一号作战　210

第九章　1945 年：战争结束了，斗争仍在继续　217
　　　　　一个世界经济新秩序　217
　　　　　雅尔塔会议　221
　　　　　欧洲战事的结束　223
　　　　　的里雅斯特危机和波茨坦会议　227
　　　　　盟军战略轰炸与太平洋战争　229
　　　　　亚洲的地缘政治和原子弹轰炸日本　231
　　　　　亚洲战事止而不休　235

第十章　从战争到战后，1945—1953 年　239
　　　　　人口损失　239
　　　　　盟国因何而胜　242
　　　　　美国的有限胜利　244
　　　　　华盛顿组织其霸权　246
　　　　　帝国在东南亚的终结　250
　　　　　印度独立和非洲的反殖主义　254
　　　　　中东民族主义、石油和帝国主义　256
　　　　　欧洲的分裂　259
　　　　　亚洲的军事占领、战争和革命　263
　　　　　一个短暂而有限的美国世纪　267

尾　声　269

注释、参考书目与拓展阅读　272

索　引　286

译后记　322

致　谢

本书的出版离不开众多学生、同事和朋友们的贡献。在过去的 10 年里，佛蒙特大学（University of Vermont）有数百名学生选修了我的第二次世界大战史课程，无论他们是否知晓，本书都受益于他们的集体参与。我要特别感谢那些参加了有关本书前几章非正式研讨的学生：他们是亚历克斯·埃利斯（Alex Ellis）、科尔比·费舍尔（Colby Fisher）、莎拉·尧里斯（Sarah Jauris）、奥利弗·摩尔（Oliver Moore）和雅各布·赖克（Jacob Reich）。比尔·莱恩（Bill Ryan）和理查德·皮里罗（Richard Piliero）也加入了这些本科生的行列。他们是我的终身学生，曾多次来听我的课，次数多到他们自己也记不住。在一个漫长的冬天里，在我的家乡——纽约州北部沃隆堡——的格兰奇会堂召开了一次非正式研讨会，全面讨论了本书草稿。与会者包括安德烈娅·巴雷特（Andrea Barret）、玛丽-内尔·博克曼（Mary-Nell Bockman）、泰德·康奈尔（Ted Cornell）、巴里·戈德斯坦（Barry Goldstein）、牧师克雷格·哈克（Craig Hacker）、亚当·里德（Adam Reed）、大卫·鲁瑟（David Reuther）、玛吉·鲁瑟（Margie Reuther）、贝萨妮·泰特尔鲍姆（Bethany Teitelbaum）、理查德·泰特尔鲍姆（Richard Teitelbaum）和科林·韦尔斯（Colin Wells）。我还要感谢迈克·鲍曼（Mike Baumann）提出的建设性批评意见。

在我开始写作后不久，佛蒙特大学历史系的同事们就听说了一篇关于本项目的论文，他们的热情让我相信我的方向是正确的。我尤其要感谢保罗·德斯兰德（Paul Deslandes）、埃里克·埃塞尔斯特罗姆（Erik Esselstrom）、梅拉妮·古斯塔夫森（Melanie Gustafson）、乔纳森·休纳（Jonathan Huener）、阿比·麦高恩（Abby McGowan）、莎拉·奥斯滕（Sarah Osten）、妮科尔·菲尔普斯（Nicole Phelps）和阿曼尼·惠特菲尔德（Amani Whitfield），他们为我提供了各种有用的想法、见解和信息。我还要感谢其他学者和朋友，包括牛津的汤姆·布坎南（Tom Buchanan）和彼得·威尔逊（Peter Wilson）、那不勒斯的马可·玛丽亚·阿特拉诺（Marco Maria Aterrano）、马斯特里赫特的巴勃罗·德尔·希耶罗（Pablo del Hierro）和佛蒙特的斯科特·沃特曼（Scott Waterman），他们阅读了手稿的全部或部分内容，并提出了意见。我还要感谢安·普福（Ann Pfau）为我找到大兵抗议的图片，感谢詹姆斯·黑尔（James C. Hare）上尉和第五十七战斗机大队协会为我提供意大利游击队在维罗纳（Verona）的图片，感谢安德鲁·斯图尔特（Andrew Stewart）为我提供的印度士兵在阿斯马拉（Asmara）的图片。这些地图基于欧文·雷兹（Erwin Raisz）制作的正射影像投影，底图是卡洛斯·富鲁蒂（Carlos Furuti）的作品；佛蒙特大学的学生马克斯·穆勒（Max Muller）补充了所有细节。我对他们的工作表示感谢。我还要感谢丛书编辑凯瑟琳·爱泼斯坦（Catherine Epstein）的不断鼓励；感谢三位匿名学者审阅并改进了书稿；感谢威利（Wiley）制作团队及时与准确的工作：他们包括印度的贾纳妮·戈文丹库蒂（Janani Govindankutty）和茜玛拉·文卡特斯瓦兰（Shyamala Venkateswaran）、英国的布丽吉特·梅辛杰（Brigitte Lee Messenger）和美国的詹妮弗·马尼亚斯（Jennifer Manias）。

原版书序言

　　松下一利（Matsushita Kazutoshi）经历了一场漫长的战争。1923年，松下出生于日本九州的一个渔村，1944年应征加入日本关东军。他参加了一号作战行动（Operation Ichigo）①，这是日本在中国发动的最后一次也是规模最大的一次陆上攻势。该作战行动沉重打击了蒋介石的国民党军队，但也使日军疲惫不堪。松下临阵脱逃，结果被俘虏并被编入国民党军队。1946年，中国国民党和共产党爆发内战，松下再次被俘。这一次，他加入了共产党领导的中国人民解放军。共产党战士对待平民的方式给松下留下了深刻印象，此后他便一直跟随解放军作战，直到1949年解放军打败国民党。即便如此，他的战争仍未结束。1950年，松下加入中国人民志愿军，跨过冰封的鸭绿江，加入朝鲜一方，参与抗美援朝战争。他参加了（朝鲜）长津湖周围残酷的冬季战斗，最终于1951年8月被美军俘虏。在1953年停战之前，他一直是战俘。次年，他终于回到了家乡，而此时他的家人以为他早已作古。

　　松下的奥德赛之旅确属非同寻常。他在外漂泊了10年，先后在三支不同的军队服役，最后向第四支军队投降。他参加了绝望的战斗，目睹了大规模的破坏，并参与了一场改变世界的革命。松下的经历是独特的，但也集中反映了全世界千百万人的经历。在我们所熟知的第二次世界大战

---

① 我国称为"豫湘桂战役"。——译者注

中，来自英属西非的"缅甸男孩"与英帝国军（British-Imperial Army）一起在东南亚作战，其中一些人由波兰军官领导。来自英属印度的旁遮普人在北非和意大利服役。西班牙志愿者穿越欧洲，参加了德国对苏作战，在那里他们与数以万计的罗马尼亚人、匈牙利人和意大利人会师。巴西人在意大利与美国人并肩作战，一支墨西哥战斗机中队在菲律宾与美国陆军航空队并肩作战。从柏林到东京，来自美国中西部的农家女在女子军团服役。来自法属北非和西非殖民地的非洲人、阿拉伯人和柏柏尔人在法国南部的战役中发挥了盟军先锋的作用，但随着抵抗运动战士的加入，法国军队被"白化"（whitened），他们被毫不客气地挤到了一边。1939年被苏联俘虏的波兰人，一部分后来离开，在意大利与英国人并肩作战，一部分则留下与红军共同发起对柏林的总攻；一些人在巴勒斯坦定居，许多人则在英国安家。一名美国士兵乔·贝勒（Joe Beyrle）被德军俘虏，后被苏联红军从监狱中救出。他加入了一支苏联坦克部队，在一位他只知道叫"少校"[1]的女人的指挥下，从东部打进德国。

这场全球冲突的结构就是由如此这般延伸和纠缠的个人历史编织而成的。在世界各地，像我父亲这样的孩子们通过翻阅报纸上的地图来研究军队的动向，想象着他们也是其中的一员。即使在德国占领下的波兰犹太人聚居区，在遭受可怕迫害的情况下，像18岁的达维德·西拉科维亚克（Dawid Sierakowiak）这样的犹太人也尽其所能地关注着战争的进程，他们从英国广播公司的秘密广播、想方设法搜罗来的报纸以及偷听到的德国士兵谈话中拼凑出一些信息。他们研究开赴前线的士兵的士气，统计返回的伤员数量。盟军在斯大林格勒和阿拉曼取得胜利后没几天，消息就传到了西拉科维亚克在罗兹（Łódź）的犹太人区，引发了当地的秘密庆祝活动。1942年8月，当游击队挺进南斯拉夫的消息传来时，西拉科维亚克报告说"精神振奋得令人难以置信",但他也报告说,他担心德国将"在输掉战争之前彻底消灭欧洲的犹太人"。[2]犹太人聚居区的命运与远方的战争紧密相连,犹太人们盘算着盟军遥远的胜利对其生存机会意味着什么。

这些叙事激发我们去思考空间上的相互联系,以及一个地方发生的事件对遥远的和看似毫无联系的人们的意义。但是,松下的奥德赛之旅也促使我们思考时间。当他在1944年参加日本侵略中国的战争时,这场战争自东京于1931年入侵中国东北以来就一直在进行。松下发现,第二次世界大战的正式结束并没有给亚洲大部分地区带来和平。印度、荷属东印度群岛、缅甸、越南等地的民族解放运动继续为争夺政治权力而战,而在中国,一个短命的联合政府让位于内战、革命和朝鲜半岛的新战火。1953年7月朝鲜停战后,局势终于有所稳定,但东亚的一些地区从1931年到1953年一直战乱不断。在印度支那,越南民族主义者陆续与日本、法国和美国占领者作战:他们的战争直到1975年才宣告结束。

欧洲的时间框架同样具有弹性。在欧洲,第二次世界大战爆发的时间通常是指英法对德宣战的日子,即1939年9月3日,但这是一种过于以盟国为中心的观点。德国军队于1936年3月重新占领莱茵兰地区,并于1938年吞并奥地利和捷克苏台德地区。法西斯意大利于1935年入侵埃塞俄比亚,1939年入侵阿尔巴尼亚,而在西班牙,民选共和政府与德国和意大利支持的保守军官之间的内战从1936年7月持续到1939年4月。1945年春德国的投降结束了欧洲的主要军事行动,但政治稳定直到20世纪50年代初才得以实现,此时欧洲大陆的冷战分裂局面已经成型。在北非,战争使得法国对其殖民帝国的控制有所放松,引发了争取民族独立的战争,这些战争于1962年在阿尔及利亚结束。

上述这一简短的概览表明,"第二次世界大战"既是全球相互联结的一个站点，也是 20 世纪中叶二十多年间混乱蔓延的一个事件，或者说是一系列相互交织的事件。它不是一场双方界限分明的单一战争，也不能被强行纳入传统的 1939—1945 年的时间框架。即使是被广泛接受的"第二次世界大战"名称本身也是美国领导人精心推广的产物，在问鼎全球领袖地位的背景下，他们热衷于将自己的叙事强加于战后世界。纳粹领导人也曾对世界大战（Weltkrieg）有过幻想，但只有美国才拥有将其变为现实的经济实力、军事力量和政治远见。但也有其他的说法，战争继续以不同的名称反映不同的现实。在俄国，它是"伟大卫国战争"，在中国是"抗日战争"。日本从"九一八"事变和"七七"事变开始，到"大东亚战争"，最后在太平洋战争中失败。英国人在 1948 年追随美国的领导之前，曾玩弄过许多名称。英国著名学者卢埃林·伍德沃德（Llewellyn Woodward）[①]酸溜溜地指出，掌控命名权是"美国的又一次胜利"[3]。

伍德沃德说得有道理。从全球视角来看，这场战争最具意义的单一后果便是美国在资本主义世界确立了主导地位。美国帮助摧毁了德国、意大利和日本争夺地区霸权的行动，同时也让作为全球大国的英国黯然失色。当美国参战时，它早已是世界领先的制造业大国，华尔街正在挑战（伦敦）"金融城"作为世界首要金融中心的地位。但美国的陆军规模很小，仅列世界第 18 位，海军虽然名义上与英国皇家海军相当，但由于缺乏海外基地而受到限制。到 1945 年，美国成为世界上首屈一指的军事强国，其全球影响力依托于 2 000 多个海外基地。美国曾一度垄断了核武器，甚至一度拒绝与其最亲密的英国盟友分享核武器。在美国战时经济巨大生产

[①] 卢埃林·伍德沃德，英国著名历史学家，先后在英国牛津大学与美国普林斯顿大学任教，曾编纂《英国外交政策文献》，著有《大不列颠与大战（1914—1918）》《第二次世界大战期间英国外交政策》等名作，1952 年受封爵士。——译者注

力的支撑下,这种前所未有的军事力量使华盛顿得以重组全球资本主义经济,持续释放出维持到20世纪60年代末的经济繁荣。

美国世界地位的转变是漫长的第二次世界大战全球史的核心。这是一个通过一系列相互重叠的战争展开的故事,这些战争最终导致美国击败了德国、意大利和日本等敌人,英国盟友被边缘化,苏联作为对手被"遏制"。这是一个"美国世纪"(American Century)——杂志出版商亨利·卢斯(Henry Luce)于1941年提出——得以建立的故事。这被设想为美国主导下的前所未有的经济增长浪潮,其中裹挟着美国自由国际主义的意识形态。在上述纠缠不清的跨国叙事背景下,这是这段全球史的核心故事。当然,它的内涵远不止于此。全球史还必须包括柏林、东京和罗马的极端民族主义政权为建立自己的殖民帝国所做的努力,以及伴随其中的所有那些残暴的和与种族灭绝相关的后果。它还包括伦敦、巴黎和海牙的老派帝国主义者为保住他们的帝国所做的努力,这些帝国曾塑造了全球政治与经济。它同样包括苏联成功进行的反击德国入侵的战争,这个国家建立于反资本主义的革命基础之上。它还强调了反殖运动浪潮的兴起,这股浪潮给长期以来受欧洲各国统治的广大地区带来了非殖民化和民族的独立。

最后,我想对美国读者说几句话。年轻的美国人,其中大多数是男性,当年大量参与了跨国之旅,这是全球战争经历的一部分。美国人在大西洋和太平洋、欧洲和亚洲作战。他们目睹了日本和德国城市的毁灭,凝视着意大利的名胜古迹,喝着英国的温啤酒。尽管如此,美国人民的战争经历在许多方面与其他国家的人民截然不同。当德国的炸弹落在英国工业城市谢菲尔德时,我母亲还是一个10岁的小女孩,她蜷缩在安德森防空洞里——那不过是一块薄薄的波纹钢板,上面覆盖着花园里的泥土。她躲过了一劫,但她的房子被炸毁了。仅在1940年12月的两次夜间轰炸中,谢菲尔德就有600多人丧生，其他一些城市则有数千人伤亡。她的童年经历中有一种恐怖的确定感，即轰炸机上那些看不见但却能清晰发出声音的年轻人试图杀死她。从汉堡到东京，从列宁格勒到南京，数以百万计的人都有过这样的经历。在法国，人们面临的另一个恐怖是，轰炸他们的是他们的"解放者"，有53 000多人被盟军的炸弹炸死。随着战争的进行，屠杀规模也在不断扩大，然而，数百万伤亡平民中却没有一个是美国人，只有在俄勒冈州野餐时被日本气球炸弹炸死的6人是不幸的例外。

正如普利策奖得主斯特茨·特克尔（Studs Terkel）所说，对许多美国人来说，"二战"是一场"好战争"。对于那些没有入伍的人来说，战时工作随手可得，且报酬丰厚。数百万女性首次加入劳动大军，许多非洲裔美国人开始了第二次"大迁徙"，从南方农村迁往加利福尼亚和北方蓬勃发展的兵工厂。美国城市没有遭到轰炸，基础设施没有受到破坏。厨房里食物充足，没有人因敌人的行动而挨饿。这些构成了战后美国梦的基础。在美国取得压倒性军事胜利的背景下，它们塑造了——并将继续塑造——一种非常具体的、以美国为中心的全球"二战"史观。它是这样一场战争，定义清晰的双方在一场道德立场鲜明的战争中正面对峙，同时它也是一场发生在一个精确界定的时间框架内的战争。但这并非世界其他地区所普遍接受的观点。将第二次世界大战作为一场全球性事件来看待，需要我们有意识地努力跳出传统的以美国（和西方）为中心的框架。这虽不要求我们放弃这些根深蒂固的道德信念，但在比较经验（comparative experiences）[①]的语境下，这的确要求我们从作为一个整体的世界，而非从任何特定国家的角度出发去辨别这些道德信念。

[①] 作者使用该词，重点在于鼓励读者将世界作为一个整体去思考，而不是仅考虑任何特定国家或特定民族的历史和民族的利益。这就要求读者抛开民族偏见，思考一个国家的经历与其他国家相比有何不同。——译者注

第一章
世界旧秩序的危机

第二次世界大战之前，世界大部分地区仍由欧洲帝国主义列强统治，其中最主要的是英国和法国。随着统治辽阔的霍亨索伦（德国）、哈布斯堡（奥地利—匈牙利）、罗曼诺夫（俄罗斯）和奥斯曼（土耳其）王朝被推翻，"一战"结束了。但英国和法国却扩大了他们的海外帝国，尤其在石油丰富的中东地区。19世纪初的拿破仑战争之后，英国巩固了它在世界体系中的领导地位。它以世界第一的工业经济活力和对世界各地半独立自治领的占有为基础，直接控制着殖民地、受保护领地和各大岛屿前哨，它们共同组成了英帝国。当时世界上最强大的皇家海军保护着英国的全球贸易网与帝国的财富、资源和市场。

英国没有庞大的陆军，它依赖在印度招募的士兵巡守帝国的大部分地区，依靠其外交官和政治家确保没有任何竞争对手可以单独主宰欧洲。这种经济和军事力量的结合使伦敦城成为世界上首屈一指的银行、金融和保险业中心。英国的全球霸权不仅依靠经济和军事力量上的"硬实力"，也依赖使用"软实力"——如自由贸易、自由民主和为殖民地谋福利的主张——维护其道德领导力。尽管不列颠和平下的军事和外交安排维持了英国一个多世纪的全球霸权，但为维持帝国的统治，它的军队也很少能闲下来。

其他欧洲列强也建立了庞大的殖民帝国，不过它们无法与英帝国的全球性相媲美。荷兰人统治着东印度群岛（今天的印度尼西亚），这是它作为17世纪世界主要商业强国的遗产。在19世纪的最后几十年里，几个欧洲国家疯狂争夺撒哈拉以南非洲的土地，几乎瓜分了整个非洲大陆，他们在建立殖民地时全然不顾原有边界，将地方精英收编到"间接统治"体系。在东南亚，法国在19世纪80年代控制了印度支那（今天的越南、柬埔寨和老挝），英国控制了从北婆罗洲、马来亚到缅甸、印度的一片广阔的新月形领土，这是英帝国"王冠上的宝石"。只有拉丁美洲逃脱了这种直接的殖民统治模式。19世纪初，反殖革命解放了拉丁美洲的大部分地区。尽管作为民族国家已经取得独立，但力量相对弱小的他们仍然被困在主要由英国以及美国（力量在增长）主导的贸易圈中，主要出口原材料，进口制成品。

19世纪最后25年，英国主导的世界秩序受到德国、意大利、日本和美国这些新统一的民族国家的挑战。这些新兴国家皆是国家统一战争（包括美国内战和日本的明治维新）的产物。除了意大利，所有这些国家的统一都促成了经济的持续增长。19世纪末，美国已经成为世界上最大的制造业国家，德国也在关键经济领域超越了英国。在亚洲，日本相继取得对华战争（1894—1895）与对俄战争（1904—1905）的胜利，成为地区大国。这些国家加入了争夺非洲和太平洋海外殖民地的行列，并与英国和法国一起努力在中国开拓新的市场和势力范围，清王朝因经济停滞、农民起义和地区分裂而日渐衰落。帝国间日益加剧的国际竞争破坏着欧洲的稳定，法俄对德国崛起的担忧与俄国、奥匈帝国和奥斯曼帝国在巴尔干半岛的冲突交织在一起。1914年8月，这些相互重叠的欧洲冲突和帝国冲突导致了第一次世界大战的爆发。

第一次世界大战与战后安排

这些多层次的原因塑造了"一战"的性质。大部分战役和1 000万士兵中的绝大多数伤亡发生在欧洲的三个战区，包括：英法和德国军队在西线战壕中旷日持久的消耗战；俄国和同盟国（德意志帝国和奥匈帝国）从波罗的海一直延伸到黑海的战线，同样野蛮，且更多变；意大利和奥匈帝国之间的阿尔卑斯山战线。这些欧洲战场与世界其他地区的重大冲突相互联结。虽然殖民地参战的军队数量要少得多，但其战斗往往是多变、快速和决定性的。在非洲，印度和非洲的联军推翻了德国在今天喀麦隆、纳米比亚和坦桑尼亚的殖民统治。在中东，为争夺对伊拉克、叙利亚和巴勒斯坦的控制权，阿拉伯反政府武装与协约国军队对奥斯曼帝国作战。从1919年到1923年间，新兴的土耳其民族国家为捍卫其独立，而与意在肢解他们的协约国军队作战。与此同时，彼时还是英国盟友的日本，卷走了德国在马绍尔群岛、马里亚纳群岛、加罗林群岛和中国山东半岛等地区的殖民前哨据点。

殖民地劳动力、粮食和原材料的动员使英法得以打一场长期消耗战。法国自西非和北非殖民地征募的军队奋战在西线，印度军队和其他殖民部队则在中东和非洲支撑着英国领导的战役。这些帝国动员将殖民地人民卷入世界政治的洪流之中，海外军事服役使他们接触到新的经验和思想。这些因素推动了反殖运动浪潮的增长。当印度圣雄甘地和国民大会党加强自治运动（Home Rule）时，殖民当局报之以残酷的镇压，1919年在阿姆利则射杀了1 000多名手无寸铁的抗议者。在爱尔兰，1916年复活节反英武装起义遭到英国的强力镇压，这推动了对民族主义事业的支持，引发了一场争取民族独立的战争，最终导致南部地区于1922年成立爱尔兰自由邦。在其他殖民地，尽管战争的影响没有那么深刻，但它还是刺激了反殖运动的兴起，这些运动在随后的几十年中变得越来越重要。

"一战"期间，主要参战国动员了全部国家资源用于战争。政府命令工人服兵役或者从事关键的工业岗位，并重组工业体系，以最大限度地生产武器和弹药。由于英国的海上封锁，德国无法从事海外贸易，应对战争的压力尤为严重。柏林虽设法生产出了维持两线长期作战所必需的军用物资，但到了1916—1917年的那个冬天，德国平民却开始挨饿。工业基础薄弱的沙俄帝国也受到了沉重打击：随着战争的进行，经济崩溃和军事失败共同导致了深刻的政治危机。由于英法经济得到了其殖民帝国和大量流入的美国资金、粮食与军事物资的支撑，两国更有能力满足全面战争的需求。然而，在长达三年的时间里，尽管牺牲了数百万人并消耗了包括坦克、飞机和毒气在内的海量物资，但双方都没有取得决定性的军事突破。

军事僵局的第一批裂缝在1917年出现，全面战争造成的严重社会后果先在俄国、后在德国和奥匈帝国引发了政治危机。1917年，俄国的沙皇政权被两场人民革命推翻，第一场是由自由派民主党人士领导的二月革命，第二场是由弗拉基米尔·列宁的布尔什维克党领导的十月革命。在"面包、和平和土地"的口号下，布尔什维克政府使俄国退出战争。在短期内，俄国的退出有利于德国，后者迅速吞并了前沙俄帝国在波兰、乌克兰和波罗的海地区的大片领土。1918年3月，德国的占领在《布列斯特-利托夫斯克条约》中得到确认。在条约中，布尔什维克党人以土地换取了巩固社会主义国家的时间。德国在东线的胜利使其可以把军队调到西线，为1918年春天的大规模进攻做准备。在长达三年的僵局之后，德国的军事胜利似乎近在咫尺。

1917年的第二个重大政治发展,即美国正式参战与前述事件相互交叠。自1915年以来,美国的资金和物资一直支持着协约国的战争,但是在伍德罗·威尔逊(Woodrow Wilson)总统的领导下,美国一直保持中立。因为德国潜艇恢复攻击大西洋上的中立船只,1917年4月,威尔逊决定参战。但从根本上说,其参战是为了阻止德国主导欧洲的局面的出现,毫无疑问,德国的这种行为被认定是对美国崛起的威胁。美国作为一个"准盟国"(不是协约国正式成员)加入英国和法国的行列,美军及时登陆法国,以支援在德国1918年春季攻势中节节败退的协约军。到了秋天,前线已有100万美军准备向德国挺进。

结果,革命先于协约军抵达德国。1918年11月,德国政府被一场人民起义推翻,这次起义始于海军兵变,并蔓延到柏林的工人阶级区域和整个德国的工业中心地带。正如在俄国那样,工人和士兵组成了革命委员会,作为人民政权机关。德皇威廉二世退位,一个由温和的社会主义者和军事领导人组成的联盟于11月11日与协约国签署了停战协议。

停战协议结束了战争,但没有结束所有的战斗。俄国内战一直持续到1922年,英国、法国、日本和美国的军事远征军,协助俄国反革命势力,致力于推翻新生的苏维埃社会主义共和国联盟。在土耳其,为阻止新的土耳其民族国家被协约国肢解,穆斯塔法·凯末尔领导的民族主义者一直战斗到1923年。1918年,革命起义粉碎了哈布斯堡帝国,短暂建立了社会主义政权,为在奥地利、匈牙利和捷克斯洛伐克建立新民族国家奠定了基础。在德国,新魏玛共和国(以制宪会议所在城市命名)温和的社会主义领导人,利用民族主义自由军团镇压了共产党领导的工人反抗浪潮。这场浪潮在1918年和1923年之间席卷了柏林、巴伐利亚(慕尼黑苏维埃共和国）和鲁尔工业区。1920年，罢工和民众抗议破坏了一次右翼军事政变，即卡普政变。

这些事件表明，大规模现代战争有可能带来经济和社会的崩溃，对战败者来说，还有人民起义。就像在俄国，人民革命带来的是推翻资本主义经济基础的政府。对于世界各地的统治精英来说，这种可怕的后果将在战后岁月里严重影响他们的政治决断。德国和中欧地区的革命浪潮最终得到控制，但许多国家大量存在的共产党意味着，工人阶级夺取政权的可能性并未消失。如果不能理解这个问题在彼时政策制定者心中的重要性，就不可能理解第一次世界大战后的清算安排或第二次世界大战的进程。

美国的崛起

英国和法国赢得了第一次世界大战，但却付出了惨重的代价：整整一代年轻人被屠杀，国家经济陷入枯竭，政府债台高筑。与之相对，美国直到1917年才参战，虽然它在西线的军事存在使其成为欧洲政治的主要参与者，但它的军事力量却不如英法两国。同时，美国的工业家和金融家从一开始就站在协约国一边，创造了美国本土的经济繁荣，使其从一个债务国变成全球金融超级大国。在一些英国观察家看来，美国似乎是一种新型的"超级国家"。他们敏锐地意识到，虽然美援帮助他们战胜了德国，但代价却是不菲，经济权力急剧转移到了大西洋西岸。[1]尽管如此，美国较晚参战意味着它的经济主导地位并没有直接转化为压倒性的军事力量和政治影响力。因此，"一战"虽然打破了旧的世界秩序，但并没有马上建立一个新的秩序。

1919年，巴黎和会在凡尔赛召开，协约国领导人提出了不同且矛盾的目标。伍德罗·威尔逊希望建立的新世界秩序有四大基石：美国领导，自由贸易，针对欧洲特定国家实施民族自决，以及一个能够通过谈判解决国际争端的国际联盟（League of Nations）。与这一自由国际主义愿景相反的是，英法领导人一心只想惩罚德国，他们要求解散德国军队、强迫巨额赔款、重新划定德国边界以在东欧建立新的或更大的国家。考虑到欧洲战场上的力量对比，英法最终胜出。在凡尔赛，德国背负了巨额赔款，损失了 2.5 万平方英里（1 平方英里≈2.59 平方公里）领土，其中大部分给了新独立的波兰。法国得到了德国萨尔盆地为期 15 年的煤炭开采权，其管理权则归属国际联盟。

协约国希望遏制苏联，这在一定程度上减轻了对德国的严厉惩罚。尽管德国被剥夺了坦克和重炮，协约国却希望德军保持一定的实力，以镇压国内叛乱和抵抗苏联的扩张主义。出于类似的原因，威尔逊的民族自决原则主要适用于一个扩大的缓冲区或隔离带（cordon sanitaire），其中，从芬兰经波兰到巴尔干半岛的新的民族国家形成链条，以同时遏制德国和孤立苏联。协约国的矛盾目标产生了一个矛盾的条约。尽管《凡尔赛和约》的惩罚性内容，尤其是 700 万人口的损失激怒了德国的所有阶层，但该协议并没有苛刻到排除德国复兴的可能性。

凡尔赛会议之后，美国国会投票反对加入新成立的国际联盟。许多议员担心，加入国联会使他们无法掌握关键的外交政策决定权。不过，这也仅表明美国精英还不愿意完全接受其崭新的全球地位所带来的政治后果，并不能说明美国人普遍回到"孤立主义"的立场上去了。20 世纪 20 年代，美国仍然深度参与了国际政治、贸易和金融事务，作为世界主要经济大国发挥作用，只是尚未完全成为世界霸主。

1921 年的华盛顿海军会议凸显了这种矛盾的关系。华盛顿海军会议通常被称为裁军会议，因为它使各国战舰建造计划暂停了 10 年。会议的主要成就是将美国、英国、日本、意大利和法国的战舰吨位按 5∶5∶3∶2∶2[①] 的比例确定，以此来限制世界主要国家的海军规模。这个比例式承认了美国与英国平起平坐的地位。两个多世纪以来，英国皇家海军一直是世界霸主，但由于担心美国的造船能力会使其在海军军备竞赛中遥遥领先，伦敦接受了这种针对全球权力结构的史无前例的调整。这次会议也见证了日本的崛起。东京因其在战时为协约国所做的贡献而得到奖励，获准建立一支能够在亚洲和太平洋水域进行大规模力量投送的海军。此外，会议上签署的《四国条约》和《九国公约》稳固了战后亚洲关系，条约承认日本崛起的同时，重申了中国的主权和领土完整。对许多日本人来说，英国和美国承认日本为全球第三海军大国，证明了他们与西方合作的正确性。作为交换，日本将德国在山东半岛的前殖民地归还给了中国。

20 世纪 20 年代的欧洲

持续的经济失调破坏了魏玛共和国脆弱的稳定局面。1923 年，恶性通货膨胀导致了经济危机和失业率上升，削弱了德国向英法支付赔款的能力。法国的反应是占领鲁尔工业区，不料其军队却在该地区经历了一场大范围的非暴力反抗运动。10 月，德国共产党领导工人阶级在汉堡和萨克森发动起义，在经过激烈的巷战后，起义最终被魏玛军队粉碎。次月，激进的民族主义者阿道夫·希特勒和他新成立的国家社会主义德国工人党

---

① 原文如此，实际为 5∶5∶3∶1.75∶1.75。——译者注

（NSDAP，纳粹党）在巴伐利亚发动"啤酒馆暴动"（Beer Hall Putsch），试图夺取该州政权。这次政变被军队挫败，希特勒和其他纳粹领导人被投入监狱。到年底，魏玛共和国经受住了来自共产主义左翼和民族主义右翼的挑战。这也证明了，除非恢复经济稳定，否则进一步的危机将不可避免地接踵而至。

1924年，由美国银行家查尔斯·道威斯（Charles Dawes）和实业家欧文·杨格（Owen Young）领导的国际专家委员会着手解决德国的经济危机。他们的报告于1924年夏通过，史称道威斯计划。该计划将赔款偿付时间推迟到20世纪80年代结束，减轻了德国的赔款负担。同时，道威斯计划还为德国从约翰·摩根（J. P. Morgan）领导的华尔街金融家集团获得贷款提供担保，提高了德国定期还款的能力。摩根资金的滚滚到来使法国折服，它从鲁尔撤回了军队。美国的贷款加上社会支出的大幅削减，抑制了德国的恶性通货膨胀，并重启了经济增长。随着德国重新支付赔款，英法两国得以偿还美国战债，道威斯计划帮助德国恢复稳定的同时，也为华尔街创造了利润。

虽然战后革命浪潮已经退却，美国资本也已流入，但欧洲的复苏依然脆弱，这在意大利尤为明显。作为欧洲实力最弱的大国之一，意大利于1915年参战，当时协约国承诺它会得到从奥匈帝国分割的领土。然而，意军遭受了一连串耻辱性的失败，最终在1917年11月的卡波雷托战役（Battle of Caporetto）中彻底崩溃。战争使意大利失去了60多万条生命，却未能获得任何有意义的领土，经济也受到重创，只能依赖美国的贷款。虽然意大利领导人在凡尔赛会议上获得了一些领土，但它们不太重要，与协约国在1915年伦敦密约中承诺的相差甚远——现在苏俄政府公开了这一条约，使各方陷于尴尬之中。

这种"残缺不全的胜利"使许多意大利人深感受骗。1919年9月，诗人加布里埃尔·邓南遮（Gabriele D'Annunzio）率领一群极端民族主义分子攻占了亚得里亚海沿岸的阜姆（Fiume/Rijeka，里耶卡），新南斯拉夫王国和意大利都声称拥有该城的主权，而城内的英法守军很快被邓南遮的民兵赶走。邓南遮的政变标志着极端民族主义——很快就会被称为"法西斯"——运动在意大利的出现。同时，具有社会主义思想的工人和农民发起了一系列罢工、占领工厂和没收土地的行动。1919年到1920年，在工人阶级激进的"红色年代"（Biennio Rosso）里，意大利社会主义党投票加入了在莫斯科新成立的共产国际。

意大利工厂主和地主对工人阶级的激进主义感到震惊，于是向贝尼托·墨索里尼新近成立的国家法西斯党寻求帮助。法西斯"黑衫军"对共产主义者、工会和农民活动家发动了一场街头暴力与炸弹袭击行动。1922年10月，墨索里尼派遣3万名黑衫军向罗马进军，并大肆宣传，试图夺取政权。在政变的压力下，国王维托里奥·埃马努埃莱三世（Victor Emmanuel III）邀请墨索里尼担任首相。1924年4月，墨索里尼通过操纵选举获胜，使其首相职位合法化。当社会主义党领袖贾科莫·马泰奥蒂（Giacomo Matteotti）抱怨选举被内定时，黑衫军将他灭口了事。

墨索里尼迅速巩固了独裁统治，限制民主权利，并加强法西斯国家的力量。该政权的"社团主义"意识形态（corporatist ideology）承诺通过促进民族团结、文化复兴以及在地中海沿岸建立新罗马帝国，来消除工人和老板间的阶级分化。商界领袖赞赏墨索里尼狂热的反共主义，迅速与新政权结盟，在墨索里尼对意大利工人减薪20%以后更是如此。在国际上也出现了类似的调和。欧洲和美国的政治家虽然对墨索里尼的扩张主义感到震惊，但却欣赏他的反共主义，并赋予他非凡的声望。1923年，意大利入侵希腊科孚岛（Corfu），是英国和法国帮助化解了来自国际联盟的反对。在随后的十年间，两国努力把法西斯意大利拉入欧洲外交框架之中。

随道威斯计划流入西欧的美国贷款助推了西欧一段时期的经济增长。1925年，英国恢复金本位制，其他国家也纷纷效仿。金本位制——国家货币按固定汇率兑换黄金——的回归标志着国际市场日趋稳定，也预示着战后经济危机的结束。1925年签署的《洛迦诺公约》进一步强化了政治稳定，公约中最重要的一个协议是由法国、英国、意大利和德国共同签署的，它确认了德国在凡尔赛会议上所确定的西部边界，使德国的国际地位正常化，为柏林在次年加入国际联盟铺平了道路。由于与德国达成了边界协议，法国不再强调同隔离带内的国家构筑反德联盟，意味着东欧有可能做有利于德国的领土调整。法国和英国似乎愿意以其东欧盟友为代价来满足德国。对许多波兰人和捷克人来说，被大肆吹嘘的"洛迦诺精神"实为对其国家利益的背叛。

1928年，一份关于多方废弃战争的著名宣言问世，反映了一种由经济繁荣和政治稳定所带来的新的乐观情绪。28个国家签署了《关于废弃战争作为国家政策工具的一般条约》(又称《白里安—凯洛格公约》)[①]。尽管美国施压使苏维埃社会主义共和国联盟（苏联）退出了在巴黎举行的签字仪式，但后者也接受了该公约。《白里安—凯洛格公约》没有任何监管机制，从其后的全球屠杀来看，它显得非常幼稚。然而，它确实反映了欧洲、日本和美国的精英们普遍抱有的希望，即战争和革命的双重威胁已被消除，资本主义持久繁荣再次到来。

---

① 英文原文中凯洛格在前，此处按中文习惯中的顺序处理。——译者注

俄国革命

1917年俄国十月革命为苏联的成立铺平了道路。这个超国家联盟由俄国和乌克兰、白俄罗斯、外高加索等新生的社会主义共和国组成。它承诺用独立国家间的自愿联盟来取代沙皇帝国的"民族监狱"。革命初期，苏维埃领导人致力于社会主义革命的全球扩张。他们认识到俄国是大国中经济最落后的，只有西欧工业中心地带的工人共和国加入他们，这个新的社会主义国家才能生存下去。在"一战"后德国、奥地利—匈牙利和东欧地区经济危机与工人造反此起彼伏的年代里，这似乎是一个可实现的期望。俄国革命赢得了英法工人阶级的广泛支持，并激发了意大利为期两年的罢工和占领工厂行动。

俄国革命改造了世界各地的工人阶级政党。在欧洲和美国，战争期间支持本国政府的温和社会主义政党分裂了，因为具有革命思想的工人试图追随布尔什维克的领导。在法国和意大利，老牌社会主义政党转向了革命。在欧洲的中东与亚洲殖民地和半殖民地，工人、农民和知识分子团体组成了崭新的共产党，致力于谋求国家独立和社会主义革命的双重斗争。1921年，进步学生在上海会面，成立了中国共产党。苏俄鼓励这些事态的发展。1919年3月，苏俄领导人在莫斯科成立共产国际（也称第三国际），并派遣久经考验的领袖人物与世界各地缺乏经验的新政党共同开展工作。不同于温和的、以欧洲为中心的社会主义国际，共产国际的行动理念是：世界革命将把旧帝国主义中心地带的工人阶级起义与追求民族解放的反殖斗争结合起来。

随着1922年法西斯主义在意大利的胜利和1923年德国革命之火的

熄灭，再加上道威斯计划使欧洲资本主义恢复稳定并开创了新一轮的经济增长期，社会主义革命显然不会在西欧取得胜利。在苏联，"一战"、内战和外国干预的后果阻碍了经济复苏，而西方的敌意使得苏联很难获得重建经济所需的投资。在一个资本主义国家焕发生机的世界中，持续的经济失调和孤立构成了苏联政治转型的基础。1924年列宁去世后，一个由约瑟夫·斯大林领导的、以新的行政官僚机构为基础的一派人掌握了权力。斯大林放弃了国际主义路线，而只专注于加强苏联的实力；他还推翻了苏联内部各共和国的平等，代之以强硬地宣称俄罗斯的主导地位。成千上万名"老布尔什维克"被免职、监禁或处决，这场运动在1937年红军军官大清洗和1940年谋杀流亡到墨西哥的反对派领袖列夫·托洛茨基（Leon Trotsky）等事件中达到顶点。与此同时，共产国际变成了苏联外交政策的工具，苏联的特工及资金确保了世界各地的共产党遵循斯大林迂回曲折的政治路线。

斯大林的政治改革并不包括重建私人资本主义的内容。1928年，莫斯科启动了一项五年计划，旨在以惊人的速度实现苏联的工业化。随着政府采取行政举措来动员人力和物力，国有工业发展迅速。与此同时，苏联工人最初也被苏联"建设社会主义"所带来的现代化大飞跃的前景所感染，许多人踊跃参加。尽管五年计划伴随着无言的苦痛，但也造就了现代工业经济中的煤矿产业，建造了钢铁厂和制造厂。这一巨大飞跃所必需的大部分设备均来自美国，而苏联也成了美国工农业机械的最大海外消费国。在这片土地上，斯大林通过强迫农民大规模加入集体农庄，使用进口的福特拖拉机来推进机械化，以提高农业生产力。许多农民抵制这一运动，数千人在与苏联当局的冲突中丧生。而更多的人则死于农村生活的大规模错位所造成的饥荒；在乌克兰，集体化伴随着对民族独立的镇压，

1932—1933年有近400万人挨饿。

鉴于斯大林时期苏联的警察国家官僚主义特征，它在任何意义上都不能被视为是"共产主义"的，但它也不是一个资本主义国家。西方政府从未忘记：他们所面对的是一个通过反资本主义革命上台的政权，这个国家没有普遍存在的私有财产，没有自由市场，外国投资处于国家的严密控制之下。这一矛盾对于理解苏联在"二战"前后与西方国家关系的演变至关重要。

日本、中国和亚洲不断加深的冲突

第一次世界大战期间，日本夺取了德国在太平洋和中国山东半岛的殖民前哨。这些领土变更写在了《凡尔赛和约》之中。虽然日本在1921年华盛顿会议上被迫放弃山东，但许多人认为日本被承认为大国已经是足够的补偿。在"一战"后"大正民主"（以大正天皇之名命名，1912—1926年）时期，日本被承认为大国实与其正值议会民主时期以及军方弱化了对日本政治的直接控制相关。与主张融入西方主导的世界秩序的政客相比，鼓吹向中国东北侵略扩张的军国主义分子黯然失色。军队在西伯利亚干涉俄国革命的举动费时长久且不受欢迎，1918年他们又在全国范围内暴力镇压米骚动，使其威望受损。虽然大陆扩张主义的倡导者在军队"皇道"派和其他派系中仍然具有影响力，但在战后十年大部分时间中，他们并没有主导政治生活。

经济上，"一战"期间日本受益于欧洲竞争的缺位，与协约国保持了贸易顺差，甚至向后者提供贷款。而战后的通货紧缩、股市崩盘以及1923年东京大地震则使日本的战后形势严峻起来。经济困难推动了激进工会与 1922 年成立的日本共产党的悄然发展。为帮助日本渡过危机，华尔街提供紧急贷款。但到 1927 年，首相田中义一的政友会内阁更感兴趣的是重新启动日本在中国东北地区的扩张，而不是寻求融入西方主导的市场。在以日本殖民地朝鲜为基地的关东军①右翼集团的推动下，日军与蒋介石的中国国民党和东北军阀张作霖发生了一系列的暴力冲突。到 20 世纪 20 年代末，随着面向亚洲大陆的军事扩张主义再次抬头，日本自由民主的窗口开始关闭。

20 世纪 20 年代，中国本身也是政治与军事动荡之地。1911 年推翻清王朝的辛亥革命，是在欧洲、美国和日本帝国主义列强加剧干涉中国的情况下发生的，但它仅创立了一个软弱的中央政府，周边遍布全副武装的地方军阀。国民党领导人孙中山曾领导革命并短暂担任中华民国首任大总统，后被迫流亡日本。而他的继任者袁世凯只想当皇帝。像日本一样，中国在"一战"中支持协约国，并派出了 10 多万劳工到西线。

他们对协约国的共同支持并没有阻止东京要求南京中国政府②作出一系列经济和政治让步。在凡尔赛会议上，德国在山东的殖民地被转让给日本。1919 年，中国在凡尔赛受到的不公正待遇引发了由学生领导的抗议浪潮，史称五四运动（May Fourth Movement）。抗议者发起了反对外国帝国主义和国内军阀的运动，许多人更进一步，在 1921 年帮助推进了中国共产党的成立。

1921 年，孙中山结束流亡回国，在广州成立临时革命政府。他的左翼民族主义主张遭到西方国家的断然拒绝，孙中山遂转向苏联寻求帮助。作为回应，莫斯科派遣了军事顾问帮助训练国民革命军，并建议中国共产

---

① 原文如此。实际上，日本关东军驻扎在中国东北南部而非朝鲜。——译者注
② 原文如此。实际上，此时应为在北京的北洋政府。——译者注

党与国民党结成统一战线。1925年，英国殖民当局在上海和广州镇压工人抗议，激起了中国各界的普遍愤怒，这给了国民党创建统一的民族国家所必需的民众支持。在中国共产党的支持下，孙中山的继任者蒋介石发动了北伐战争，从1926年到1928年，国民党控制了中国大部分地区。

在北伐的基础上，蒋介石成为一个统一的中国的领袖，并将南京定为首都。蒋介石的胜利开创了一个政治相对稳定和经济相对发展的时代，史称南京十年。尽管北伐胜利了，但中国仍有相当一部分地区处于地方军阀的控制下。这些军阀宣誓效忠新政府的同时，仍未放弃自己在地方上的权力根基。与此同时，蒋介石畏惧于共产党在国民党内影响力的不断增强，于1927年发动了针对共产党的暴力袭击，在上海和其他工业城市，成千上万的共产党人被蒋介石的士兵杀害。在毛泽东的领导下，许多幸存下来的共产党人给出了他们的回应：升华马克思主义的传统观念，将党的根基建立于乡村农民而非城市产业工人的基础之上。

民国的新近统一和蒋介石残酷的反共行动，促使英美两国重新评估了他们对国民党的态度。两国虽无意于新的领土扩张，但在上海和中国其他地区都有租界。在"门户开放"政策下，他们寻求不受限制地进入广阔的中国市场，并希望在南京建立一个稳定、重商、亲西方的政府，为其目标的实现提供最佳条件。受在华长期传教传统的影响，一些美国精英还希望国民党最终能成为美国在亚洲的小伙伴。20世纪20年代，日本也在中国寻求市场，但其政策制定者对中国统一民族国家的巩固感到担忧。与英美不同，日本对中国抱有领土野心，国民党的统治延伸到中国东北，被东京视为对其殖民野心的直接威胁。到1930年，中日两国已坐到了火山口上。

第二章
大萧条与第二次世界大战的发轫

1929年10月的最后一周,纽约股市一泻千里。在短短两天时间里,约300亿美元市值化为乌有。股市崩盘之后,市场经济产出急剧下滑,失业率也迅速上升,这一切都标志着长达十年的大萧条的开始。股市崩溃的影响从华尔街蔓延开来,国际贸易也因此受到阻碍,全球经济陷入危机。以1929年作为基准值(100)来衡量的世界贸易,到1935年时仅剩28。大萧条打碎了第一次世界大战后脆弱的全球政治秩序,引发了欧洲和亚洲各地的极端民族主义政变、革命和地区性冲突。这一系列事件共同打响了全球冲突的第一枪,日后它将发展成为第二次世界大战。

当股价最终于1932年7月触底时,市值与其最高峰时相比已蒸发近90%。此类危机的一般规律是,资本主义经济中最不稳定的部门——金融市场的崩溃往往反映出其他经济部门面临的困难更为严峻。20世纪20年代末,美国国内市场供过于求,物价低迷,工业利润开始下降,促使投资者转向股市投机。结果是投机泡沫不断膨胀,不可避免地走向破裂。"一战"后,在道威斯计划(Dawes Plan)支持下形成的战债、赔款和投机性投资的环形结构,迅速将欧洲拖入了世界经济危机。欧洲殖民统治的结构性问题也将危机从欧美传导到全世界,将银行业崩溃的影响沿着村道传导到塔斯马尼亚的农村和印度乡村集市。在美国,大萧条使得所谓"咆哮的二十年代"（Roaring Twenties）迅速终结：至1933年，超过25%的劳动力失业，5 000家银行关闭，这导致了流动性危机，使已经在全球商品价格下跌风潮中苦苦挣扎的农民家庭遭受重创。

华尔街崩盘打破了道威斯计划所建立的美国信贷、德国赔款和英法战债偿付的循环体系。这一崩溃既在德国造成了严重后果，其战后复苏仍旧极为脆弱，也让英国、法国和意大利都陷入了萧条。在所有主要资本主义国家，精英们都眼光向内，专注于国内经济复苏，以此来应对大萧条。"经济自给自足"的概念（Notions of autarky）司空见惯，且它们都与民族主义的花言巧语发生了联系，只是恶劣程度不同而已。在美国，1930年的《斯穆特—霍利关税法》（Smoot-Hawley Tariff）提高进口关税，引发了美国贸易伙伴们的报复性反应。1932年，英帝国成员领导人在渥太华举行会议，通过了所谓的帝国特惠制（Imperial Preference），以保护帝国内部贸易免受外国的竞争冲击。这种关税对抗的循环为20世纪20年代以来相对自由的贸易环境画上了句号，实际上是重创了世界贸易体系。农产品贸易受到的打击尤为严重，那些包含了粮食自给计划在内的自给自足方案，主要是通过加强掠夺现有殖民地，或寻求新的殖民地来实现目标。

贸易崩溃导致金本位制度的崩溃。这种以黄金为基础的国际货币与贸易调节机制的运行曾被视为经济健康的标志，它在20世纪20年代的恢复标志着资本主义繁荣的回归。1931年，投机压力迫使英镑放弃金本位制度。这对自诩为世界金融中心的伦敦金融城而言是一个极其痛苦的决定，它引发了更为广泛的黄金退潮。1930年恢复金本位的日元在1931年迅速放弃。意大利于1934年放弃。法国则坚持到了1935—1936年。美国新总统富兰克林·德拉诺·罗斯福于1933年4月使美元脱离金本位，他在给伦敦世界经济会议（World Economic Conference）的一封引人注目的电报中解释道，美国不会为促进全球经济复苏而稳定美元汇率。罗斯福的声明重创了会议，他对其政府"自给自足"优先权的强调，强化了经济民族主义的大环境。1933年10月，阿道夫·希特勒的新政府宣布德国将不再受到债务和赔款义务的束缚。

美国新政

罗斯福1933年上任时承诺减轻大萧条对美国造成的破坏性影响。新政府在上任的最初几个月采取了一系列行动，旨在结束银行业危机，刺激工业需求，并通过启动公共工程计划创造就业机会；在接下来的几年里，类似的计划促进了环境保护和农村电气化，并修建了一大批新的桥梁和高速公路。这一系列措施被称为"新政"（New Deal）。20世纪30年代中期，经济略有好转，推动了工会激进主义的回归，引发了汽车、钢铁和其他基础产业工会的艰苦斗争。作为回应，政府给予工会新的法律保护，并实施了影响深远的社会改革，包括由国家资助的养老金。然而，新政并没有结束大萧条：1937年，失业率再次飙升，直到1939年重整军备开始时，工业才出现持续复苏的苗头。但新政确实缓和了大规模失业带来的恶劣社会影响，缓冲了本来可能会发生的政治危机。从这个意义上来说，新政拯救了美国的资本主义，并使政府大规模干预经济的行为合法化。

美国国内的新政改革与在国外促成美拉贸易的努力并行不悖，浑然一体。1933年泛美会议（Pan-American Conference）上睦邻政策（the Good Neighbor policy）的宣布，标志着美国将放弃在20世纪初期实施的军事干预政策。美国国务卿科德尔·赫尔（Cordell Hull）同数个拉美国家谈判订立若干双边贸易协定，新成立的进出口银行加大海外贸易融资，国会降低了"最惠"拉美国家的进口关税。1934 年至 1941 年间，睦邻政策扩展了罗斯福政府新政领域，创建了美国主导的西半球贸易集团，美拉贸易亦增长了两倍。这些措施在增强美国政治影响力的同时，也引发了与阿根廷的冲突。阿根廷的肉类出口贸易将其与英国绑在一起。阿根廷精英自视本国为地区领导者，20 世纪 30 年代，阿根廷主要利用英国投资发展了本国工业。与此同时，美国与危地马拉、洪都拉斯和多米尼加共和国的独裁政府之间都建立了关系，甚至与巴西热图利奥·瓦加斯（Getúlio Vargas）的右翼政权建立了军事关系。

日本大萧条与军国主义

1929 年的金融危机和世界贸易崩溃沉重打击了日本。出口急剧下滑，失业率上升，日元面临的压力迫使它脱离金本位制度。这场危机使许多日本领导人相信，向西方开放并融入其所主导的世界市场的政策是错误的。与其他许多地方一样，日本对大萧条的反应同样带有经济和政治民族主义的特征。同样的大规模"自给自足"冲动使华盛顿在拉丁美洲地区取得了主导地位，也使英国主导的帝国特惠制得以建立，这些先例使东京将其注意力投放到中国东北地区。中国东北与其朝鲜殖民地接壤，长期以来一直是日本帝国征服野心所在。丰富的资源、肥沃的农田和潜在的巨大市场使中国东北成为日本的"利益线"（absolute lifeline）——这一概念为军部领袖山县有朋（Yamagata Aritomo）所创造。[1]军队两大部门领导层中的极端民族主义派别都拥护扩张主义的路线。在一系列令人眼花缭乱的政治暗杀以及若干失败的军事政变之后，自由民主在 20 世纪 30 年代初被搁置一旁，军部领导人开始直接控制日本政治。

1931年9月18日，日本驻朝鲜的关东军[①]安置炸弹，炸毁了沈阳（奉天）附近的日资南满铁路，陆军领导人将爆炸事件归咎于中国"恐怖分子"，并以保护日本利益的名义入侵中国东北，迅速击败了当地军阀张学良，占领了拥有3 000万人口的广阔地区。这一未经东京当局批准的入侵在日本社会激起了一股民族主义浪潮，决然地将日本政治推向大陆扩张主义。作为对关东军胜利的回应，日本设立了"满洲国"，以中国清朝末代皇帝为其首脑。事实上，溥仪是日本的傀儡，而关东军实际控制着"满洲国"，并以该地丰富的煤炭和铁矿石储备为基础开启了工业化建设。同时，受苏联国家主导工业化进程的启发，关东军于1932年在鞍山建立了昭和制钢所（Shōwa steelworks）。通过残酷剥削与压榨中国劳工，这座庞大的钢铁厂很快成为世界级的钢铁生产中心。日本还动员国内的农民移居到中国东北这一所谓的"新天堂"（New Paradise），以实现双重目的：缓解国内人口过剩，巩固对新殖民地的控制。

当控制中国东北后，日本开始试探蒋介石领导下的中国。1932年初，东京以日本僧人遇袭为借口，攻击驻扎在上海的中国军队。战斗持续了数周，日本以其停靠在滨海航空母舰上的舰载机轰炸了上海的中国居民区。此后，国际联盟斡旋出的和平协议本应维持上海的非军事化状态，但实际上却是迫使中国撤军的同时，允许日本维持其军事存在。

与意大利法西斯分子和德国纳粹分子相比，日本对中国东北的征服提供了"全面帝国"（Total Empire）的新形式，将武力征服毗连殖民地的领土与实施工业化和大规模移民相结合，并寄希望于由此产生的大量新资

---

① 原文如此。实际上，日本关东军驻扎在中国东北南部而非朝鲜。——译者注

源。国际联盟谴责了日本对中国东北的吞并，但没有采取任何行动。对许多西方领导人来说，日本的统治似乎比苏联的影响力扩展到这一关键的边境地区更为可取。尽管如此，国联的谴责确实导致日本于1933年退出国联，而当1935年伦敦海军会议拒绝让日本海军与美英两国占有同等吨位的份额时，它也随之退出了这一机制。脱离国际条约的束缚后，日本将其新建的钢铁厂投入到建造两艘大和级（Yamato-class）巨型战列舰和几艘大型航空母舰之中。造船业是其更为全面的重整军备计划的一部分，该计划促进了经济复苏并结束了日本的大萧条。

日本对中国东北的征服是在关东军和中国国民党军队之间没有直接战斗的情况下完成的。然而，"满洲国"的建立对蒋介石统一中国的计划来说是一次耻辱性的挫折，此后，日本通过1933年的《塘沽停战协定》将其影响力深入到华北和内蒙古地区。蒋介石对这一形势的最初反应是通过向中国共产党发动新的攻势来巩固自己的地位。1927年"四一二"政变之后，中国共产党退出城市，扎根于华南农村，通过激烈反对巧取豪夺的"地主所有制"（Landlordism），赢得了农民的支持。在此期间，作为以乡村农民为基础的新共产主义战略的核心倡导者，毛泽东提出了工农武装割据的思想。1934年，国民党的进攻迫使共产党放弃南方根据地，义无反顾地向西北省份陕西转移，中央红军约8万人踏上了长达5 000英里的长征之路，最终只有约7 000人到达陕西。[①] 在当地农民的支持下，这些幸存者很快建立起了根据地，但随着与日本的战争迫在眉睫，中共及其农民支持者发现自己正处于前线地带。

---

① 原文如此。实际上，1934年10月，中央红军共8.6万余人踏上长征之途，长驱二万五千里，实现了空前的战略大转移。参见《中国共产党历史》第一卷下册，中共党史出版社，2002年，第383—386页。

纳粹德国的崛起

在德国，国际贸易的崩溃以及国内银行的危机共同导致"一战"后的复苏岌岌可危。1930年，德国工业生产下降了40%以上，股票市值损失约三分之二，620万德国人（占劳动力的30%）失业。经济崩溃扰乱了德国脆弱的民主体制。1930年3月，社会民主党—人民党联盟政府因失业救济金问题出现分歧而倒台，保守派政治家海因里希·布吕宁（Heinrich Brüning）出任新总理，但因未能获得议会多数席位，他只能通过行政命令实施统治。布吕宁的通货紧缩政策削减了政府支出，但也加剧了许多德国人面临的经济困难。政治两极分化日益严重，许多工人转向了德国共产党，而纳粹的民族主义和反犹太言论则得到了饱受危机困扰的中产阶级和失业者的支持。纳粹的言论带有激进色彩，它将危机归咎于资本家、银行家以及共产主义者。在纳粹意识形态中，"世界主义"（Cosmopolitan）犹太人要么是共产主义者，要么是"财阀"（Plutocratic）性质的资本家，两者融合在一起构成了针对德国人民的犹太—布尔什维克阴谋。国家社会主义党在1930年9月的选举中获得了18.3%的选票（远高于其在1928年获得的2.6%），而德国共产党则赢得了13.1%的选票（亦高于其在1928年获得的10.6%）。

希特勒的反共主义、极端民族主义以及他的扩张主义的"东方政策"（Eastern Orientation）愿景——在东欧地区谋求殖民地生存空间（Lebensraum）——开始引起德国工业界高层的兴趣。[2] 德国的老派商界与军界精英从来都没有喜欢过希特勒。他们认为希特勒粗鲁且无教养，嘲笑他战时的下士军衔太低。但纳粹党不仅提供了抵御共产主义挑战的坚固堡垒，还提供了摆脱经济危机的道路。他们向德国人民承诺，会带来领土扩张、经济复苏和军事荣耀。德国精英相信他们可以控制住希特勒，但纳粹党并非传统政党，相反，纳粹正在德国发起一场群众运动，向支持者承诺采取行动，这场运动包括竞选活动、群众集会以及组织准军事力量冲锋队（Sturmabteilung）暴力袭击竞争对手等。到1932年，由于工人阶级（其中很多是失业者）的加入，原本以学生和中产阶级为主的冲锋队增加至约40万人。作为对他们忠诚和承诺的回报，冲锋队为其成员提供了某种归属感与权力欲，以暴力维系的男性社交，以及纳粹所属企业的工作岗位——这在大萧条的环境下并非无关紧要。

冲锋队"褐衫军"（Brownshirts）袭击犹太人和犹太企业，并与共产党和社会党的准军事防御部队作战，街头暴力愈演愈烈。1930年至1932年间，有143名冲锋队员在巷战中丧生，仅在1931年，各党派准军事人员中就有8 000多人严重受伤。在这种暴力攻击的背景下，纳粹主要反对力量的分裂促成了希特勒的快速崛起。听命于共产国际，德共始终认为德国工人面临的最大威胁不是纳粹，而是持温和社会主义立场的社会民主党人，并称其为"社会法西斯"。共产党对社民党的敌意导致了工人组织之间的暴力对抗，在1932年柏林有轨电车工人罢工期间，共产党和纳粹准军事组织联合起来对付社民党官员。即使在1932年7月纳粹党选举最成功的时候，他们的得票数也不过与共产党和社民党总得票数持平，但工人政党之间的分歧阻碍了有效的反对，并使希特勒的执政之路更加顺畅。

布吕宁政府使用行政命令管理国家，使国家权力摆脱了议会控制，标志着魏玛民主体制的崩溃。布吕宁未能解决经济危机，1932年夏，德国总统、曾是战时领袖的保罗·冯·兴登堡元帅先后以右翼保守派弗朗茨·冯·巴本（Franz von Papen）和库尔特·冯·施莱歇尔（Kurt von

Schleicher）将军取代了布吕宁。两人都效仿布吕宁，通过行政命令实施统治，巴本用行政命令推翻了社民党领导的普鲁士州政府。与此同时，纳粹党的得票率在 1932 年 7 月的德国国会选举中升至 37.4%，但在 11 月又下滑到 33.1%（少于共产党和社民党的总和）。纳粹在省级选举中的得票率下降得更厉害。许多德国人，包括一些纳粹领导人认为他们面临的挑战达到了顶峰。于是，为了对付施莱歇尔，巴本说服了兴登堡任命希特勒为总理，他最终于 1933 年 1 月 30 日就职。

希特勒的上台并非不可避免。兴登堡任命希特勒为总理的决定是政治阴谋的产物，而非不可阻挡的趋势，社民党和共产党的联合行动本能阻止纳粹的发展。同时，纳粹的成长亦是大萧条引发的经济和社会危机的产物，该党的极端民族主义吸引了一无所有的中产阶级和精英阶层中的关键人群。在希特勒的首届内阁中，纳粹党只占据少数席位。3 月初试图确保选举合法性的努力也未能使纳粹党获得明显的多数席位。尽管如此，希特勒还是迅速巩固了权力。希特勒将国会大厦（Reichstag）的神秘火灾归咎于共产党，并于 3 月 23 日通过了《授权法》（Enabling Act），从而夺取了独裁权力。在那次投票之后，德国国会最终关门。1934 年 8 月，兴登堡总统去世后，希特勒通过设立新的"元首"（Führer）职位巩固了独裁统治。

随着纳粹夺取了国家与地方政府的控制权，数千名冲锋队准军事人员成为辅助警察。这为纳粹针对社会主义者和共产主义者（共产党组织已被实际取缔）以及工会活动家的暴力运动提供了官方掩护。1933 年，8 万名纳粹政府的反对者被拘留，先是被拘押于临时监狱，而后被关到集中营。许多人遭到殴打和酷刑折磨，还有更多人被吓得放弃政治活动。左翼报纸遭到取缔，到 1933 年夏，社会党和共产党已被消灭（Neutralized），附属

31

于这些政党的工会被摧毁。资产阶级政党随后也被解散,纳粹成为德国唯一合法的政党。伴随着这些行动的是反犹主义的强势崛起。针对犹太人、犹太商店和犹太教堂的街头暴力袭击愈演愈烈。公务员、大学和专业协会都开始将犹太人从他们的队伍中驱逐出去。从德国移居国外的犹太人迅速增加,根据1935年德国政府和该国犹太复国主义者(Zionists)达成的哈瓦拉协议(Haavara Agreement),6万名德国犹太人移民到英国治下的巴勒斯坦地区。

随着这些攻击的展开,政治、社会和艺术生活的"协调"(Coordination)使纳粹控制了德国社会的方方面面。地方和州政府被纳粹党代表取代,党和国家组织之间的区别消失了,各种体育和娱乐俱乐部、协会都被纳粹管理的组织所取代。尽管在旁观者看来,纳粹政权自上而下决策果断,然而由于地方纳粹领导人及其麾下组织竞相获得希特勒的授权,纳粹政权被派系主义、地方主义、重叠管辖权和模糊的指挥链条所撕裂。而这种多中心的、效率低下的权力结构贯穿了纳粹政权的始终。

以冲锋队为基础的激进派运动的发展引起了希特勒的特别注意。他们以男性为主,许多人来自德国的工业中心地带,对纳粹的反资本主义言论深信不疑。在1934年6月的"长刀之夜"(Night of the Long Knives),希特勒对冲锋队发动了血腥的清洗,杀害了其主要领导人恩斯特·罗姆(Ernst Röhm)。在驯服了肆无忌惮的褐衫军之后,国内安全成为集纳粹党与德意志国家职能于一身的纪律组织(disciplined organizations)的天下。这些组织包括海因里希·希姆莱(Heinrich Himmler)的党卫队(Schutzstaffel, SS)和莱因哈德·海德里希(Reinhard Heydrich)的帝国保安部(Sicherheitsdienst, SD)以及他们控制下的各种警察机构。褐衫军继续在德国社会中扮演着重要角色,为数百万人维持着同纳粹国家的直接联系，并管理着社会福利项目。但政治权力的中心却牢牢地掌握在纳粹高层领导人及其在大企业和军队中的关键盟友手中。对公开出柜者罗姆的谋杀也引发了全社会同性恋迫害潮的出现。在1934年至1945年间，约5万名男子被发现有同性恋行为，其中数千人死于纳粹集中营。

以高速公路网络建设为中心的大规模公共工程项目巩固了公众对纳粹政权的支持。1933年秋开始的高速公路建设项目给人一种政府正在采取行动缓解大萧条的感觉：事实上，与美国的新政一样，一哄而上的运动掩盖了其实际影响有限的事实。德国的经济复苏与其他地区一样，都依赖于大规模的重整军备。纳粹的"生存空间"目标需要庞大的武装力量。希特勒掌权伊始就宣布"一切都必须让位于重整军备的任务"[3]。然而，虽然许多德国实业家是重整军备的热心支持者，他们却缺乏迅速增加产出所必需的原料和资金。当帝国银行（Reichsbank）开始利用空头公司开出的"梅福券"（Mefo Bills）为重整军备提供资金时，财政困难迎刃而解。出口补贴和国家对原材料进口的控制使德国的贸易重心从英国和美国转向了中欧，到1936年，这一揽子措施使得重整军备的行动得以启动。

1935年1月，根据《凡尔赛和约》脱离德国的萨尔区（Saarland）举行投票，人民以压倒性多数决定重返德国。受到这一事件鼓舞的德国领导人重启征兵制度，并宣布建立德国空军（Luftwaffe），而这两项措施都是《凡尔赛和约》明文禁止的。由于对苏联的国家计划成果印象极为深刻，德国在1936年推出了自己的"四年计划"（Four Year Plan），并以希特勒的主要政治盟友赫尔曼·戈林（Hermann Göring）为领导，设立了庞大的国家官僚机构，以监督重整军备工作。最初以市场为基础促进德国出口的措施，现在被加强德国自力更生的行动所取代。这些行动包括推动合成橡胶、纺织品和燃油产业的发展。在这一自给自足的计划下，德国人将由罗马尼亚和匈牙利的谷物喂饱，因为它们被纳入了德国领导下的区域集团。

德国加速重整军备的同时，外交政策亦日趋强硬。根据《凡尔赛和约》，德国被禁止在莱茵兰地区（德国与法国接壤的狭长区域）驻扎军队。这种对德国主权的侵犯使大多数德国人感到愤怒，当希特勒于1936年3月7日派遣军队重返莱茵兰时，他赢得了国内的一片喝彩。这是一场豪赌。法国占领军1930年才撤离，巴黎十分不情愿德国军队重新占领该地。伦敦则没那么担心，许多英国政客公开同情德国的行动。由于缺乏英国的支持，法国没有抵制德国的行动，纳粹赌赢了。1936年11月，德国与日本签订了《反共产国际协定》（Anti-Comintern Pact），这表明柏林的政治自信日益增强。日本夺取"生存空间"、占领中国东北的行为让柏林印象深刻，协定也表明了两国对苏联抱持的敌意。

走向"轴心"联盟

大萧条还推动了奥地利独裁统治的建立。保守派恩格尔伯特·陶尔斐斯（Engelbert Dollfuss）领导的祖国阵线（Fatherland Front）在1934年夺取了政权。面对毫无反抗能力的议会，陶尔斐斯建立了独裁统治。在为期四天的内战中，他发动军队袭击了全国各地的社会民主党据点，巩固了新成立的公司制国家（Ständestaat）①。包括奥地利共产党和奥地利纳粹党

---

① 公司制国家是一种右翼或法西斯思想，在为了整个"国家"的利益的口号下，使企业、国家和有组织的工人运动之间维持"合作"。当然，在现实中，它确保了法西斯国家的工人阶级从属于企业和国家。——译者注

在内的其他反对党都被取缔。奥地利纳粹党主张在希特勒的领导下统一德国，而祖国阵线则强调奥地利的民族主义，其公司主义观点与意大利法西斯主义遥相呼应。

起初，墨索里尼对希特勒的上台矛盾不已，部分原因是这位意大利领袖担心纳粹德国会吞并奥地利，给意大利争议已久的北部边境地区带来一个扩张主义的国家。1935年4月，意大利加入了英国和法国组成的斯特雷萨阵线（Stresa Front）。这是一个外交联盟，承诺维护奥地利的独立，并阻止德国废除《凡尔赛和约》。然而，纳粹独裁的兴起也鼓励了意大利法西斯在北非和巴尔干地区的扩张主义。作为筹建新罗马帝国的一步，1935年10月，20万意大利军队入侵了埃塞俄比亚。翌年5月，在飞机的支援下，装备精良的意大利陆军向埃军与平民释放毒气，瓦解了埃塞俄比亚的抵抗，迫使其皇帝海尔·塞拉西一世（Haile Selassie）流亡。1938年，罗马扩大殖民计划，将2万农民迁至利比亚（Libya），此举旨在缓解意大利所谓的人口过剩问题，同时为本国人民提供新的粮食来源。

罗马希望斯特雷萨阵线为其侵略北非提供外交掩护。最初巴黎支持墨索里尼在埃塞俄比亚的军事冒险，希望这能使罗马和柏林保持距离。尽管如此，西方舆论惊骇于意大利侵略军的残暴行径，在英国的领导下，国际联盟批评了罗马的行动，并投票决定对意大利实施有限的经济制裁。但实际上，民主国家不愿对意大利采取行动，特别是未加入国联的美国继续与意大利保持贸易往来，使得制裁无法发挥作用。与此同时，纳粹德国通过增加煤炭出口，明确表示了对意大利的支持。埃塞俄比亚危机将罗马和柏林推向了一起，墨索里尼于1936年3月支持德国对莱茵兰的重新军事化，并于11月宣布欧洲政治未来将围绕"罗马—柏林轴心"转动。"轴心国"联盟随之开始成型。

英国、法国和美国继续努力将墨索里尼从希特勒身边剥离，但事与愿违。意大利领导人艳羡东京对中国东北的占领行动，日德两国为罗马在埃塞俄比亚的胜利而弹冠相庆。日本和意大利领导人将其征服视为一种新形式的"无产阶级"帝国主义，其中长期受到压制的弱者挑战了旧有的帝国秩序，而纳粹领导人也以大致相同的眼光看待他们的东方"生存空间"计划。鉴于它们的最终失败，今天已没人把这些帝国计划当回事，但研究这些计划非常重要。轴心国计划的特点都是创建大片、连续的领土空间，通过铁路或者短途海上运输线将其与帝国本土融合，从这个意义上说，他们与早期形式的海外殖民主义的确有所不同。三国都是为了建立大规模自给自足的集团，通过相互协作，调集必要的资源来应对美国的崛起。意大利对埃塞俄比亚的征服拉近了三个未来轴心盟友的关系，1937年11月，当罗马加入柏林和东京签署的《反共产国际协定》时，这种融合正式公之于世。

苏联对集体安全的追寻

很自然地，苏联领导人为法西斯主义和日本军国主义的蔓延所警醒。1932年，莫斯科启动了第二个五年计划，聚精会神于重工业和军工生产，当德国开始重新武装时，苏联已经走上正轨。20世纪30年代，苏联经济年增长率约为10%，几乎没有受到大萧条的直接影响。鉴于资本主义世界的经济灾难，这些经济进步增强了苏联对全世界工人和持有进步思想的知识分子的吸引力。不太为人所知的是，斯大林同时通过一系列清洗和表演式的审判来巩固其官僚机构的权力。成千上万的真实或臆测的反对者被处决，或被送往位于海上孤岛的劳改营，它们被称为"古拉格"（Gulag）。

1937 年，斯大林对政治反对派的偏执恐惧致使红军军官遭到了极其严重的清洗。这打乱了苏联的军事准备，抵消了重整军备所带来的成果。

在国际上，莫斯科应对纳粹威胁的方式是寻求与民主资本主义国家构建反法西斯联盟。对"集体安全"的追求标志着苏联早期革命国际主义立场的后退。在外交人民委员马克西姆·李维诺夫（Maxim Litvinov）的领导下，这场运动取得了一些令人瞩目的成就。1933 年，美国新上台的罗斯福政府给予苏联以外交承认。这与罗斯福政府首届任期的孤立主义特征背道而驰，也许总统当时已在考虑建立一个能够遏制德国扩张主义的联盟。两年后，李维诺夫促成了法苏条约，承诺在遭受外国侵略时相互援助；该条约的签署刚好是在斯特雷萨阵线成立后，签署方希望条约能从外交上孤立纳粹德国。1934 年国际联盟接纳苏联，为其追求集体安全提供了国际平台。然而，国联并未能对意大利入侵埃塞俄比亚作出有力的反应，使其信誉受损，并削弱了莫斯科建立国际反法西斯阵线的努力。

尽管面临种种困难，莫斯科还有其他手段可以利用。在斯大林的领导下，共产国际充当了苏联外交政策的工具，各国共产党无条件地服从于莫斯科的政策。随着纳粹夺取政权的后果逐渐明朗，苏联领导层指示世界各地的共产党，要求他们结束自 20 世纪 30 年代初期以来所实施的激烈的宗派斗争路线——这一路线曾导致德国工人阶级的分裂——转而与包括"资产阶级"（bourgeois）政党在内的任何愿意抵抗法西斯主义的力量结成人民阵线（popular front）联盟。新政策引起了工人阶级和中产阶级激进派的兴趣，并取得了巨大的成功。1936 年，法国和西班牙的共产党人分别帮助组建了人民阵线联盟，赢得了本国大选，以自由左翼联盟在两国的胜利回击了意大利和德国右翼势力的汹涌发展。

法国人民阵线联盟与西班牙内战

　　法国政府拒绝放弃金本位制度，延长了萧条期，农民、工匠和小商人深受其害。这些阶层为极端民族主义的生长提供了沃壤。20 世纪 30 年代早期，法西斯组织在法国渐次兴起。最著名的是由前陆军军官弗朗索瓦·德·拉罗克（François de La Rocque）领导的火十字团（Croix de Feu）。1934 年 2 月，拉罗克率领 2 000 名火十字团成员袭击议会，引发了一场推翻激进党（Radical Party）政府的危机。二月事件后，火十字军团迅猛壮大，到 1935 年便声称拥有成员 30 万人。除了公开活动的法西斯组织火十字团之外，还有一个由重要政治人物组成的政治集团，被称为"软派"（mous），他们对外主张与德国和解，对内实施严厉的反工人阶级的政策。随着新的保守派政府效仿布吕宁以行政命令实施统治，法兰西第三共和国的议会民主也深陷困境之中。

　　法国共产党（French Communist Party）对之作出了回应，加紧创建反法西斯联盟，与社会主义党（Socialist Party）[①] 和激进党一起组成了人民阵线。1936 年 5 月，人民阵线在大选中以微弱多数获胜，社会主义党领袖莱昂·勃鲁姆（Léon Blum）出任总理。法共的得票率翻了一番，反映出法国工人阶级激进主义的高涨，他们在 1936 年夏掀起了罢工和占领工厂的热潮。在汽车与其他产业的工人大量加入的情况下，工会会员人数从 1935 年的 78.5 万人跃升至次年的 400 多万人。在工人阶级的压力下，人民阵线政府给予工人每周 40 小时工作制、带薪年假、工会活动的法律保护以及工资

[①] 国内一般译为社会党，为与下文拉罗克的社会党区分，本书按其原义译为社会主义党。——译者注

的普遍增加等待遇。勃鲁姆及其法共盟友确保了工人阶级的激进主义不会发展成对资本主义制度的普遍挑战，但法国精英仍然对法国共产党和工会怀有深深的敌意。工人阶级的激进主义也引起了激进党的警觉，他们退出了人民阵线，使勃鲁姆的总理任期仅维持一年便告结束。在这种两极化的氛围下，法国的法西斯组织得以蓬勃发展。1940年，拉罗克将火十字团改造为民粹主义的法国社会党（French Social Party, PSF），党员人数达70万人。

作为西欧经济最不发达的国家，西班牙的两极分化亦在加深，并伴随着左翼和右翼极端主义浪潮的涌动。国王阿方索十三世（King Alfonso XIII）因与20世纪20年代西班牙的军事独裁政权有所牵连而极不受欢迎，在其1931年退位后，工人与农民对长期的社会压迫和大萧条作出回应，抗议浪潮此起彼伏，一浪高过一浪。自由派总理曼努埃尔·阿萨尼亚（Manuel Azaña）夹在民众激进主义和右翼日益加剧的反应之间，于1933年被保守派推翻。后者建立的一系列政权疯狂地镇压罢工与人民抗议活动。在莫斯科的指导下，力量尚小的西班牙共产党组建了人民阵线联盟，其中包括自由主义者、社会主义者以及众多的无政府主义者。在阿萨尼亚的领导下，人民阵线在1936年的选举中以微弱优势获胜。

人民阵线的当选鼓励了许多工人和农民投身到革命性的社会变革当中，但也激怒了高级军官，他们发动了针对阿萨尼亚政权的政变。弗朗西斯科·佛朗哥（Francisco Franco）将军领导的民族军（Nationalist forces）[①]在君主主义者、天主教统治集团和法西斯长枪党联盟的联合支持下迅速推进，但未能立即夺取马德里。共和国的支持者们团结御敌，随之而来的是一场痛苦而又持久的内战。佛朗哥向柏林和罗马的法西斯政权求助，后

---

① 即佛朗哥叛军。——译者注

者向西班牙派遣军事特遣队，输送武器。5万名意大利士兵开赴西班牙作战，与之相伴的是德国秃鹰军团（Condor Legion）的7 000名士兵及飞机。苏联关心的是，不能因疏远欧洲民主国家而破坏了它寻求集体安全的努力，但仍然向共和国政府提供了包括坦克和飞机在内的军事装备。共产国际还组织了一场声势浩大的国际声援活动，来自50个国家的4万名志愿者前往西班牙，作为国际纵队（International Brigades）的成员参加战斗。

莱昂·勃鲁姆最初希望法国人民阵线政府支持其西班牙邻居，但法国和英国的精英都担心西班牙共和国的胜利可能会导致社会主义革命，他们推动成立了不干涉委员会（Non-Intervention Committee），以阻止外国军事援助到达西班牙。鉴于委员会成员意大利和德国已经在帮助佛朗哥，这种所谓的"不干涉"始终是一种虚伪的实践。在美国的支持下，武器禁运政策切断了共和国政府的武器供应，但并没有阻止人员和装备到达民族军手中。共产党及共产国际顾问的专断行为进一步削弱了共和国，他们试图将政治和军事权力集中在自己手中，同时镇压包括无政府主义者和托洛茨基主义者在内的具有革命思想的共和势力。虽然莫斯科支持共和国对抗民族主义者和法西斯分子等对手，但它对社会主义革命毫无兴趣。因为这场革命可能会摆脱它的控制，并危及苏联与英法的外交关系。采取行动破坏激进的革命运动，对斯大林政府来说这不是最后一次。

这些情况迫使共和国政府在日益不利的条件下进行长期防御战。1939年4月，它最终被击垮。到此时为止，战争已夺去了超过50万人的生命。在获得军事胜利后，佛朗哥巩固了保守的独裁政权，并将欧洲的法西斯列强视为盟友。西班牙右翼的胜利发生在柏林和罗马自身扩张计划发展的关键时期，民主国家更关心社会主义革命的威胁而不是法西斯扩张主义的崛起，这一显而易见的事实使墨索里尼和希特勒更加胆大妄为。

德奥合并、绥靖主义与军备重整

正如我们所见，20世纪30年代柏林、东京和罗马的外交政策越来越受到种族化的殖民征服观念的驱动。然而，其实际的扩张并没有按照事先设计的总体计划进行，而是千方百计地探查新的机会，并利用它们进行投机取巧。莱茵兰重新军事化的顺利实施，加上秃鹰军团在西班牙获得的战斗经验，使德国有恃无恐地将注意力转向奥地利。尽管《凡尔赛和约》明令禁止德奥合并，但合并这件事在两国都受到欢迎。在其他地方，人们普遍认为德奥合并是民族自决的合法表达，因为两国人民同说一种德语，共享大部分的文化。此外，罗马和柏林之间的加速融合削弱了意大利对"奥地利法西斯"即祖国阵线政府领导下的奥地利独立运动的支持。

意大利撤回支持，使得陶尔斐斯的继任者库尔特·许士尼格（Kurt Schuschnigg）领导下的奥地利政府危险地暴露于德国的统一要求下。柏林以1938年3月奥地利纳粹挑起的政治危机为借口入侵该国，破坏了许士尼格的奥地利独立公投计划。德国军队没有遇到任何抵抗。希特勒随着他的士兵，以凯旋般的姿态穿过他的家乡来到维也纳，受到民众的热烈欢迎。在4月的公民投票中，99.7%的人支持德奥合并。犹太人被禁止投票，许多反对者被羁押，但与德国的合并显然得到了大多数奥地利人的支持。从1938年到1945年，作为第三帝国的一部分，奥地利被称为"奥斯特马克"（Östmark）[①]，并被划分为8个大区（Reichsgaue），大区首脑与党的领袖合并，由纳粹官员担任，称州长（Gauleiters）。奥斯特马克的男

---

① 又译"东马克"（Eastern March），希特勒将奥地利称为帝国的"东方边区"。——译者注

子与德国其他地区的男子一样需要服兵役：130 万人被征入德国国防军（Wehrmacht），25 万人被杀死。

德奥合并后，柏林对苏台德地区提出主权要求。这是一片讲德语的地区，位于据凡尔赛会议设立的捷克斯洛伐克的边境地带。法国总理和英国首相急于避免中欧战争，1938 年 9 月，他们在慕尼黑会见了希特勒和墨索里尼。捷克斯洛伐克没有代表出席。在希特勒的威胁恐吓下，内维尔·张伯伦（Neville Chamberlain）和爱德华·达拉第（Édouard Daladier）同意德国吞并苏台德地区，同时波兰和匈牙利也获得捷克斯洛伐克大片领土。布拉格被其西方盟友抛弃，没有抵抗德国的占领，捷克斯洛伐克因此失去了防御性边界和大部分工业。返回伦敦后，张伯伦宣布慕尼黑会议确保了"我们这个时代的和平"（peace in our time）！

在今天看来，张伯伦的宣言相当可笑，英法依靠绥靖德国从而避免战争的政策注定毫无结果。然而，彼时害怕欧洲爆发战争的人们热情地拥抱慕尼黑协定。在华盛顿，罗斯福总统鼓励希特勒和墨索里尼举行会议，并对和平得以维护而"大感欣慰"。[4] 在美国，绥靖与避免对外纠缠的愿望交织在一起，这反映在 1935 年至 1939 年间通过的禁止向交战国出售武器的四个《中立法》中。在英国，绥靖还反映了一种信念，即德国要求修改《凡尔赛和约》是合理的，一个强大的德国可以成为抵御共产主义的受欢迎的堡垒。英国政界及王室头面人物不仅表达了对希特勒的钦佩，还在 1935 年《英德海军条约》中批准了柏林的军舰建造计划。

绥靖主义通常被认为是拒绝对抗纳粹侵略的愚蠢行为，但许多绥靖主义者只是希望在不破坏欧洲整体权力均衡的情况下，适应德国的重新崛起与发展。这并非毫无道理；毕竟，墨索里尼领导下的意大利在 20 世纪 20

年代已经成功融入欧洲政治。绥靖主义者们误解的是，纳粹德国是经济与政治深度危机的产物，其领导人相信这只能通过殖民生存空间的建立来解决。德国的扩张主义必然指向战争，希特勒在1938年已经完全准备好对捷克斯洛伐克使用武力。

慕尼黑协定未能阻止德国的扩张主义，德国军队于1939年初占领了捷克斯洛伐克其余地区。伦敦和巴黎最终不情愿地承认了绥靖无法阻止希特勒的事实。在巴黎，"软派"活动暂时销声匿迹，英法两国领导人虽仍希望避免欧洲战争，但他们都启动了大规模的军备重整计划。法国早就开始修建被称为马奇诺防线（Maginot Line）的大规模边境防御工事，人民阵线政府也增加了军费开支，但如今法国发起的军备重整计划大得惊人，它试图使本国坦克数量在1940年底与德国持平。法国还开始与美国谈判大规模购买美制飞机的计划，而英国则加大了战斗机和其他军火的生产力度。1939年1月，英法参谋部会商制定了联合作战计划。与此同时，英法还与波兰、罗马尼亚和希腊签订条约，承诺在德国入侵时提供军事支持。这种做法并非出于对法西斯主义的道德反对，而是源于一种迟来的认知，即德国在中欧称霸的步伐不可能被和平地阻止。

亚洲走向战争之路

苏联对人民阵线联盟的追求延伸到了亚洲，莫斯科敦促中国共产党和国民党再次合作，建立统一战线（United Front）。谈判于1936年夏开始，在西安事变中，军阀将领张学良和其他北方将领绑架了蒋介石，迫使他加入统一战线。在中国新的团结意识发展之际，中日军队间的一场意外冲突引发了全面战争。1937年7月7日，依据《辛丑条约》驻扎在北平的日军在卢沟桥附近与中国军队交火，近卫文麿（Konoe Fumimaro）亲王[①]的政府将关东军派往华北地区。在新的统一战线的支持下，蒋介石没有退缩，他集结国民党、共产党和地方军阀一道抗战，并迅速开辟了第二战线，将他训练有素的德式军队投入上海地区抵抗日军。日本帝国海军同样将增援部队开进上海，8月之前，中国和日本陷于两线作战之中。

1937年11月8日，上海落入敌手——不过，上海的国际租界直到1941年才被东京实际控制——日本军队沿长江上溯，追击撤退的国民党军队，并于12月对南京发动了猛攻。国民政府首都沦陷后，南京大屠杀随即发生。在这场暴力、毁灭和性侵害的癫狂中，光是遭到日军屠戮的平民便有20万人之多[②]，这是整个战争中最严重的暴行之一。日军在华中地区的进攻与华北地区同步，他们夺取了北平和其他大城市。尽管取得了巨大的军事胜利，但日本军官很快就发现了一个令其担忧的问题：中国幅员辽阔，日军虽然在战斗中接连获胜，但他们的兵力只够保卫中心城市和铁路线。在这些"点和线"之外，虽然很多地区的公民社会崩溃了，但权力却往往落到了不忠于任何一方的地方军阀手中。在陕西和其他北方省份，这些混乱的局面有利于共产党人。他们的军队组织适合游击战，他们对农民的政治吸引力使其能从村庄一级向上建立起有弹性的新型权力结构，并

[①] 原文如此。实际上，尽管近卫出身显赫，但并非皇室成员，他的贵族头衔是公爵。——译者注

[②] 原文如此。据远东国际军事法庭对日本违反战争法规在南京实施暴行的判决书："在日军占领后的最初六个星期内，南京城内和附近地区被屠杀的平民和俘虏的总数超过20万人"，据中国国防部审判战犯军事法庭对谷寿夫的判决书指出："查……我被俘军民遭日军用机枪集体射杀并焚尸灭迹者，有单耀亭等19万余人。此外，零星屠杀，其尸体经慈善机构收埋者15万余具。被害总数达30万人以上。"南京审判和东京审判对日本战犯的判决，在确认南京大屠杀受害人数上，表述虽不一致，但均认定这是一次大规模的屠杀。两个法庭对日本战犯战争罪和违反人道罪所作的正义判决，维护了人类的尊严，伸张了正义，受到各国政府和人民的广泛支持。参见张宪文主编：《南京大屠杀史》，南京大学出版社，2014年，第12—13页。——译者注

填补政治真空。

1938年5月，日军艰难地取得了徐州会战的胜利，确保了南北铁路线的安全，并将两大战线连接起来。为拖住向重要工业城市武汉推进的日军，国民党军队在撤退中破坏了黄河大堤，导致当地一片汪洋。洪水造成约90万平民死亡，近400万人流离失所。历史学家拉纳·米特（Rana Mitter）指出，如果这是侵华日军所为，将被视为"战争中的最严重的暴行"[5]。日军通过在长江上部署海军舰艇，避开了最严重的洪灾，并于10月夺取了武汉。蒋介石和国民政府再次溯江而上，撤退到西南政治中心重庆。随着广州与沿海城市的相继失守，日本海军封锁了海岸线，国民政府被推到中南内陆地区。到1938年夏，中国29个省份中的21个全部或部分遭到了日军的占领。

在重庆，国民党致力于重建一个正常运转的国家，为难民提供援助的同时，新征召了一支200万人的军队。当日军逼近武汉时，该市的军工厂被疏散到四川。尽管国家作出了巨大努力，但由于易地搬迁和资源基地的缩小，军火产量仅达到战前水平的四成。与此同时，税收系统崩溃了，通货膨胀和政府债务飙升，重庆转而从鸦片贸易中筹集资金。国民政府也向苏联寻求援助，从1937年9月到1941年4月，莫斯科向中国提供了1 235架飞机、数万支步枪以及数不清的军事顾问、飞行员、工程师和卡车司机。苏联人驾驶的飞机为国民党军队提供了一定程度的空中支援，200多名苏联飞行员在中国牺牲。

起初，国民政府几乎没有得到西方民主国家的任何支持。英国政府全神贯注于应付欧洲危机，美国极力避免与东京发生冲突，以至于当1937年12月日本飞机在长江击沉美国海军炮舰帕奈号（Panay）时，华盛顿也是毫无怨言地接受了东京不温不火的道歉。随着日军侵略的不断加深，西方国家的态度开始发生变化。1939年初，美国财政部为中国安排了一笔2 500万美元的贷款。与此同时，英军开始修筑滇缅公路（Burma Road），这是一条从英属缅甸腊戍（Lashio）通往中国云南省会昆明的曲折道路。这条陆路确保了西方援助能够源源不断地送到蒋介石被围困的部队手中。

由于无法取得决定性的速胜，日本领导人开始寻找其他能为持久战提供必要资源的进军路线。日本于1936年签署《反共产国际协定》意味着反苏系其核心思想，而大清洗后的红军似乎并无反抗之力。在20世纪30年代的中国东北边境地区，日军和苏军的小规模冲突连绵不断。1939年5月，关东军在哈拉哈河（Khalkhyn Gol River）[①]地带对外蒙古的试探升级为一场全面冲突，双方匆忙增援，在接下来四个月的战斗中，格奥尔吉·朱可夫（Georgy Zhukov）将军率领的苏联装甲部队取得了对关东军的绝对胜利，此役即诺门罕战役。这场战役影响深远，从此日本避免与苏联开战，并于1941年4月签订《苏日中立条约》[②]。由于对苏作战的希望破灭，日本领导人转而寻求东南亚的丰富资源。与此同时，条约迫使莫斯科停止了对国民政府的军事支持，重庆只能依赖从缅甸陆路运来的英美援助。

欧洲走向战争之路

1939年3月，德国侵入了捷克斯洛伐克的剩余地区，将该国分割为所谓波希米亚和摩拉维亚帝国保护国（Reich Protectorate of Bohemia and Moravia）以及斯洛伐克附庸国（client state of Slovakia）。希特勒的大胆

[①] 又名喀尔喀河。——译者注
[②] 原文误作《苏日互不侵犯条约》（Soviet-Japanese Non-Aggression Pact）。鉴于英语世界经常将其混为一谈，此处直接译为正确名称。——译者注

行动使那些担心战争过早爆发的军队领袖们平静了下来，而占领则确保了德国对捷克军火工业的控制。意大利也加大了扩张力度，1938年末对法国的北非殖民地领土提出要求，1939年4月入侵阿尔巴尼亚。阿尔巴尼亚是进入巴尔干半岛的门户，长期以来一直受到意大利的影响，现在它被并入了新宣布成立的意大利帝国。尽管人民要求武装抵抗，但佐格国王（King Zog）还是立即选择逃亡，维托里奥·埃马努埃莱三世国王（King Victor Emmanuel III）的头衔库中又多了一个"阿尔巴尼亚国王"。为避免德意合流，法国和英国对此保持沉默。但是5月，柏林和罗马就签署了《钢铁条约》（Pact of Steel），宣告了一个正式联盟的诞生，其秘密议定书要求两国加强经济与军事一体化。

鉴于轴心国的威胁迅速增长，而英国和法国又不愿与之正面对抗，莫斯科突然改变了方针。苏联领导人认为与纳粹德国的冲突不可避免，但他们希望尽可能拖延下去，为重整军备争取时间。结果，莫斯科放弃了对集体安全的徒劳追求，转而寻求与柏林和解。1939年8月23日，新任外交人民委员维亚切斯拉夫·莫洛托夫（Vyacheslav Molotov）和德国外交部长约阿希姆·冯·里宾特洛甫（Joachim von Ribbentrop）在莫斯科会面，签署了一项互不侵犯条约。条约的秘密议定书将波兰一分为二，各领一半；德国承认苏联在芬兰和波罗的海地区的优势地位。条约还附带有贸易协议，以便利德国对苏资本出口，用以交换苏联石油、小麦和其他原材料。不出意外，《苏德互不侵犯条约》[①]使世界各地的共产党乱成一团，共产国际指示他们放弃反法西斯人民阵线，转而开展反英法帝国主义的宣传运动。

[①] 西方常按签署人称此条约为《莫洛托夫—里宾特洛甫条约》（Molotov-Ribbentrop Pact），为尊重习惯，此处照官方名称译出。——译者注

《苏德互不侵犯条约》使柏林得以按计划入侵波兰。虽然波兰由保守的军事独裁政权统治，并受到 1934 年与德国签订的互不侵犯条约的保护，但长期以来一直是纳粹扩张分子关注的中心。波兰在凡尔赛会议上得到了大片原属德国的领土，但泽（Danzig）也成为国际联盟监管下的"自由市"，德国要求归还这些领土，为其备战提供了理由。但纳粹的侵略还有更大的目标，即波兰的沃壤将为其殖民生存空间提供理想的土地，斯拉夫人与犹太人注定被驱逐或清算，或沦为半奴役的状态。德国人早就知道，英法对波兰的支持承诺有可能引发一场欧洲战争，但他们还是推进了其战争计划。对德国来说，英法美等国加速重整军备将很快抵消掉德国的军事优势，因此等待下去也不会有什么好处。况且，苏德条约确保了德国东线的安全，与欧洲民主国家的战争将是可以应付的。因此，这场赌局的天平倾向了德国一边。

德国对波兰的入侵始于 1939 年 9 月 1 日，仅用六周便宣告胜利结束。波兰军队部署在边境沿线，为德军钟爱的大规模包围战术提供了诱人的靶子。德军的进攻以战术空袭、坦克战车和机动火炮为后盾，所有这些都很好地利用了在西班牙作战时获得的经验。然而，当闪电战（blitzkrieg）在波兰揭开帷幕之时，大多数德军士兵仍然用脚走路，用马车运送补给。波兰人不是被新型战争所击败，相反，他们在人数和战斗力上都输给了一支仍然相当传统的军队。波兰人的反抗相当激烈，给德军造成了意想不到的重大伤亡，摧毁了数量庞大的坦克和飞机。然而，苏军的介入决定了波兰的最终命运。莫斯科甫一收到诺门罕战役胜利的消息，就开始了对波兰的入侵。9 月底，苏军和德军会师，完成了对波兰的瓜分。

1939 年 9 月 3 日，英法对德宣战。由于距离遥远和准备不足，英军无法参加波兰保卫战，而在英军大批抵达法国之前，波兰战争已经结束。

9月，法军对萨尔（Saarland）发动了心猿意马的攻势，但在接下来的几个月里，欧洲战争的特点是普遍无所作为，以至于它被称为"虚假战争"（Phony War）或"静坐战"（sitzkrieg）[①]。在英国，对德军轰炸的恐惧导致近150万人从大城市撤离，其中大部分是学童和带着婴儿的母亲，但当德军空袭未能造成醒目的恶果时，许多人就又迅速返回了家园。虽然这场战争看起来是如此"虚假"，但点燃并引爆它的那场全球危机却绝非虚假，随着十年大萧条的结束，全方位的大战——迄今尚未合流——正在亚洲和欧洲同时上演。

[①] 虚假战争是美国的说法，静坐战是德国的说法，我国一般称之为奇怪战争（Odd War）。——译者注

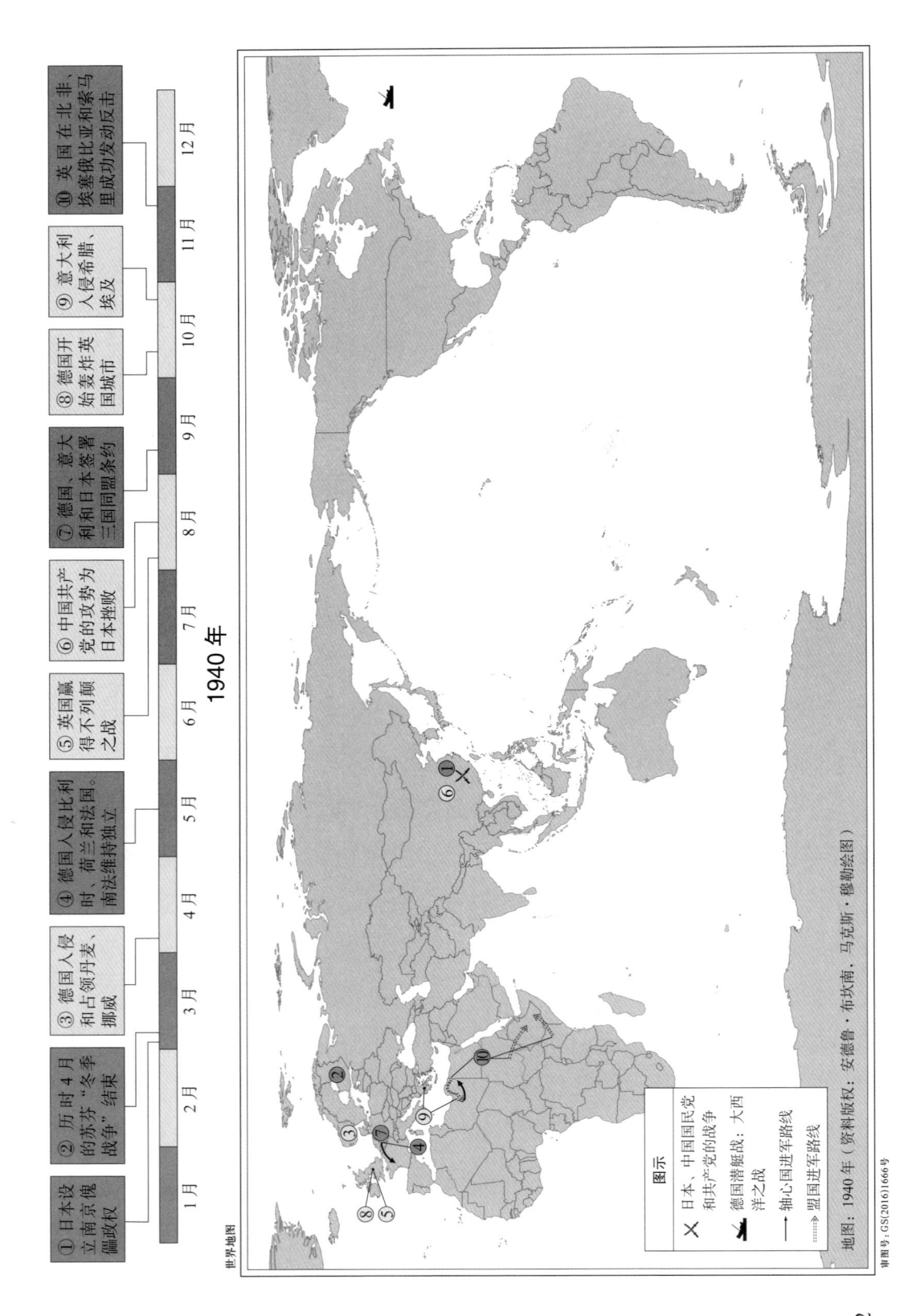

① 日本设立南京傀儡政权
② 历时4月的苏芬"冬季战争"结束
③ 德国入侵丹麦和占领挪威
④ 德国入侵比利时、荷兰和法国，维希法国独立
⑤ 英国赢得不列颠之战
⑥ 中国共产党的攻势为日本挫败
⑦ 德国、意大利和日本签署三国同盟条约
⑧ 德国开始轰炸英国城市
⑨ 意大利人侵希腊、埃及
⑩ 英国在北非、埃塞俄比亚和索马里成功发动反击

1940年
1月　2月　3月　4月　5月　6月　7月　8月　9月　10月　11月　12月

世界地图

图示
✕　日本、中国国民党和共产党的战争
　　德国潜艇战成：大西洋之战
——→　轴心国进军路线
┄┄→　盟国进军路线

地图：1940年　资料版权：安德鲁·布坎南．马克斯·穆勒绘图

审图号：GS(2016)1666号

42

第三章
1940年：轴心国的胜利与新的战略抉择

1940年最初几周，战争在欧洲和亚洲似乎同时陷入僵局。希特勒希望通过迅速击败法国来维持波兰战争的胜利势头，但令许多国防军将领松了一口气的是，一架德军参谋部飞机在比利时坠毁，德国作战计划泄露，迫使入侵行动推迟。伦敦和巴黎欢迎"虚假战争"的延长，这些政客仍然希望避免全欧军事冲突，但也给了德国国防军更多时间去弥补波兰战争的损失，并根据在波兰的教训重新制定作战计划。

在中国，战争僵局表现出更多的特点。日军大规模军事行动仍在推进，1940年春，日军再次溯长江而上，夺取了盛产稻米的湖南省，并将国民党首都重庆置于军机轰炸范围之内。但这些成功均未能为日本锁定最终的胜利。日军及当地伪军只是在名义上控制了大片领土，但他们缺乏肃清广大农村的人力，而以地方军阀和国民党叛徒为基础的傀儡政府也未能恢复政治稳定局面。1940年3月，东京扶植国民党前领导人汪精卫为南京伪国民政府首脑。汪精卫自称是孙中山的真正继承者，其政权依然使用国民党的旗帜和标志。汪伪军队虽然协同日军攻击共产党军队，但由于汪精卫试图建立自己的独立权威，与东京的关系常常变得紧张。军事僵局和政治分裂凸显了这样一个事实：就目前而言，全国局势还看不到稳定的影子。

亚欧大陆的地区性战争依然彼此独立，但在1940年开始出现更紧密的联系。英国、法国及荷兰所统治的亚洲殖民地都受到日本扩张主义的威胁，但欧洲战争意味着他们缺乏足够的资源来保卫这些殖民地。美国总统罗斯福 1937 年在华盛顿呼吁"隔离侵略者"（quarantine the aggressors），1938 年通过的《海军法》（Navy Act）要求将美国海军扩充 20%，彰显了美国反对日本扩张的强硬态度。尽管罗斯福将美国战舰集中于夏威夷珍珠港，但他对采取实际行动反击日本缺乏热情。不过，华盛顿的确越来越支持中国国民政府，这对双方来说都是一个重大调整。与此同时，重庆与柏林的长期关系却走向破裂。20 世纪 30 年代，德国一直向蒋介石的军队提供武器和教官，《反共产国际协定》签订后，在 1938 年这些关系都中断了，而柏林与东京则建立了更为密切的联盟。

芬兰冬季战争

奇怪战争给西线带来平静的同时，却无法阻止新的冲突在东欧一线爆发。根据《苏德互不侵犯条约》，莫斯科将布格河（Bug River）以东的波兰领土并入乌克兰和白俄罗斯苏维埃共和国，接着，又在 1939 年 10 月迫使前沙俄领地爱沙尼亚、拉脱维亚和立陶宛接受苏军驻扎于其领土之上。苏联还坚持要求芬兰自卡累利阿地峡（Karelian Isthmus）后撤，只因此处毗邻列宁格勒，并声称苏联海军有权使用芬兰位于汉柯港（Hanko）的海军基地。当芬兰政府表示拒绝遵从时，苏联红军于 1939 年 11 月发动了入侵。尽管红军在数量上占据优势，但由于指挥混乱，他们未能突破卡累利阿地峡上的曼纳海姆防线（Mannerheim Line），在北线森林与湖泊地带，行动迟缓的红军也被芬兰雪橇部队击败。

柏林履行了与莫斯科达成的协定，阻止意大利向芬兰运送武器，但由于芬兰的抵抗激起了英法领导人的反共情绪,他们讨论从奇怪战争的前线中抽出一些军队帮助芬兰人。英国皇家空军(Royal Air Force)甚至计划轰炸苏联高加索地区的油田。然而,在联军采取行动之前,红军重新集结,对曼纳海姆防线发起大规模进攻,最终迫使芬兰人于1940年3月投降。根据《莫斯科和平条约》(Moscow Peace Treaty),芬兰政府虽然向苏联割让了大片领土,但保持了自身的独立性,同时苏联也搁置了建立以芬兰共产党领袖奥托·库西宁(Otto Kuusinen)为首的傀儡政权的计划。冬季战争尽管短暂,但却极为血腥,它一共带走了5万芬兰人和11万苏联人的生命。红军的糟糕表现使柏林的观察家相信,苏联在军事上不过是个二流国家。

1940年,莫斯科将波兰东部纳入其中央计划经济体系,并加强其西部边境的军事防御力量。在对波兰资本主义"自上而下"的强改中,私人银行和企业被没收,大地产为农民所均分,波兰原有的政治、宗教和文化机构被解散。150万波兰人被"分配"(deported)到苏联境内的集体农庄,数千人被乌克兰和白俄罗斯的准军事组织集团杀害。在斯摩棱斯克附近的卡廷森林(Katyń Forest),苏联内务人民委员部秘密警察(NKVD)按照斯大林的命令处决了2万多名波兰军官,数万名士兵被整体押往苏联各大战俘营。对该地区的犹太人而言,他们数量激增,很多是来自德国统治下的波兰西部的难民。苏联的吞并似乎为他们提供了救济,而不是带来迫害,许多人加入了新成立的苏联政府机构。

德国在波兰的"生存空间"

尽管苏联占领下的波兰东部条件恶劣,但与德军在西部的暴行相比还是相形见绌。在波兰西部，纳粹殖民计划及其对斯拉夫人和犹太人的种族歧视所带来的恶劣后果暴露无遗。希特勒向高级军官概述了波兰战争的社会目标："波兰，"他解释道，"人口将被清空，并交给德国人定居。"[1]德国占领是实现目标的第一步。德占波兰的西部领土被直接并入德国，是为但泽—西普鲁士（Danzig-West Prussia）大区和"瓦尔塔"（Wartheland）大区，东部则成为殖民地，德国设立了总督府（General Government）来管辖。在整个德占区，波兰产业均被没收，为了给德国定居者腾出空间，位于新大区的波兰人遭到驱逐，被迫涌入总督府辖区。德国政策制定者很明白，总督府辖区的粮食根本不足以喂饱这些人口。

德国在东欧的计划与世界其他地方的殖民计划如出一辙，在纳粹的想象中，它是对美国西部征服与吞并的翻版。与美国一样，目标是将幅员辽阔、资源丰富且毗邻的殖民地直接链入本国工业中心地带。在这片新的疆土上，犹太人和斯拉夫人取代美国原住民成为要被灭绝的对象。纳粹殖民主义的独特之处在于，时间框架高度压缩，种族暴力持续强化。从一开始，在东方建立"生存空间"的愿景就激励着纳粹运动的发展，但它的实现是一个渐进的过程，在之前成就的基础上推进新的步骤时，务实与投机并行不悖。与纳粹国家整体运作相适应的是一个令人吃惊的分权过程，彼此竞争的领导人及国家、军队和党的各大机构纷纷采取行动，以从希特勒手中争取到更多的资源。

党卫军特别行动队（Einsatzgruppen）与德军一同侵入波兰。他们的任务是清除波兰政治精英和其他特定人群——特别是犹太人，这些人被认为注定要反对"新秩序"。虽然名义上受军方控制，但特别行动队独立的指挥结构使得军方拒绝为之承担责任，军官们常常默认甚至鼓励他们的屠杀活动。由德裔波兰人组建的"自卫"民兵队、德国其他安保组织小队，与特别行动队一道掀起大规模的暴力浪潮，仅 1939 年杀害的平民就超过 6.5 万人。随着杀戮的蔓延，国防军士兵也加入其中，那些在纳粹统治下长大的年轻人尤为积极。

这场暴力狂欢与纳粹日渐激进化的反犹主义交织在一起。在纳粹上台的头六年里，面对政治迫害、经济剥削和人身攻击的合法化，成千上万的犹太人离开了德国。纳粹当局鼓励移民，超过 5.5 万人移居到巴勒斯坦，另有 9 万人前往美国。更多的人则被美国拒发移民签证。1935 年的《纽伦堡法案》（Nuremberg Law）用明确的种族术语重新定义了德国公民身份：犹太人不享有公民权，混血儿（Mischlinge）虽享有公民权，但在法律上面临着广泛的歧视。无论是官方还是非官方层面，新法都加深了德国对"纯种犹太人"（full Jews）、混血儿和吉卜赛人（Romani）的迫害。

到 1940 年，德国犹太人从 50 多万下降到 20 万左右，这个国家似乎已经完成了"对犹太人的清洗"（judenrein）。然而，在波兰，德国士兵发现大型犹太社区的人口占到了该国总人口的 10% 左右。虽然波兰犹太人社区长期面临着官方反犹主义的影响，但该国仍是他们繁衍生息的家园，在一些主要城市，犹太人甚至超过总人口的一半。在德国占领军中，帝国骄傲、种族优越感同纳粹反犹主义的混合使这些社区成为特别目标。占领伊始，任意袭击与地方大屠杀事例便急骤增加，在一些地方，波兰人也加入德国人的行列去攻击他们的犹太人邻居。

随着德国在波兰的统治得到巩固，反犹政策得到厘清并且律典化。为给德国人的定居扫除障碍，但泽—西普鲁士和瓦尔塔大区的减人指标主要落在了犹太人身上。德国政策制定者们讨论了犹太人安置计划，曾计划将他们逐往东方的特别保留地，或放逐到法国在印度洋的殖民地马达加斯加，但最终决定将他们集中驱赶到总督府治下的城市贫民区，又被称为犹太区。在罗兹和华沙，由德国当局承认的犹太人委员会管理着这些用围墙圈起来的犹太区，许多小城镇也效仿了这种管理模式。犹太区很快人满为患，食品和燃料奇缺，伤寒和其他疾病肆虐，死亡人数不断攀升。

德国对斯堪的纳维亚半岛的控制

同英法进行的奇怪战争使得德国能将其注意力转向丹麦和挪威。纳粹领导人认为这两个国家的居民都是日耳曼人（Nordic），与德国人一样，属于"雅利安"（Aryan）优秀种族，占领该地将获得重大的战略优势。丹麦富饶的农业部门可以并入帝国，而挪威漫长的西海岸线为其获得瑞典铁矿石提供有效屏障的同时，亦能提供海空军基地，足以挑战英国对北海的控制权。

1940年4月9日，德国军队涌入丹麦，仅仅两个小时，哥本哈根的政府便宣布投降。崩溃的速度既反映出丹麦部分精英对融入德国自给制度的热情，也反映出该国缺乏任何可行的备选方案。作为回报，纳粹领袖完整保留了丹麦的政府机构，高价从丹麦农民手中收购农产品，这一情况贯穿战争始终。在挪威，侵略者遇到了更为艰难的挑战，在国王哈康七世（King Haakon VII）逃亡英国前，挪威政府组织了短暂但坚定的抵抗。德国海陆空三军对该国战略要地的攻击使其防御体系瘫痪，而驰援的英法军队指挥不力，装备落后，缺少空中支援。他们很快就被迫撤退。只有在海上，抵抗者才尝到了胜利的滋味。挪威的海岸炮台击沉了一艘德国重型巡洋舰，英国皇家海军则在纳尔维克（Narvik）击沉了8艘驱逐舰。这些损失重创了德国海军本就规模不大的水面舰队，使其无法支持当年晚些时候就应发起的侵英计划。柏林早就取消了1939年3月制定的"Z计划"，这一水面舰船建造计划旨在实现德国海军力量的全球投射。此后，德国水面舰队也没有再发挥什么作用。

柏林在奥斯陆建立了一个由当地法西斯分子维德孔·吉斯林（Vidkun Quisling）领导的傀儡政府。吉斯林的名字由此成为"通敌"的代名词，但他的民族团结运动（National Unity Movement）并没有得到多少民众的支持。柏林与吉斯林的合作持续到1942年10月，随后便抛弃了他，改由帝国专员约瑟夫·泰尔波文（Josef Terboven）直接统治。在丹麦和挪威，由于没有工人阶级的反对，德国的接管相对轻松。这主要是因为入侵发生于苏德合作时期。斯堪的纳维亚各国共产党虽然规模较小但影响力颇大，在莫斯科的严格命令下，他们没有反对德国人。对柏林来说，进军斯堪的纳维亚还有一个额外的好处，即深化了同中立国瑞典的关系。与丹麦一样，瑞典的精英们同德国展开了有利可图的合作，为其提供铁矿石和高品质的工业产品，甚至违反中立政策，允许德军穿越他们的领土。

英法计划和"帝国动员"

挪威的军事溃败在英国引发了一场政治危机，迫使首相张伯伦辞职，1940年5月10日，好斗的温斯顿·丘吉尔（Winston Churchill）接替了他。丘吉尔代表了英国精英中最坚决抵抗德国扩张的那一派。这一任命将张伯伦的保守党政府转变为包括反对党工党在内的真正的战时联合政府。工党的加入表明丘吉尔愿意团结全国进行战争，而工党在工会和工人阶级选民中争取到的支持对这一努力至关重要。作为回报，丘吉尔承诺新政府将实施一项影响深远的战后社会改革计划，该计划后来被编入1942年的《贝弗里奇报告》，这份以经济学家威廉·贝弗里奇（Willian Beveridge）

命名的报告提议建设一个福利国家，它以医疗、住房和教育的社会化为基础。这些措施体现出政府对于更好的战后社会的承诺，有助于确保工人阶级对战争的支持。

英国和法国是在没有战略计划的情况下宣战的，他们也不想在欧洲发动大规模战役。在德法边境的许多地区，法军就躲在坚固的马奇诺防线后面。但马奇诺防线修到卢森堡边境便戛然而止，为确保北翼安全，联军计划进驻中立国比利时。在欧洲大陆防御作战的同时，联军打算利用海军力量封锁德国，并对挪威和其他地区发动"外围"作战。它们希望用这种办法，外加对德轰炸来进行一场持久战，他们判断敌人的经济已经捉襟见肘，随时会崩溃。1939年9月，华盛顿修改《中立法》，允许与交战国进行贸易，表达了对英法的支持。新的"现款自运"（cash and carry）协议要求交战国以现金购买美国产品，并自行运输——这些规定显然有利于联军，表明华盛顿希望维持英法的战争努力。

英法还紧急动员殖民地的人力与物力。法国殖民军本为保护海外殖民地而组建，但在1940年，西非和北非的军队驰援西线。在英帝国的"白人自治领"（White Dominions）中，澳大利亚、加拿大和新西兰政府紧随英国参战。在南非联邦，总理巴里·赫尔佐格（Barry Hertzog）主张中立，但他被统一党党内的一场造反推到了一边，该党转而扶持以扬·史末资（Jan Smuts）为首的主战内阁，着手为帝国的备战动员人力和资源。战争期间，南非的工业产量翻了一番，煤炭出口翻了两番，对英国本土的食品运输量急剧增加。南非的熟练工人和关键原材料都被迅速投入战争准备。南非的经济增长吸引了来自英国其他殖民地的工人，白人工人的数量增长21%，黑人工人的数量则猛增74%。由于急需非洲工人，种族隔离法律得以放松执行，建筑业也出现繁荣，那些不受监管的村落在大城市的边缘地带发展起来。

英国还从其非洲殖民地动员士兵。首先是在东非招募有着长期服役经验的国王非洲步枪团（Kings African Rifles），随后是皇家西非野战军（Royal West African Field Force）。这两支部队都参加了1940年末英国发起的针对意属东非的战争。随着战争的进行，英国当局扩大了在非洲殖民地的征兵规模，并首次向海外派遣非洲军人。两支西非师和一支东非师被派往缅甸与日军作战。近300名波兰军官训练西非募兵，丘吉尔称之为"白色注入"，其中一些波兰军官其后亦赴缅甸作战。[2] 从非洲南部的巴苏陀兰（Basutoland）、斯威士兰（Swaziland）和贝专纳兰（Bechuanaland）（现均为南非的一部分）高级专员公署领地（High Commission Territories）招募的人组成了非洲先遣队（African Pioneer Corps），并被派往中东从事支持英帝国军的工作。帝国征兵官诉诸部落忠诚，然而新兵对为何作战往往一无所知。不仅如此，海外从军经历必然会让士兵接触到新环境和新思想，殖民地官员担心士兵会因为服役而"去部族化"（detribalized），给殖民统治带来潜在的危害。

爱尔兰（Éire）是英帝国的一个自治领。根据1921年的条约，英国承认它的独立。尽管与英帝国有这种正式的官方联系，但爱尔兰是在与英国作了长期而艰苦的斗争后建立起来的，总理埃蒙·德·瓦莱拉（Éamon de Valera）决心在世界大战中保持中立。伦敦以经济制裁为要挟，要求爱尔兰向英国开放港口，以便利海军的行动。即便面临着许多困难，爱尔兰的中立仍然贯穿了战争始终。尽管如此，私下里都柏林仍然倾向于英国。超过4万爱尔兰公民加入了英国军队，盟军飞机获准飞越爱尔兰一部分领空，都柏林还向伦敦提供大西洋地区的天气预报。卡拉（Curragh）战俘营形象地体现了爱尔兰立场的模糊性。该战俘营关押的是在爱尔兰失事的飞行员与潜艇兵，包括英国人 40 名，德国人 200 名，他们被一直扣留到战争结束。1943 年，盟军战俘开始被悄悄遣返，一同被关押的轴心国战俘虽然不能离开爱尔兰，但却被允许在都柏林租住公寓和上大学。

同样复杂的局势出现于英国治下的印度。甘地领导的印度国大党（Indian National Congress, INC）的大多数领导人倾向于支持英国抗德，但他们对英国总督林利斯戈勋爵（Lord Linlithgow）感到愤怒，后者在没有征求其意见的情况下将印度带入战争。林利斯戈的傲慢是故意的。包括丘吉尔在内的许多英国领导人都希望战争能让他们反制国大党日益增长的政治影响力。受益于 1935 年《印度政府法案》（Government of India Act）推动的政治改革，国大党得到了印度 11 个省区中 8 个省的控制权，林利斯戈借此明确告诫国大党，他们取得的些许进展与外交事务毫不相干。1939 年 11 月，国大党执政的各省区政府集体辞职以示抗议，英国的回应是加紧组建穆斯林联盟（Muslim League），抗衡以印度教徒为主的国大党。与此同时，数千名长期服役的印军士兵被派往海外，接替英军保卫帝国在埃及、新加坡、肯尼亚和伊拉克的前哨据点，后者则腾出手来应对欧洲战争。

1940 年夏：法国沦陷

1940 年 5 月 10 日，德军开始入侵法国。不到六周，法国政府投降。在此期间，德国国防军击溃了法国军队——这是欧洲规模最大、装备最精良的一支军队——并将英国远征军（British Expeditionary Force）赶出了欧洲。1 000 万难民为躲避前进中的德军而跑路，法兰西第三共和国被推翻，取而代之的是右翼的卖国政府。法国惊人的崩溃速度让当时诸多评论家认为，共产主义、法西斯主义与和平主义的"干腐"（dry rot）[①]从内部摧毁了法兰西第三共和国。[3]当代历史学家则更强调军事因素和其他偶然事件。这些解释都有其合理性。

德军的进攻以空降伞兵和地面部队协同侵略中立国荷兰与比利时作为先导。5月14日，德国轰炸机袭击了鹿特丹，炸死近1 000名平民。次日清晨，荷兰王室逃亡英国，政府投降。比利时则一直坚持到5月28日，政府才投降并逃往伦敦，但国王利奥波德三世（King Leopold III）却留在了比利时，与德国占领者保持合作。按照计划，联军向比利时纵深推进，以回应德军攻势。而这正是德军指挥官想要的。5月13日，第二支德军——A集团军群（Army Group A）——冲出阿登森林（Ardennes Forest），渡过默兹河（River Meuse）[②]，绕到驻比利时英法联军的后方。联军参谋一直认为阿登山区是不可逾越的，因而突然出现的德军坦克让他们目瞪口呆。A集团军群包含了国防军的大部分新式坦克和机械化步兵部队，并得到了空中力量的密集支援。在海因茨·古德里安（Heinz Guderian）将军的指挥下，德国坦克突破了薄弱的法军防线，冲向英吉利海峡，切断了比利时联军的退路。这种巨大的"镰刀式切割"并非没有风险，德军高级指挥官担心联军的反击会切断古德里安装甲先头部队的后路。古德里安深信速度是制胜的法宝，因此无视放慢速度的命令。5月20日，他的坦克部队抵达英吉利海峡。

德军闪电战的成功依赖于快速行进的坦克、摩托化步兵和集中空袭

[①] "干腐"是一个比喻。它是指木材内部为一种真菌腐蚀，强度遭到破坏，但表面上往往看不出来。因此，患有干腐症的木制房屋看起来很坚固，但一旦遇到大雨就会倒塌。在政治上，它指的是当时的政治评论家提出的一种观点，即法兰西第三共和国已经被共产主义、法西斯主义及和平主义从内部摧毁，因此一旦面临战争就会崩溃。——译者注
[②] 视语境的不同，该河也被称为马斯河（River Maas）。——译者注

的巧妙结合。他们的快速推进给德军带来了"不可战胜"的光环，他们的攻击以惊人的速度粉碎了联军的指挥网，击垮了他们的士气，瓦解了有组织的抵抗。随着军队的崩溃，英法关系也在相互指责中急剧恶化。5月21日，伦敦决定从敦刻尔克（Dunkirk）撤回英国远征军。皇家海军战舰在不间断空袭下穿梭航行，从5月26日至6月4日，他们共从敦刻尔克救回33.8万名士兵，其中包括10多万法国军人。一队队"扁舟"，包括平民驾驶的游船在内，将士兵从海滩转移到近海等候的大船上。英国远征军虽然被迫将重型装备丢在法国，但却挽救了能够战斗的有生力量。

敦刻尔克之后，德军转向南方，6月16日进入巴黎。法国政府此前已逃往波尔多，总理保罗·雷诺（Paul Reynaud）在那儿辞职，以支持"一战"时的民族英雄菲利普·贝当（Philippe Pétain）元帅。雷诺提议将政府迁往法属北非，继续战斗，但82岁的元帅认为投降不可避免，因而拒绝了他的建议。6月22日，贝当投降。希特勒的条件相对宽松：德国占领法国北部和大西洋沿岸，法国南部——即所谓的"法兰西国"（French State）——免于占领，由设于度假小城维希（Vichy）的贝当政府管辖。强大的法国海军舰队解除武装，但仍由法国控制，法国同意向德国支付战争赔款和占领费。法兰西帝国仍从属于维希政权，柏林没有对它提出任何要求。

按照这些条件，右翼政客皮埃尔·赖伐尔（Pierre Laval）解散了第三共和国政府，将独裁权力集中到贝当手中，并与柏林和德国占领军密切合作。维希政府发起了充满保守和反犹色彩的"民族革命"（National Revolution），将犹太人清除出大学和公务员队伍，并围捕在法国避难的外国犹太人。军事灾难带来的强烈冲击，以及许多精英对于同德国合作的意愿使得这些措施并没有招致多少反对。在政府要员中，只有新近任命的国防和陆军部副部长夏尔·戴高乐反对投降。他逃到伦敦，立即开始组织反对德国占领的活动。不出意外，英国和维希法国的关系在相互指责中走向破裂。7月3日，为了解除法国舰队落入德军手中的风险，英军轰炸了停泊在阿尔及利亚凯比尔港（Mers-el-Kébir）的法国军舰，超过1 300名法国水兵在空袭中丧生。

1940年夏，英法联军全面受挫。埃里希·冯·曼施坦因（Erich von Manstein）将军计划的阿登突袭是一个神来之笔，德军对该计划的坚决执行使英法协同回击的愿景完全落空。然而，这些军事因素能够发挥作用离不开更广泛的政治框架。20世纪30年代，法国的精英阶层中，民族主义情绪与对纳粹德国的钦佩之情不安地共存；很多人并不热衷于战争，他们很快就接受了自己在德国主导的欧洲中作为小伙伴的新身份。左翼方面，与英国工党对丘吉尔的热烈支持形成鲜明对比的是，莫斯科指示法国共产党不要为战争提供支持。与挪威的情况一样，反对纳粹入侵本国的努力，要让位于维护苏德条约这一更高级的优先事项。作为回应，法国政府取缔了法国共产党，迫害其领袖，并拘捕了生活在法国的共产主义难民。法国精英被巴黎公社（Paris Commune）——法国在1870—1871年普法战争（Franco-Prussian War）中战败后，巴黎人民发动起义而建立——的幽灵所困扰，许多人害怕国内革命甚于德国入侵。

不列颠空战

德国领导人认为英国会在法国垮台后屈服。英国精英中最支持绥靖政策的一派也持有类似看法。为应对法国危机，他们在外交大臣哈利法克斯勋爵（Lord Halifax）的领导下，以墨索里尼为中间人，推动谈判实现和平。若英国以割让大片殖民地为代价，则德国很有可能同意其和平提议。然而，英军从敦刻尔克的成功撤退坚定了丘吉尔拒绝即刻和谈的立场，战时内阁也跟他站在一起。对法国舰队的空袭进一步坚定了伦敦的决心，德国不得不去适应这一令人不悦的新现实。7月中旬，希特勒命令参谋部为夏季后半段入侵英国做好准备。德国领导人清楚地认识到，要成功跨越英吉利海峡，必须同时掌握制空权和制海权，但挪威一战之后，德国海军已无力挑战英国皇家海军。因此，一切都取决于能否在英吉利海峡取得制空权，赫尔曼·戈林的空军承诺将做到这一点。

"鹰日"（Eagle Day）[①] 被定在了1940年8月13日。是日，德国空军轰炸了英国机场，开启了对英国皇家空军的持续攻击。在新设雷达网的指引下，皇家空军争先恐后地起飞应战。在随后的几周里，皇家空军击落1 887架敌机，自身损失1 023架。尽管已经给皇家空军造成了重大损失，但德军的攻击并没有像有时传说的那样，接近于摧毁皇家空军战斗机司令部。英国的飞机产量超过了战斗损失，辅之以飞行员的决心、防空效率的提高和本土作战的优势，皇家空军最终赢得了不列颠空战的胜利。皇家空军本身就是一支多国部队：10%的飞行员来自自治领，另外10%来自于波兰和其他被占领的欧洲地区，而其主要领导人之一——空军元帅基思·帕克（Keith Park）——是一位新西兰人。

9月，德国空军将其注意力转移到伦敦。起初，德国轰炸机在白天轰炸特定目标，但随着损失的增加，他们开始在夜间实施无差别的狂轰滥炸。这些轰炸，加上1940年9月至1941年5月的"闪电战"（Blitz）对英国其他城市的轰炸，共造成超过4万平民死亡，带来了巨大的物质损

[①] 第二次世界大战期间德军启动对英空袭的日期的代号。——译者注

失。然而，德国空军的飞机是为陆军提供战术支援而设计的，它们无法携带能真正造成大规模破坏的重型炸弹。英国的战时生产能力并未受到严重威胁。与此同时，德军指挥官意识到他们无法取得制空权，入侵计划遂于9月初被取消。

新的战略抉择

德国对法国的征服以极具戏剧性和突然性的方式重新绘制了欧洲和世界的政治版图，迫使所有大国调整战略计划和优先事项。即便是在德国，胜利的速度也让纳粹领导人措手不及，他们在新兴的轴心国联盟中与伙伴国意大利和日本一起，看到了战略推进的新前景。德国的实际或潜在对手——英国、苏联和美国——面临着更大的挑战。他们本认为法国会与德国打一场持久战，纳粹的胜利推动他们着魔一样地接连修改本国计划与调整备战事宜。在这一关键时刻，即将到来的全球战争的大致轮廓开始形成，为此，历史学家戴维·雷诺兹（David Reynolds）将1940年称为战争的关键"支点"（fulcrum，即转折点）。[4]

苏联直面德国的威胁，战略机动性也是最差的。莫斯科从来不相信《苏德互不侵犯条约》能够一劳永逸地化解纳粹的威胁，但它曾预计旷日持久的德法战争将使交战双方精疲力竭，并为壮大红军赢得时间。虽然条约使苏联边界得以向西部扩展，但这也意味着红军将在边界地区直面德国国防军，且周围遍布着暗藏敌意的波兰人、乌克兰人和白俄罗斯人。显然，该条约也排除了与伦敦达成战略和解的可能性。另一方面，苏联在诺门罕战役中获胜及随后同日本签订的中立条约，使得莫斯科能够将其兵力集中在西部地区。在这里，苏联吞并了拉脱维亚、爱沙尼亚、立陶宛，并加强了在苏占波兰地区的防御力量。尽管如此，1941年1月，苏联领导人估计红军还需两年时间才能做好战争准备，在此之前，为避免激怒柏林，莫斯科维持了根据条约商定的谷物、石油和棉花运输。

英国决定继续战斗并不意味着其领导人有一个必胜的计划。他们只是将战略轰炸、海上封锁同旨在煽动叛乱的反纳粹宣传运动混乱地结合起来。此外，尽管丘吉尔在公开场合咄咄逼人，但在展示了可以活下去的能力之后，他也不排除通过谈判达成和约的可能性。法国曾是英国战略的"一块基石"，当它被一扫而空后，伦敦失去了一个主要盟国。[5] 鉴于英帝国的广袤，英国从未真正孤立无援，但即使将殖民地的资源涵盖在内，它也缺乏击败德国的经济和军事手段。因此，英国政府转向美国寻求帮助。战时和战后的华丽辞藻使得美英联盟看起来理所当然，但在两战之间的岁月里，两国对彼此的不信任近乎表现为赤裸裸的敌意。正如英国领导人所指出的，美国的崛起威胁着伦敦的全球地位。然而，随着1940年夏新的政治形势的出现，丘吉尔强烈主张英国现在必须依赖"新世界（the New World），以其全面力量和意志"来拯救"旧世界"。[6] 在整个战争期间，丘吉尔一直鼓吹这种全新的英美定位或大西洋主义（Atlanticist）取向。即便这意味着美国更容易攫取全球霸权，如一些英国精英所担心的那样，丘吉尔亦是如此。

与英国和苏联领导人一样，美国领导人也认为法国将做长期抵抗。他们现在都面临着德国主导欧洲这一令人难以接受的现实——同样的威胁在1917年将美国拖入了欧洲战争。最初，美国军界领袖主张退回到"大陆防御"（continental defense）战略，以确保西半球免遭入侵。但他们很快就接受了与英国达成战略联盟的主意，这正是罗斯福所青睐的。罗斯福的问题是，美国人民对参加又一场欧洲战争充满着敌意。1940年9月，持孤立主义立场的"美国优先委员会"（America First Committee）成立，很快就宣称成员超过了80万人。更多的美国人则出于各种原因反对海外军事行动。为了应对这种反战情绪，罗斯福发动了一场谨慎运动（cautious campaign），缓慢但渐进地加大了参战力度。[7]

到1940年夏，美国精英形成了支持英国的共识，即使他们中仍有许多人希望避免武装干涉也没有影响到这一点。罗斯福任命两位共和党高层亨利·史汀生（Henry Stimson）和弗兰克·诺克斯（Frank Knox）进入内阁，分任陆军部长与海军部长，标志着这一共识的形成。参加1940年大选的共和党候选人温德尔·威尔基（Wendell Willkie）是一位公开的"国际主义者"，罗斯福的第三次连任也证实了这一日益壮大的精英共识。与此同时，国会引入和平时期军事法案，1940年7月的《两洋海军法案》（Two-Ocean Navy Act）将美国舰队的规模扩大一倍。

这些措施反映出，在外交关系委员会（Council on Foreign Relations）——一个极富影响力的非官方智库——与国务院的合作下，精英阶层日益坚信，美国的全球霸权不能仅靠经济手段来实现。相反，经济优势必须以在全世界使用武力的意愿为后盾，这为威尔逊式的自由国际主义注入了新的活力。1941年2月，出版商亨利·卢斯在《生活》杂志发表了一篇关于"美国世纪"的社论，迅速在公众中引发了热烈的讨论。卢斯将美国设想为世界领先的超级大国，其"好心的撒玛利亚人"（Good Samaritan）①的行为、经济仁慈和文化影响力如今拥有经济实力和军事力量的双重支撑。[8]

美国的军事思想也随着国际主义思想的壮大而演变。1940年11月，海军作战部长哈罗德·斯塔克（Harold Stark）海军上将向总统提出了一项

---

① 出自《圣经·新约》，是基督教文化中的一个著名成语和口头语，意为好心人、见义勇为者。——译者注

新的战略计划，即"D 计划"（Plan Dog），要求在推翻纳粹德国的战争中支持英国，同时对日本在太平洋上的威胁采取防御姿态。至少在名义上，该计划提出了"德国第一"（Germany First）[①]的方针，它未来将主导华盛顿的整个战时战略。1941 年春，美国、英国和加拿大的军事参谋们[②]秘密举行了 ABC-1 会谈。美国一步步走向欧洲战争。支持英国不是一句空话。1940 年 9 月，应英国提出的护航战舰要求，罗斯福同意将 50 艘老旧驱逐舰转给皇家海军。作为交换，美国免费获得了英国在加拿大与加勒比海军基地的长期租用权。"驱逐舰换基地"计划为获得更多美国援助提供了条件，1941 年 3 月的《租借法案》（Lend-Lease Act）将之推向高潮。以美国只是借给英国军事装备并将在战后收回的虚构事实为基础，租借最终使美国向英国、苏联和其他盟国输送了超过 500 亿美元的物资。租借规模的扩大需要时间，1941 年它仅供应了英国 1% 的弹药，但它的存在本身便表明华盛顿再次加强了对英国的支持承诺。

随着英美合作的深化，美国海军开始为穿越北大西洋前往英国的补给舰队提供护航。美军舰艇在泛美安全区内活动，该安全区是根据美国 1939 年发起的《巴拿马宣言》（Declaration of Panama）建立的，罗斯福于 1941 年将其活动范围延伸到大西洋中部。1940 年 5 月，英国军队破坏了冰岛的中立地位并占领该国，以阻止德国利用其极具战略意义的港口。当年夏天，美国海军陆战队接管了冰岛，并开始修建海空军基地，以反制德国的潜艇部队。1941 年 4 月，美国还占领了丹麦的殖民地格陵兰岛，将其变成美国事实上的保护国。美军很快也在这儿修建了军事基地，并在

[①] 即先欧后亚战略，盟国在"二战"期间实施的大战略。具体可参考韩永利：《美国大战略与中国抗日战场（1941—1945）》，武汉大学出版社，2003 年。——译者注
[②] 所谓军事参谋，即参战国高层军事人员，如美英联合参谋长会议组成人员，负责筹划战争，做好军事规划工作等。——译者注

1942 年拆除了德国的几个小型气象站。与此同时，美军于 1941 年 11 月占领了荷兰殖民地苏里南（Surinam），巩固了拉美的泛美安全区。在征得流亡伦敦的荷兰政府的同意后，美国军队占领了重要的铝土矿（铝矿），以对抗维希法属圭亚那的入侵威胁。

《三国同盟条约》

法国的沦陷也促使意大利、日本和德国重新思考其战略计划，并加快扩张步伐。1940 年 6 月 10 日，在德军大获全胜之际，意大利混入侵法之战。经过短暂而又血腥的阿尔卑斯战役，意军在法国南部建立了一个小型占领区。罗马随后又将目光转向巴尔干和北非，使英国在地中海的地位顿时变得脆弱起来。在亚洲，卖国的维希政府为日本进军法属印度支那提供了新的契机，而柏林则开始讨论野心十足的侵苏新计划。这些计划要求轴心国家间实施更为密切的合作，1940 年 9 月，德国、意大利和日本政府签署了《三国同盟条约》（the Tripartite Pact）。该条约赞扬德国和意大利为建立"欧洲新秩序"所做的努力，并欢迎日本在"大东亚"地区也建立起"新秩序"。缔约国承诺，在任何尚未参战的国家发动进攻时相互援助。[9] 它们头脑中的这个国家就是美国。

实际上，《三国同盟条约》收效甚微。欧洲和亚洲的战争在地理上相距甚远，日本及其欧洲盟友之间几乎不可能采取协调行动。在那些德意两国利益有所重叠的地方，两国政府也无意进行战略协调。三国特别军事和经济委员会在德国举行会议以促进合作，但它们除了将世界划分为明确的利益范围之外，几乎没做任何事情。从本质上说，该条约设想三个轴心国分别推行相互支持的帝国计划。它们将一起颠覆欧洲和亚洲现有的政治秩序，而签署国的共同利益是反对美国干涉；因此，尽管有其局限性，《三国同盟条约》仍标志着全球化冲突的进一步加剧。英国和美国政府同样看到了这一点，他们都加大了对中国国民政府的支持。

柏林转向东方

英国决定继续战斗，给柏林保持胜利势头带来了战略挑战。在不列颠空战之前，跨海入侵也是一个可疑的命题。德国高层有些人转而寻求一种"间接"的方法，通过攻击其在地中海的力量来削弱英国。受到德国在法国获胜的鼓舞，西班牙独裁者弗朗西斯科·佛朗哥似乎已准备好参战，德军参谋提议穿过西班牙夺取英国在直布罗陀（Gibraltar）的海军基地。在该计划实施之前，皇家空军取得了不列颠空战的胜利。这种情况让佛朗哥改变了主意，哪怕希特勒1940年10月与他进行了私人会晤，他还是拒绝批准这次袭击。虽然如此，佛朗哥继续为德国人摇旗呐喊，鼓动数千名西班牙士兵加入表面上"全自愿"的蓝色师团（Blue Division），开赴苏联战场，同德国国防军并肩作战。这种做法使马德里在理论上仍处于非交战状态。

对法国的征服使德国海军能够在大西洋沿岸建立潜艇基地，不必再冒着危险从德国长潜到苏格兰大西洋一带，因而加强了攻击英国船队的能力。第一批U型潜艇于1940年7月抵达新基地，但其作战仍需几个月后才能达到高效。20世纪30年代，德国海军建造的重点是水面战舰，直到1939年才转向潜艇。1940年秋天，海军上将卡尔·邓尼茨（Admiral Karl Dönitz）手头仅有65艘潜艇可用，而他的参谋们认为，掐断英国航运需要300艘潜艇。德国战略家希望通过袭击英国海上运输线和轰炸工业城市等手段来迫使英国屈服，从而使登陆作战不再必要。考虑到其桀骜不驯的对手坐拥整个帝国及美国的支持，这个赌注非常大。如果潜艇战失败，那么即便德国控制了欧洲大部分地区，也没有足够的资源来赢得旷日持久的消耗战。赢得这场战争所需的煤炭、石油、钢铁和粮食只能在苏联找到，如今获取这些资源成为至关重要的战略优先事项。这一战略判断与纳粹长期在东方推行的"生存空间"殖民计划不谋而合。

1940年12月，定于来年5月入侵苏联的巴巴罗萨行动（Operation Barbarossa）初始计划获批。该计划要求德国在击败英国之前即发动对苏联的进攻，从而蓄意挑起柏林长期以来最为担心的战略梦魇：两线作战。希特勒这一大胆举动取决于两个条件：第一，英国虽没有被击败，但也无力干预欧洲大陆的事务；第二，对苏作战速战速决是可能的。速度至关重要，德国经济支撑不了长期消耗战，而速胜可最小化两线作战所带来的经济压力。这场豪赌在军事上似乎说得通。红军的弱点已在芬兰暴露无遗，德国军官们认为，在法国完美实施的闪电战将确保德军在苏联取得速胜。

柏林以加强其在巴尔干半岛的外交地位来确保巴巴罗萨行动南翼的稳定。1940年11月，海军上将霍尔蒂·米克洛什（Horthy Miklós）领导的匈牙利保守派政府在《三国同盟条约》上签字，三天后，扬·安东内斯库（Ion Antonescu）元帅在罗马尼亚建立了右翼独裁政权。柏林的这次外交行动要求解决两国之间复杂的领土争端，并确保德国能利用罗马尼亚的普洛耶什蒂油田（Ploesti oilfield）。柏林同安东内斯库建立了密切的联系，德国向罗马尼亚作出领土许诺，以苏联为代价，换来后者派出两支军队共同侵苏。1941年1月，罗马尼亚本土法西斯分子、独裁者的前联盟伙伴铁卫团（Iron Guard）发动政变，柏林选择继续支持安东内斯库，实用主义战胜了意识形态。与意大利不同，罗马尼亚军方被直接纳入巴巴罗萨行动，德国顾问帮助训练罗马尼亚军队，德国空军使团则加强了普洛耶什蒂油田的空防能力。

东京转向南方

在柏林作出挥师东进决策的同时，东京也愈发坚信，进军东南亚可以打破在中国的战略僵局。1940年，日本在中国战场越陷越深，当年8月，中国共产党领导的八路军在华北发动百团大战，大举进攻日军在华北的交通线。共产党最初的胜利激起了日本以杀光、烧光、抢光为核心的"三光"政策的猛烈扫荡。鉴于根据地遭到广泛破坏，共产党领导人暂停了常规军事行动，转而集中精力开展游击战。虽然百团大战没有打垮日军，但其存在本身表明，尽管日本表面上已经占领了中国大量领土，但离它真正掌控那些地盘还有相当远的距离。这一认识强化了日本高级军官群体中正在形成的共识，他们倾向于以更激进的行动来打破现有僵局。

这一过程与日本政治的进一步军国主义化密不可分，标志便是1940年7月近卫文麿新政府的组成，以及除了右翼联盟"大政翼赞会"外所有政党的解散。自1938年以来，近卫一直倡导建立"大东亚共荣圈"，将东亚和东南亚统一到日本的领导之下。该"共荣圈"涵盖了欧美多块殖民地如缅甸、马来亚、印度尼西亚、印度支那、菲律宾，它们将为日本对华持久战供应粮食和原材料。最重要的是，日本夺取荷属东印度群岛的油田后，将能打破对美国石油的依赖。与德国追逐"生存空间"类似，日本在亚洲建立帝国主义自给集团也带有强烈的意识形态因素。宣传家们描绘了东京团结亚洲人民反对其殖民主子的情景，在团结反帝的光环下掩盖其夺取殖民权力的行为本质。

日本特工通过与各地反殖斗士的联系，为这一构想赋予了一些实质内容。这些斗士包括缅甸的巴莫（Ba Maw）和昂山（Aung San）等民族主义政治家，以及马来亚、荷属东印度群岛和法属印度支那的民族主义团体。东京亦对印度民族主义者苏巴斯·钱德拉·鲍斯（Subhas Chandra Bose）的活动颇感兴趣，他是国大党左翼前进集团（Forward Bloc）[①]的领导人。鲍斯曾于1938年当选为国大党主席，第二年当他鼓吹使用暴力推翻英国统治时，被甘地和贾瓦哈拉尔·尼赫鲁（Jawaharlal Nehru）联手驱逐。与绝大多数国大党领导人不同，鲍斯对英国的战争努力持敌视态度，虽然他也怀疑日本帝国主义的战争目的，但却将轴心国当作印度反殖斗争的潜在盟友。战争伊始，鲍斯领导了一系列反英抗议活动，旋即被软禁于加尔各答的家中。1941年1月，他逃跑了。为寻求支持，他接连访问了两个轴心国首都，先是在柏林露面，后又出现于东京，以期建立一支印度自己的反殖军队。

日本领导人明白，他们对东南亚的进攻将引发同英国、荷兰和美国的战争。前两个是该地主要的殖民宗主国。英国忙于欧洲事务，不太可能向亚洲增派大量援军。英国的软弱还表现在它对缅甸公路的处理上。1940年7月至10月，英国屈服于日本的压力将其关闭，这是一条通往中国的关键要道。美国则与此不同，虽然华盛顿正在按照"德国第一"的原则重塑其战略，但美国海军仍然以珍珠港为中心，目标聚焦于遏制日本的扩张主义。日本军部首脑明白，美国根据1938年《海军法》订购的战舰很快就能壮大其太平洋舰队，两国海军的平衡将会被打破，日本取胜的机会窗口正在被关上。1940年9月，当日本军队南下进入维希政权控制的印度

[①] 又称"前进同盟"。——译者注

支那北部时，华盛顿作出回应，部分禁止废金属和石油的对日出口。由于日本对美国石油的依赖，禁令勒紧了日本的脖子。日本军事参谋们得出结论，如果他们要进军东南亚，就必须迅速行动，通过给予太平洋上的美军以致命一击来确保南进的成功。

罗马的"平行战争"

1940年6月，利用意大利民众短暂的战争狂热，墨索里尼发动了一系列战役，以确保意大利在地中海的统治地位，并创建一个全新的罗马帝国。墨索里尼希望打一场"平行战争"，与德国的扩张齐头并进，而不是从属于后者。意大利对中立国瑞士的进攻计划很快就被束之高阁，巴巴罗萨行动实施在即，柏林迫切需要巴尔干地区保持和平，这迫使罗马搁置了对南斯拉夫的野心。即便如此，意大利军队仍同时发动了对英属索马里兰（British Somaliland）、埃及与希腊的进攻。这些彼此分散且战略上失焦的攻势压垮了意大利能力有限的后勤，墨索里尼的决定则让局势雪上加霜。他召回一半的军队帮助农民抢收庄稼，这一决定虽然深受国内人民的欢迎，但在军事上则远非明智。

1940年8月，从意占埃塞俄比亚攻入英属索马里兰，是意大利的第一次也是最为成功的一次进攻。意军在战略要地托格·阿贡隘口（Tug Argun Gap）击败了一支临时拼凑的英帝国军队，这支军队包括索马里骆驼军团（Somali Camel Corps）以及来自旁遮普（Punjab）、罗得西亚（Rhodesia）和尼日利亚（Nigeria）的部队。从那儿出发，意军迅速占领了柏培拉（Berbera）港口，迫使残存的英军逃走。为期两周的英属索马里兰征服战是意大利在整个战争期间最为成功的陆上战役。与此同时，意大利还实施了一次远程轰炸，7月29日，意大利飞机从爱琴海上的罗得岛（Rhodes）起飞，轰炸了位于英属巴勒斯坦的海法（Haifa）炼油厂，大火导致炼油厂的生产中断了一个多月。意军飞机还轰炸了特拉维夫（Tel Aviv），造成137名平民死亡。在10月18日的一次行动中，满载炸弹的轰炸机从罗得岛起飞，历时15小时，飞行3 000英里，袭击了英属巴林的一家炼油厂，并误炸了美国在沙特阿拉伯达兰（Dhahran）运营的一处设施。在造成了轻微损失后，轰炸机最终降落在意属厄立特里亚（Eritrea）。尽管意大利这些大胆的空袭取得的成功有限，但却迫使捉襟见肘的英国军队不得不在整个中东地区加强防空力量。

1940年9月，意军入侵埃及，司令是不情愿的鲁道夫·格拉齐亚尼（Rodolfo Graziani）将军。格拉齐亚尼的四个师（含有坦克和摩托化步兵），沿着海岸公路从意属利比亚向埃及推进了50英里，随后在西迪巴拉尼（Sidi Barrani）停下并构筑防御阵地。这不是一个扎营的好地方。本来英军已经后退，但随着格拉齐亚尼的掘壕据守，英军重新集结，准备反攻。英国战区指挥官阿奇博尔德·韦维尔（Archibald Wavell）将军的最初目标是将意大利人逐出埃及，但随着格拉齐亚尼部队渐次瓦解，英军的反攻变成全面进攻。到1941年2月罗盘行动（Operation Compass）结束时，韦维尔的部队已经摧毁了意大利第10军，抓获超过13万名战俘，并占领昔兰尼加（Cyrenaica），意属利比亚东侧半壁江山尽落英国人之手。

意大利对希腊的入侵同样是灾难性的。在柏林否决了墨索里尼入侵南斯拉夫的计划后，墨索里尼于10月下旬发动了对希腊的进攻，这次他没有再跟希特勒商量。意军从意占阿尔巴尼亚侵入希腊，但他们在人数上不占优势，坦克不适应希腊多山的地形，恶劣的天气也削弱了它们的空中力量。希腊人加紧增援前线，12月初，他们就将意大利人赶回了阿尔巴尼亚。对此，墨索里尼诉诸全面的军事动员，将新组建的军队派往阿尔巴尼亚，直接投入战斗。1941 年 1 月，意大利军队终于抵挡住了希腊的进攻，但他们试图再打回去的努力却以失败告终。

意大利的攻势陷入停滞时，英军开始进攻埃塞俄比亚和索马里。这一地区隶属于韦维尔庞大的中东司令部（Middle East Command），他组建了一支多民族帝国军，其中既包括英国、印度和南非军队，也包括罗得西亚（现津巴布韦）白人定居者，以及英国领导的东非与西非殖民军。来自比属刚果（Belgian Congo）和自由法国的分遣队也加入了他们的行列。1940 年年底到 1941 年年初，这些部队分别从南方的肯尼亚和北方的苏丹向埃塞俄比亚发动了巨大的钳形攻势。他们坐拥充足的卡车补给和有效的空中支援，其速度和机动性令意军目瞪口呆，防线迅速崩溃。埃塞俄比亚"爱国者"武装力量加入进攻的行列，同时加入的还有吉迪恩部队（Gideon Force），这是一支由英国少校、游击战理论家奥德·温盖特（Orde Wingate）指挥的苏丹非正规军。在经历了一场被亲历者称为"英国陆军历史上最快、最长的推进"之后，英帝国军和埃塞俄比亚军队于 1941 年 5 月光复亚的斯亚贝巴（Addis Ababa），海尔·塞拉西一世恢复了其帝位。（图 3.1）[10]

东非战役对罗马而言是一场彻头彻尾的灾难，罗马损失了约 30 万人（大部分被俘）和整个意属东非。继希腊和北非战败之后，东非战役标志着罗马平行战争的破产。英帝国军成功地保护了埃及南部边境并确保了对红海的控制。有鉴于此，罗斯福于 1941 年 4 月宣布红海不再是战区，向美国商船开放，允许租借物资直接运往埃及。除了这些战略上的进步，伦敦还将这次胜利视为加紧控制埃塞俄比亚的一次契机，基本没有理会拥有独立意识的海尔·塞拉西皇帝。根据 1942 年 1 月的英埃协议（Anglo-

图3.1 1941年4月1日，在英帝国军成功发动东非攻势后，印度军队进入厄立特里亚的阿斯马拉（Asmara）。[来源：安德鲁·斯图尔特（Andrew Stewart），私人收藏]

Ethiopian Agreement），伦敦保留了在埃塞俄比亚的一系列特权，该国主权受到侵犯，金融层面尤甚。急于削弱英帝国的主导地位，华盛顿在1942年将《租借法案》的适用范围扩大到埃塞俄比亚，随后向伦敦施压，在1944年的重订协议中，英国放弃了此前坚持的诸多特权。在华盛顿的推动下，伦敦承认了埃塞俄比亚的盟国身份，使其在讨论战后秩序的国际会议上有了一席之地。1945年7月，在美国的影响下，埃塞俄比亚引入了新货币——埃塞俄比亚元，并与美元挂钩。英国虽然取得了军事上的胜利，但其帝国权力却开始了瓦解的历程。

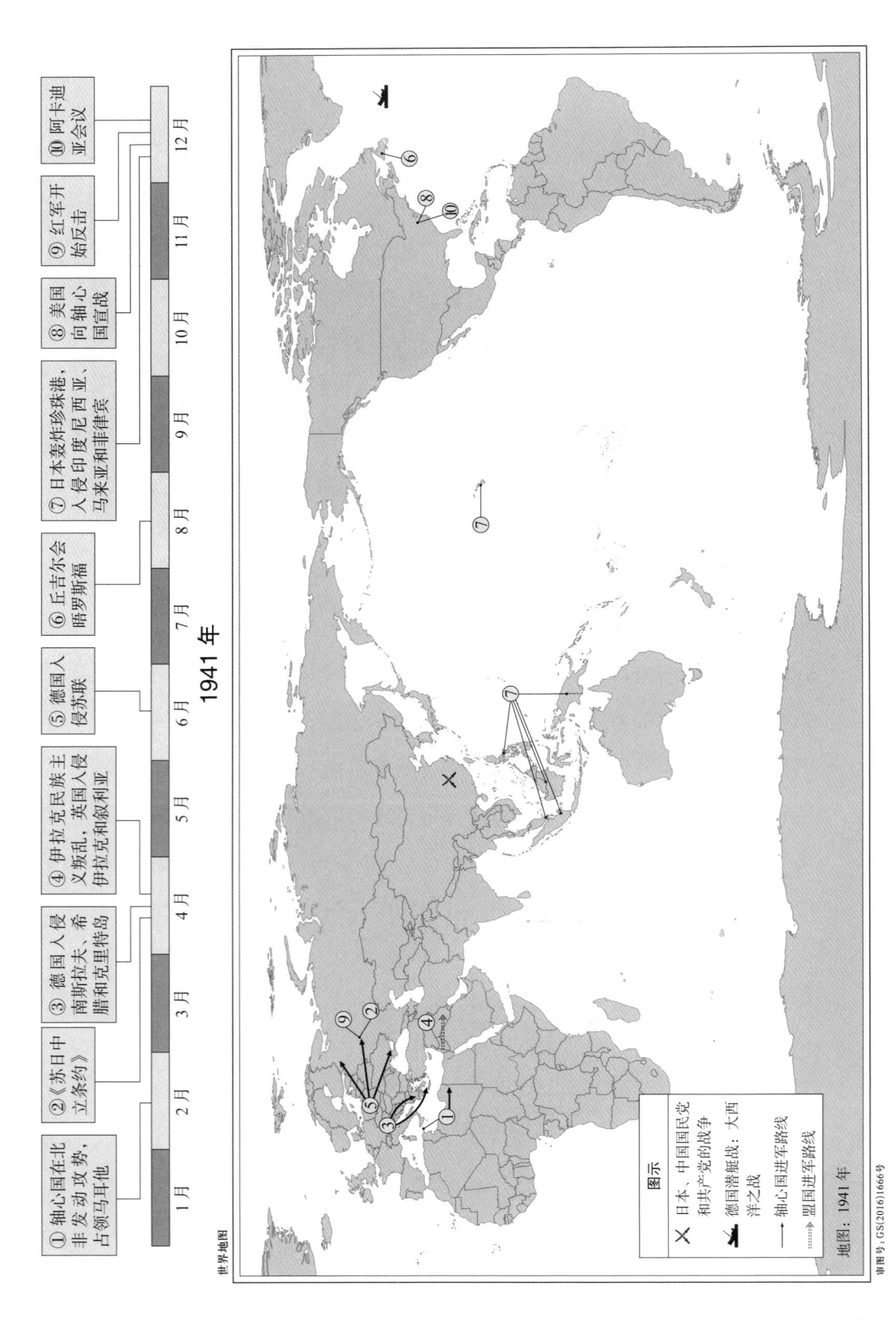

① 轴心国在北非发动攻势，占领马耳他
② 《苏日中立条约》
③ 德国人侵南斯拉夫，希腊和克里特岛
④ 伊拉克民族主义叛乱，英国人侵伊拉克和叙利亚
⑤ 德国人侵苏联
⑥ 丘吉尔会晤罗斯福
⑦ 日本轰炸珍珠港，人侵印度尼西亚、马来亚和菲律宾
⑧ 美国向轴心国宣战
⑨ 红军开始反击
⑩ 阿卡迪亚会议

1941 年

1月　2月　3月　4月　5月　6月　7月　8月　9月　10月　11月　12月

世界地图

图示

✕　日本、中国国民党和共产党的战争
　　德国潜艇战：大西洋之战
→　轴心国进军路线
⇢　盟国进军路线

地图：1941 年

审图号：GS(2016)1666号

64

第四章
1941—1942 年：轴心狂潮

1941 年，德国和日本蓄意发动了多线战争，意大利自 1940 年秋季起也卷入其中一线。但轴心三国都是"短战国"，资源相对匮乏，不适合参与旷日持久的多线作战。三国领导人都期望通过速胜来解决这一矛盾，从而避免陷入长期的消耗战。在柏林，这种期望不无理由：国防军已经取得了巨大的成功，而假想敌苏联在苏芬战争中的表现不尽如人意。东京的乐观情绪似乎也有道理。尽管它在中日战争中陷入泥潭，但日本海军则处于巅峰状态，它在东南亚的潜在对手要么分心于欧洲，要么——日本人希望——过于颓废而无法作战。意大利的情况却不容乐观：他们的军队既没有精良的装备也没有卓越的领袖，还要面对斗志坚决的对手英国。正如我们所见，1941 年初，在埃及、埃塞俄比亚和希腊的失败已经使意大利的短战豪赌化为泡影，并给德国带来了严重的后果。

意大利将德国拖下地中海

1941 年初，意大利陆军在希腊、北非和意属东非的战事全都陷入泥潭。其海军（Regia Marina）也是如此：他们为称霸地中海所发动的战役亦举步维艰。1940 年 11 月 11 日，从航空母舰起飞的英国鱼雷轰炸机奇袭了停泊在塔兰托港（Taranto）的意大利舰队，击沉 1 艘战列舰，重创 2 艘以上，迫使意大利海军将其主力战舰撤退到更为安全的那不勒斯港（Naples）。受益于密码的成功破译，英国皇家海军于 1941 年 3 月再次出击，在希腊南部附近的马塔潘角（Cape Matapan）奔袭战中重创意军战列舰 1 艘、击沉重巡洋舰 3 艘。伦敦希望借这几场胜利确立其在地中海的统治地位，但意大利海军承受住了压力，在保卫本国通往北非运输线安全的同时，还曾针对英属马耳他（Malta）岛补给船队发动海空袭击。

尽管意大利海军顽强抵抗，但意大利在希腊和北非面临的危机迫使罗马放弃"平行战争"，转向求助柏林。希特勒冷酷而又准确地指出，战败已经"把意大利的想法限制在了其能力范围之内"，他同意派遣德军前往地中海救意大利于水火之中。[1] 德国空军于 1 月抵达西西里岛（Sicily），帮助意军进攻马耳他。瓦莱塔港（Valetta）很快被炸成一片废墟，平民大量逃往乡村避难，有的甚至就寄居在山洞里。马耳他岛围城战期间，轴心国的空袭使中地中海地区对英国船队形同关闭，迫使他们在向北非英军运送补给品时长途绕行好望角。

柏林也派出地面部队支援北非和巴尔干的意大利人。2 月，埃尔温·隆美尔（Erwin Rommel）将军率领非洲军团（Afrika Korps）抵达利比亚，国防军也在 4 月入侵了南斯拉夫和希腊。隆美尔对因追击意军而拉长了战线的英帝国军发动突袭，英国从北非抽调 6 万人（包括英国、澳大利亚、新西兰和巴勒斯坦犹太人等）支援希腊的决定进一步缓解了他的压力。面对德军老练的闪电战，英军几乎无能为力，他们很快就被逐出利比亚大部分地区。隆美尔虽已准备好入侵埃及，但轴心军在守卫港口重镇托布鲁克（Tobruk）的澳印联军（其后是波捷联军）前碰了钉子。这次失败恶化了轴心国原本岌岌可危的后勤局势。这条后勤线从班加西

（Benghazi）出发，沿着海岸线将物资送达前线，路程超过 1 000 英里，途中不断遭到英国沙漠空军的攻击。

轴心军在北非推进的同时，德军也开进了南斯拉夫和希腊。1940 年底，当德军高层筹划巴巴罗萨行动的时候，希特勒敦促德军先发起一个辅助行动，消灭英国在巴尔干的最后一个盟友希腊，从而确保南部侧翼的安全。在意大利入侵希腊未果后，这一行动的紧迫性骤然提高。1941 年 3 月，德国首先在外交上作出努力，劝说南斯拉夫政府加入《三国同盟条约》。在英国特工的策划下，忠于年轻国王彼得二世的塞尔维亚民族主义者迅速发动军事政变，推翻了亲德政府。9 天后，德国的入侵开始了。德军以对贝尔格莱德（Belgrade）的轰炸为先导，数支纵队从奥地利、匈牙利和罗马尼亚的集结地侵入南斯拉夫。德军还从保加利亚发动进攻，该国以分割希腊和南斯拉夫领土为条件，于 3 月加入轴心国集团。4 月 18 日，南斯拉夫投降，一场短暂的征服战结束了。这个国家早已分裂，其中一些领袖公开同情轴心国。

轴心国获胜后，"一战"后拼凑起来的南斯拉夫又被拆成了原来的样子。在北方，德国吞并了斯洛文尼亚（Slovenia），意大利占领了达尔马提亚（Dalmatian）海岸并扩大了其阿尔巴尼亚前哨基地，匈牙利、保加利亚都攫取了南斯拉夫的大块领土。两大区域——德占塞尔维亚和克罗地亚（Croatia）独立国——在亲轴心政府的管理下维持名义上的自治。在克罗地亚，罗马支持建立了一个新政权，由意大利奥斯塔（Aosta）公爵缺席即位，称为托米斯拉夫二世国王（King Tomislav II）。实际权力掌握在法西斯"乌斯塔沙"（Ustaše）独裁者安特·帕韦利奇（Ante Pavelić）手中。在他的统治下，极右翼团体对塞尔维亚人、犹太人、穆斯林和吉卜赛人实施种族灭绝，其残暴程度连铁石心肠的纳粹都感到震惊。

德国很快入侵了希腊。在北部，德军从保加利亚出发，包抄梅塔克萨斯防线。防线类似于法国的马奇诺防线，以 1936 年至 1941 年 1 月统治希腊的右翼领导人扬尼斯·梅塔克萨斯（Ioannis Metaxas）命名。梅塔克萨斯曾试图维持希腊的中立，但这一努力在 1940 年秋意大利入侵后宣告失败。快速机动的德军机械化部队现在战胜了希腊-英帝国联军，于 4 月 27 日占领雅典。希腊被三方占领：意大利占领了希腊大部分地区以及爱奥尼亚海（Ionain）和爱琴海（Aegean）的岛屿，德国占领了雅典及其周边重要区域；保加利亚吞并了色雷斯（Thrace）。轴心国对粮食的需求造成了农村的饥荒，与此同时，德军对巴尔干半岛上哪怕极微小的抵抗行动都进行了残酷的报复，特别是针对犹太人。

希腊沦陷后，皇家海军又一次从欧洲大陆撤回英帝国军队，同时将 4.2 万士兵运往克里特岛（Crete）。德军穷追不舍，5 月 20 日，伞兵部队开始空降该岛。和之前一样，英军防线一触即溃，皇家海军顶着德军空袭的巨大压力，再次协助撤退。包括希腊国王乔治二世（King Geroge II）及其流亡政府在内，近 2 万人撤到埃及。1.7 万名被俘英军士兵得到了妥善的处置，但与他们并肩作战的克里特人却遭到了残酷的报复，500 多人被处决。尽管夺下了克里特岛，但伞兵的惨重损失使柏林放弃了空降马耳他岛的打算。英军终于获得喘息之机，这使其驻扎在马耳他的海空军能够有效打击地中海中部的轴心国航运线，德国空军因入侵苏联而撤出西西里岛之后更是如此。

中东的战争与民族主义

轴心国进军北非和巴尔干地区产生的政治震荡传导至中东腹地。20

世纪 30 年代,德国和意大利开展宣传活动,将轴心国打扮成阿拉伯世界反对英法帝国主义的捍卫者。特别是,他们培育了与掌管耶路撒冷穆斯林圣迹的大穆夫提穆罕默德·阿明·侯赛尼(Mohammed Amin al-Husseini)的关系。侯赛尼是泛阿拉伯团结的倡导者、1936—1939 年间英属巴勒斯坦地区阿拉伯起义的领导人之一,也是犹太人安置方案的激烈反对者。虽然共同的反犹主义促进了侯赛尼和轴心国领导人之间的合作,但他们却是在反英帝国主义强权基础上结成的权宜联盟,对许多阿拉伯人来说,反帝情绪要甚于反犹主义。阿拉伯学生与工人亲眼看到轴心国的攻势削弱了英国的统治,而纳粹非洲军团向埃及的进军也引发了开罗(Cairo)的民众示威。英属巴勒斯坦当局鼓励"哈加纳"(Haganah)中的犹太激进分子去攻击侯赛尼的支持者,埃及官员动用英帝国军镇压当地的民族主义者示威活动,这都加剧了当地的宗教冲突。

巴勒斯坦的阿拉伯起义被镇压后,侯赛尼逃到了巴格达(Baghdad),在那里他与民族主义政治家和军官建立起了联系。根据 1930 年《英伊条约》(Anglo-Iraqi Treaty),伦敦承认伊拉克是由亲英的哈希姆(Hashemite)王室统治的独立国家,但也得以维持英国在伊拉克的商业特权与军事力量,包括在哈巴尼亚(Habbaniya)(邻近巴格达)和巴士拉(Basra)的皇家空军基地。受轴心国进军的鼓舞,民族主义政治家拉希德·阿里·盖拉尼(Rashid Ali al-Gaylani)和 4 名伊拉克上校在巴格达夺取了政权,于 1941 年 4 月 1 日成立了国防政府。英国担心民族主义政府会切断伊拉克与海法之间的石油管道,并在整个地区引发民族大起义,因此迅速作出反应。丘吉尔不顾希腊与北非的危机愈演愈烈,敦促韦维尔将军采取行动。4 月底,当英国在巴勒斯坦匆忙拼凑的阿拉伯军团还在紧急穿越沙漠时,印度军就在巴士拉登陆了。

面对英国人的反击，盖拉尼袭击了哈巴尼亚的空军基地并寻求轴心国的支持。当时与德国密切合作的维希政府总理弗朗索瓦·达尔朗（Francois Darlan）海军上将开放了叙利亚基地，助其向伊拉克运送军队和飞机。但是，与英国一样，轴心国军队也在其他地方投入重兵，他们对盖拉尼的援助仅限于一支由 30 架飞机组成的特遣队和一些从叙利亚用火车运来的武器。这些援助对于扭转局势而言杯水车薪，形势很快倾向英国。英国空军击退了伊拉克对哈巴尼亚的进攻，经过费卢杰（Fallujah）激战，英军于 5 月底攻入巴格达。盖拉尼与大穆夫提先后逃往伊朗和柏林，伊拉克恢复了君主制，英国重新确立了政治控制，确保了伊拉克的石油供应。

英国乘胜侵入法属叙利亚。和上次一样，丘吉尔是这一大胆举动的背后推手，而其目标并不仅限于结束维希政权对叙利亚的统治。以 1941 年 6 月土德两国签订互不侵犯条约[①]为标志，德国在巴尔干的胜利迫使中立的土耳其转向亲德立场，英国希望通过控制邻国叙利亚，迫使土耳其扭转它倒向轴心国的趋势。打着为叙利亚和黎巴嫩争取独立的旗帜，英帝国军和戴高乐的自由法国军分别从巴勒斯坦和伊拉克进军叙利亚。在没有轴心军支持的情况下，一些维希法军仍然作了激烈抵抗。虽然英法联军很快就占领大马士革，但他们又花了好几周时间才稳住贝鲁特。自由法国谋求控制权，任命乔治·卡德鲁（Georges Catroux）将军为黎凡特（Levant）高级专员。自由法国承认了叙利亚的独立，但就像英国人在伊拉克一样，他们维持了对于叙利亚所有主要事务的控制权。他们还与英国盟友闹翻，指责英国盟友与叙利亚民族主义者密谋反对法国的统治，而这并非无稽之谈。

[①] 原文如此，应为 1941 年 6 月 18 日签订的《德土友好条约》（German-Turkey Treaty of Friendship）。——译者注

1941 年，英国以强硬的姿态回击了阿拉伯世界愈发汹涌的民族主义浪潮，在危机四伏之下，以有限的军力发动了成功的军事干预。这些行动巩固了英国在中东的主导地位，保障了石油供应，并确保了通往印度的重要航线，但也使英国在阿拉伯世界成了孤家寡人。英国的行动激起了阿拉伯人对帝国主义统治的反抗，战后在整个阿拉伯地区发展成燎原之势。

巴巴罗萨行动

1941 年 6 月 22 日凌晨，德军开始入侵苏联。英国情报部门已侦测到这次攻击，但被斯大林无视，他担心会使苏联陷入"挑起战争"的阴谋中，这也让德国国防军的奇袭大获成功。最初的战斗是此前闪电战的大规模再现，近 400 万军队在从波罗的海延伸到黑海的同一条战线上发起进攻。在大规模空袭的配合下，德军坦克撕碎了红军的防线，深入苏联境内，将七零八落的溃军包围，装入一个巨大的"口袋"，由后续跟进的步兵师完成清剿。无论是 7 月的明斯克战役，还是 8 月的斯摩棱斯克战役，红军都承受了惊人的损失。从 6 月到 12 月，近 300 万士兵阵亡或被俘，苏联空军同样损失惨重，战争打响的初期就损失了近 4 000 架战机，大部分还没来得及起飞就被摧毁。

尽管苏军伤亡惨重，但德国军官注意到，身陷囹圄的苏军士兵仍在顽强战斗。他们有的与阵地共存亡，有的发动了决定性的局部反击，其他人则在德军后方组建游击队；德军坦克指挥官同样意识到，与苏联在技术上领先的 KV-1 和 T-34 坦克作战是一场噩梦。随后的事实清晰地表明巴巴罗萨行动并非法国往事的重演，但德军的战略部署却是按照进攻法国那样计划的。在击败法国的狂喜氛围中，在被种族与政治偏见所扭曲的判断下，德国领导人相信他们用不了两个月就能击败苏联。他们抱着这样的想法：如果闪电战能在边界地带击溃红军，苏联的统治就会轰然倒塌。

更多头脑清醒的军事参谋则认为，不大可能在边境地区取得决定性胜利，而深入苏联领土的持久战将会给德军的补给线带来巨大压力。德军已经从1940年5月的165个师扩张到1941年6月的209个师，只有不到1/3的入侵部队能达到全摩托化水平，超过60万匹马被用来运送补给品和牵引火炮。当部队进军时，坦克、卡车和货车被迫在未硬化的路面上长途跋涉，关键的装甲部队很快就因机械故障和燃油短缺而战斗力锐减。对闪电战必不可少的地面攻击机属空军所有，他们同样面临着难以克服的问题，一线作战单位在法兰西与不列颠之战中遭到削弱；他们和装甲军一样，都处于漫长补给线的末端，燃油、弹药和备用零件的短缺迅速削弱了飞机的效能。

更糟糕的是，随着德军深入苏联境内，国防军更为分散，光主要进攻线就有三条：北方集团军群（Army Group North）碾平了波罗的海地区，直指列宁格勒；中央集团军群（Army Group Center）向斯摩棱斯克和莫斯科进发，南方集团军群（Army Group South）在罗马尼亚军队的增援下涌入乌克兰。考虑到德军根本没有战略聚焦点，巴巴罗萨行动初期的巨大胜利集中反映了苏联政治和军事领导层的极度失败，并在同等程度上反衬了侵略者的战力和技巧。此外，随着巴巴罗萨行动固有缺陷的暴露，苏联体制内的潜在优势开始显现。苏联领导层深受德国入侵的打击——斯大林似乎接近崩溃——但他们很快就重整旗鼓，加快调整。和法国形成鲜明对照的是，苏联统治集团内部无人寻求妥协，而鉴于两个交战国之间制度差异上的鸿沟，也没有哪一方提出妥协条件。

苏联高层组建了国防委员会（State Defense Committee），这是一个统一了军事、经济、政治决策的强大的行政机构,还成立了红军最高统帅部（Stavka）。根据国防委员会的命令,超过1 500家工业企业被拆除,德军行进的地带被清空,整座整座的工厂被连根拔起,搬迁到乌拉尔山（Ural Mountains）以东地区。和机器一起迁移的是1 200万工人,他们许多人在当地就积极协助转移,生产很快重启;不可思议的是,苏联的军工产量在1942年出现了增长。苏联还大量动员了预备役人员,到1941年底,红军从500万人增加到800万人。

自上而下、组织严密的决策与民众对保卫苏联的广泛支持相结合,使这些措施成为可能。政府的法令是通过严厉的警察行动来执行的,但民众对加强苏联抵抗的支持是深刻而广泛的。尽管斯大林模式下的政治迫害十分恐怖,但许多苏联公民对俄国革命的遗产仍然保持着坚定的忠诚。他们仍然为自己的革命以及在有生之年实现的从经济落后到现代化的飞跃感到自豪,他们珍视革命带来的教育和文化机会。莫斯科通过民族主义宣传来加强抵抗,将新命名的伟大卫国战争与俄罗斯在1812年战胜拿破仑的战争联系起来。莫斯科放松了对东正教会的限制,而教会领袖则支持苏联的战争努力。激进经济措施的成功反映了中央计划经济的威力,在这种经济中,个人和企业习惯于在国家确定的优先事项框架内积极从事各项活动。很难想象,在资本主义国家,通过与私营企业的激励性谈判而发挥领导作用的政府,能够如此迅速有效地应对苏联在1941年面临的生存危机。

随着对德战争的白热化,苏联与英国军队合作,对伊朗发动突然袭击,确保了对该国北部油田的控制。传闻伊朗国王礼萨·汗·巴列维（Reza Shah Pahlavi）有亲德倾向,约1 000名德国人在伊朗活动。对此,英苏两国先是提出外交抗议,后在8月底转变为对伊朗的全面入侵。9月中旬,伊朗军队的抵抗被英苏联军粉碎,后者占据了绝对的空中优势,伊朗多个城市遭到轰炸。德黑兰(Tehran)屈服以后,巴列维国王被迫退位,由他更为顺从的儿子穆罕默德·礼萨·巴列维(Mohammad Reza Pahlavi)继位。英苏两国占领了这个国家并实行分治,确保了对重要油田和跨伊朗铁路(Trans-Iranian Railway)的控制。这条铁路是未来"波斯走廊"(Persian Corridor)的脊骨,将波斯湾的港口与苏联加盟共和国阿塞拜疆连接起来。

大屠杀

对于在东线徐徐展开的生死之战,德国领导人将其理解为两种不同社会经济体系之间的斗争,同时也是针对斯拉夫人及犹太人的种族战争和对共产主义的政治战争。这一集中表达德国优越性的种族论述不仅为纳粹官员和国防军军官所共享,还体现于希特勒对苏发动"灭绝之战"(war of extermination)的要求之中。[2]从这个角度看,对苏战争与对法战争存在本质上的不同。在入侵前发布的一系列军令中,德军士兵被要求对红军军官、共产党官员和稍有反对意见的苏联普通公民采取无情的行动。从一开始就很清楚,正常的战争规则不适用于苏德战场。跟随战斗部队前进的党卫军特别行动队和其他辅助警察组织在新占领的土地上散播恐怖。这些军队专注于犹太人,但战俘和当地的乌克兰与白俄罗斯农民同样受到严苛的对待。随着肆意滥杀的升级,整个作战区域变成了一个巨大的杀戮场。

入侵之初,一些乌克兰人将前进中的德军当作解放者来欢迎。由于强制集体化和莫斯科镇压乌克兰民族独立所造成的灾难性饥荒,许多人对苏联深怀敌意。有一种观点认为,德国未能利用这一反苏情绪去打败苏联——这一观点的问题在于,柏林无意推动乌克兰的独立;相反,纳粹领导人旨在消除当地人口，以便为德国人的定居腾出空间，他们自给自足的殖民计划排除了战时与乌克兰结盟的任何可能性。德军的确曾在乌克兰人中招募志愿军，并将他们称为"哥萨克"（Cossacks），以缓解招募斯拉夫人在意识形态上造成的矛盾。但 1941 年 9 月乌克兰总督辖区（Reichskommissariat Ukraine）设立并开始管理占领区后，纳粹的真实意图迅速浮出水面。

当官员们思考如何处理占领区数量庞大的犹太人时，对苏联的"灭绝之战"与纳粹反犹主义的愈发激进化混杂在了一起。准确的时间线并不清楚，有关种族灭绝的"最终解决方案"也不太可能是一个命令就能实现的。但在 1941 年夏，德国领导人决定，系统性的大规模屠杀是解决"犹太问题"的答案。连续的大规模枪决将使军队士气低落，哪怕是铁石心肠的纳粹分子也不例外。10 月，在波兰占领区的贝尔泽克（Belzec）和切尔诺（Chelmno）建造毒气灭绝中心的计划获得批准。随着屠杀犹太人的行动愈演愈烈，1942 年 1 月，由莱因哈德·海德里希领导的帝国安全总局的高级官员们在柏林附近的万湖（Wannsee）召开会议，协调政府有关机构的工作。他们的决定确保了发生在东欧血色大地上的浩劫发展成为系统的、有组织的大规模屠杀。纳粹种族屠杀的加速与对全体平民的攻击交织在一起，官员们征用粮食供德国人使用，却任由当地农民饿死。这恰当地被称为饥饿计划（Hunger Plan），是在巴巴罗萨行动前由党卫军军官赫尔伯特·巴克（Herbert Backe）起草的，旨在以无情的效率消灭那些"没用的饭桶"。据估计，约有 420 万人在德国占领期间死于饥饿。

柏林在启动"最终解决方案"的同时，亦希望能迅速战胜苏联，但实际上，大屠杀是德国在其东线困境加剧的背景下展开的。1941 年 8 月，南方集团军群开进乌克兰，在基辅附近遭到苏联的坚决抵抗。希特勒撤开

89

了那些急于进攻莫斯科的高级将领，决定在进一步东进之前必须拿下基辅，而这一决定并非毫无道理。中央集团军群为此专门抽出装甲军，参与基辅合围。是役将近 70 万红军士兵阵亡或被俘。基辅之战是德国的又一次重大胜利，但也将进攻莫斯科的时间推迟了一个月。苏军的顽强抵抗激起了德军的怒火和挫败感，他们尤其迁怒于犹太人。党卫军特别行动队和乌克兰辅助部队逮捕了超过 3.3 万犹太人，并在基辅郊区的巴比亚尔峡谷（Babi Yar Ravine）将之屠杀殆尽。在南部，罗马尼亚军队在被吞并的苏联德涅斯特河沿岸省（Governorate of Transnistria）的土地上开始了血腥的反犹大屠杀。

大屠杀加剧的同时，越来越多的人意识到巴巴罗萨行动无法迅速战胜苏联，而两大战线的演变也强化了这一看法。9 月初，德军包围了列宁格勒，在这里，苏联的防守因苏芬"继续战争"（Continuation War）的爆发而更为复杂。尽管德军从未放弃进攻，但却始终没有拿下该城。对列宁格勒的围攻持续了两年之久，苏联付出了至少 160 万条人命的代价，他们中既有士兵，也有平民，许多人是饿死的，但他们的抵抗使德军核心目标之一始终无法实现。中央集团军群对莫斯科的进攻也失败了。10 月，当恢复进军莫斯科后，德国国防军又消灭和俘虏了 50 万苏军，但深秋的泥泞、初冬的大雪和红军的反击拖慢了德军的脚步。11 月底，德军的攻势陷于停顿，军官们已经能够看到莫斯科城内的尖顶，但就是无法到达。

随着气温骤降，完全缺乏过冬准备以及补给体系出现延伸过长的危机等问题削弱了前线德军的战斗力。备用零件的缺乏使坦克瘫痪，加上燃料供应短缺，许多人因为没有冬装而被冻死或冻伤。红军的反击很快到来。10 月，诺门罕战役的胜利者、列宁格勒保卫战的组织者朱可夫元帅（Marshal Zhukov）受命指挥莫斯科防御战。在与日本签订中立条约后，西伯利亚再驻扎大量的苏军已无必要，朱可夫以之为基础在首都以东组建了一支战略预备队。当德军止步不前时，1941年12月5日，朱可夫发动了反攻，一直打到1942年初。2月底，德军终于稳住了阵脚，但这不过是一场绝望的挣扎。苏军差点击垮了中央集团军群，德军不可战胜的神话被打破了。

巴巴罗萨行动与即将到来的世界大战

苏德战争具有重要的全球影响。轴心国联盟的特性使其无法真正统一战略规划，德国希望其对苏联的入侵能够鼓励日本加快其扩张步伐，将美国困在太平洋，阻止它介入欧洲事务。在巴巴罗萨行动的刺激下，日本又动了进攻苏联的念头。但随着德军陷入困境，那些主张对苏战争的人很快就被"南进派"边缘化，近卫文麿有关"对美战争将导致灾难性后果"的警告被无视，他本人也于1941年10月下台。其继任者、陆军大臣东条英机（Tojo Hideki）决心南进并对美国开战。当这一决定通过东京的间谍网传到莫斯科时，苏联领导人相信日本来袭的风险已经解除，因此，将驻守在亚洲区域的红军重新部署，交给朱可夫发动莫斯科反击战是安全的。这也是亚欧两场区域性战争日益走向互联的表现。

苏德战争的爆发让英国政府不再心烦意乱，他们迅速意识到其独自抗德的局面结束了。7月12日，英苏协定签字，一个正式的军事同盟出现。丘吉尔热情地宣告"任何与纳粹作战的个人或国家都将得到我们的援助"[3]。实际上英国哪有什么可援助的。不过，在伦敦的鼓励下，瓦迪斯瓦夫·西科尔斯基（Władysław Sikorski）领导的波兰流亡政府与苏联签订了一项条约。据此，数千名波兰人走出苏联战俘营，在苏联组建起一支波兰新军。与苏联的关系很快又紧张起来，1942 年初，这支以其领导人瓦迪斯瓦夫·安德斯（Władysław Anders）命名的"安德斯部队"（Anders Army）艰难穿越了伊朗和中东后，重新部署在英属巴勒斯坦地区。除了 3 000 名波兰裔犹太人决定留在巴勒斯坦外，这支部队后来与英帝国军一起前往意大利继续战斗。

巴巴罗萨行动伊始，华盛顿的高级将领和柏林的想法一样，认为入侵战将在数周内结束，一些美国政客与报纸评论家甚至公开希望苏联与纳粹同归于尽。罗斯福总统却持有不同的观点。他认为苏联将在对德战争中扮演决定性的角色；在丘吉尔的鼓舞下，他派出自己的亲密顾问哈里·霍普金斯（Harry Hopkins）前往莫斯科，调查事实真相。霍普金斯对于苏联的反击大加赞赏，他的报告使罗斯福下定决心，同意向苏联运送军事物资。起初，苏联人只是简单获准以"现款自运"的方式购买装备，但从 10 月起，他们就获得了租借援助。① 直到此时，美国军方领袖才将支持苏联视为美国战略的核心内容，意识到苏联人"最有机会发动对德国的陆地反击战"[4]。坦率地说，罗斯福及其军方首脑希望，一支补给充足的红军将能承受住来自德军的猛烈冲击。

上述事态发展与罗斯福为让美国更多地参与战争而开展的谨慎运动交织在一起。在 1941 年 1 月的国情咨文演讲中，罗斯福提出了"四大自由"——言论自由、免于匮乏的自由、信仰自由和免于恐惧的自由——全世界人民都应享有这些自由。鉴于美国国内深刻的阶级与种族分化，这份含糊其词的清单充斥着虚伪的语言，但它却有助于华盛顿以自由国际主义的名义向战争进军。还不清楚罗斯福是否想过直接参与到战争中。英国

---

① 实际上，直到 11 月 7 日苏联十月革命纪念日这一天，罗斯福才宣布苏联对于美国国防至关重要，纳入租借援助计划。——译者注

领导人欢迎援助，但他们更想要美国参战。1941 年 8 月，美英在纽芬兰（Newfoundland）举行第一次战时首脑会议，在会上，丘吉尔希望得到美国确定的参战承诺。

美国没有宣战，会议仅仅发布了一个关于美英战争目标的宣言，很快它就被称为《大西洋宪章》（Atlantic Charter）。宪章提出了战后世界的愿景，它以自由贸易、进入世界市场的机会均等、民族自决和国际裁军为基础。尽管罗斯福与丘吉尔私下建立了和睦的关系，但伦敦完全不同意这份愿景中所暗含的美国全球领导地位，它也不准备放弃自己的帝国，不会为了自由贸易而废除帝国特惠制，不允许殖民地实行自决。尽管如此，如果这份宪章能把美国拖入战争，那么这些代价是无足轻重的。

在从思想层面准备战争的同时，美国的军备重整也进入高速发展阶段。法国沦陷后，美国海军建设急剧膨胀。1941 年春，随着《租借法案》的实施，美国军费开支猛增至国民生产总值的 11%。同年 7 月，海军部和陆军部共同起草了"胜利计划"（Victory Plan），计划将陆军规模从 10 个现役师扩大到 215 个，并配备大规模空中力量。这支大军旨在打赢欧战。无论这一愿景存在什么战略缺陷，它都明确表达了美国参战的意愿。甚至胜利计划还在起草的时候，美国海军就卷入了北大西洋的一场海战中。9 月，一艘从冰岛出发的美军驱逐舰遭到了德国潜艇的攻击，作为回应，华盛顿命令海军对 U 型艇实施"发现即开火"的政策。在接下来的战斗中，鲁本·詹姆斯号（Ruben James）驱逐舰遇袭沉没。这样，到 1941 年 12 月，美军战舰已经在大西洋上开始了不宣之战。

法国沦陷后，"德国第一"的战略得到采纳，美国的参战之门由此打开。这就要求推迟与日本的冲突。1941 年整整一年，华盛顿都在遏制日本的扩张主义，它把舰队集中于珍珠港，同时实施经济制裁。但日本不为所动，持续南下，悍然进入印度支那南部，于 7 月占领了关键的金兰机场（Cam Ranh airfield）。这些举动为视为进军东南亚的先导，华盛顿报之以全面实施贸易禁运，切断石油运输，在菲律宾部署全新的 B-17 飞行堡垒轰炸机以加强防御。伦敦向新加坡派出却敌号（Repulse）和威尔士亲王号（Prince of Wales）战舰，寄希望于它们能阻止日本的进攻。美军指挥官们希望以短期的外交让步换取时间，但罗斯福担心这会导致日军转而攻击苏联。11 月底，国务院重申了美国的要求，要求日本撤出中国和印度支那，承认中国国民政府，退出轴心国联盟。显然，东京无法接受这些要求，他们毫不含糊地选择了战争。而华盛顿现在亦认为它已具备两线作战的实力，愿意冒着同日本开战的风险，继续优先考虑对德战争。

珍珠港事件与世界大战

战争很快降临。1941 年 12 月 7 日，日本偷袭美国海军基地珍珠港。此役旨在消灭美国太平洋舰队，使其无力阻止日本进军东南亚。这一步，以及在此基础上建立"共荣圈"是日本的主要战略目标，对珍珠港先发制人的攻击本质上是一个次要目标，虽然对主要目标的实现至关重要，但是从属于它。日本幻想着，到美国"新海军"——1938 年和 1940 年《海军法》启动的造舰计划的产物——准备就绪的那一天，"共荣圈"的资源已被整合进日本经济，且整体受到中太平洋外围岛链的保护。日本领导人还认为美国缺乏进行长期战争的信念，他们终会妥协，并承认日本在中国和东南亚的支配地位。这当然是一场豪赌，但日本领导人认为，在美国制裁扼杀石油进口的情况下，多等无益。令人惊讶的不在于这一计划有多牵强，而是它离成功——至少是部分成功——有多近。

日本对珍珠港的偷袭以及翌日美国的对日宣战，最终将几场区域性战争整合成一场真正的全球性冲突。史上第一次，有一个参战国不仅在欧亚两洲都有重大利益，还有能力同时在两大区域作战。1941年12月11日，德国对美宣战。这一举动通常被视为一个重大战略失误。这无疑让英国政府如释重负，此前它一直担心美国民众对日战争情绪的高涨会让其政府放弃"德国第一"战略，转向全力对日作战。但德国对美宣战并非毫无理性。长期以来，德国领导人一直视美国为他们的全球终极对手，他们知道是美国的援助支撑着英国的抵抗，他们很清楚在北大西洋地区美国海军已对德军潜艇不宣而战。在这样的背景下，正式宣战能让德国系统攻击美国商船，以切断英国的跨大西洋生命线。12月，一艘长程U型艇离开法国，沿美国东部海滨长途巡逻。更多的则接踵而至。1942年上半年，德国潜艇在美国水域击沉了300万吨没有护航的商船。这段时期被德国潜艇兵形容为"欢乐时光"，他们所造成的损失放在为期三年的整个大西洋海战中都是最高的。

　　美国参战给日裔美国人带来了严重后果。1942年2月，罗斯福总统发布9066号行政命令，允许将特定人群移除出新划定的"军事区域"，推动将12万日裔美国人赶出西海岸，以回应诸如"他们大多忠于日本"的未经证实的断言。仅仅因为种族原因，日裔美国人就被驱逐出海岸家园，被安排在美其名曰"重置"营的临时监狱中，直至战争结束。超过2/3的拘押者是二代日裔，为美国公民，许多人都失去了房子、肥沃的农场和小买卖。1944年12月，美国最高法院针对日裔活动家是松丰三郎（Fred Korematsu）的诉讼作出判决，以"国家安全大于民主权利"为由判定驱逐令合宪。大法官弗兰克·墨菲（Frank Murphy）在其反对意见中指出，法院的判决将令制度化的种族歧视合法化。许多被拘押者一直被关到

1945 年才走出重置营。

在一场类似的行动中，加拿大政府下令将 2.7 万日裔加拿大人从不列颠哥伦比亚省（British Columbia）沿海 100 英里宽的"保护区"中驱逐出去。许多人在战争期间被关押在拘留营，其他人则被迫在内陆农场与工地上当苦力。政府没收了他们的财产——房子、农场，甚至渔船——将它们出售以抵消拘留的开支。1944 年，这些人面临着两难抉择：要么永久迁移到落基山脉（Rocky Mountains）以东，要么被遣返日本，而他们中有不少人从未去过这个国家。战争结束时，已有近 4 000 人被送往日本——许多人是被迫的。这一政策最终于 1947 年被撤销，彼时许多日裔已经在多伦多（Toronto）永久安家，其他人则随着排外政策的逐渐瓦解而返回到西海岸地区。

美国的正式参战伴随着国内民族主义的高涨，先前的孤立主义与反战情绪一扫而空。主要新闻机构采取了战时自我审查机制，华盛顿也采取行动打压国内的反战人士。1941 年 6 月，美国政府根据 1940 年的《史密斯法》（Smith Act）起诉了美国托派社会主义工人党（Trotskyist Socialist Workers Party），将煽动推翻美国政府定性为非法活动。珍珠港事件翌日，18 名美国托派社会主义工人党的领袖因其反战立场而被捕入狱，整个战争期间，该党《战斗报》（*The Militant*）多次遭到政府的封杀。挑战军中种族隔离以及制度化种族主义的黑人报纸，也面临着政府的巨大压力。1942 年，几家非洲裔美国人创办的报纸参加了《匹兹堡信使报》（Pittsburgh Courier）主办的深受欢迎的"双 V"运动，它将在国外战胜法西斯主义与在国内战胜种族主义的斗争联系起来。该运动的文章主要是抗议军队内部的种族隔离和种族暴力。因为担心这场运动会对战争——乃至美国社会产生广泛的负面影响，司法部长弗朗西斯·比德尔（Francis

Biddle）威胁要关闭黑人拥有的报纸，到年底，报纸上对军队内部种族隔离的批评几乎消失了。

日本的离心攻势

偷袭珍珠港由日本联合舰队总司令、海军大将山本五十六（Yamamoto Isorku）一手策划，南云忠一（Nagumo Chūichi）中将机动部队（Kidō Butai）中的6艘航母负责执行。美国的密码破译者向华盛顿报告了日本备战的详细情况，但他们唯独没有侦测到机动部队的行踪。通过出其不意的偷袭，南云的飞行员们击沉美军战列舰2艘，重创6艘以上，近200架飞机还没来得及起飞就被击毁。但这次的攻击成果也很有限：偷袭发生时美军航母不在港内，因而躲过一劫。如山本所计划的，这使美国海军无法阻止日本进军马来亚和菲律宾，但美国航母的侥幸存活给了美国在新几内亚（New Guinea）和中太平洋阻挡日军的一线生机。正如日本偷袭本身所表明的那样，航空母舰——而不是战列舰——将在太平洋战争中发挥决定性的作用。

就在珍珠港上空浓烟滚滚之时，日本进攻了英国、美国和荷兰在菲律宾与东南亚地区的殖民地。这种一连串的螺旋式攻击有时被称为离心攻势（Centrifugal Offensive）。① 在第一阶段，日本攻击了吉尔伯特群岛和香港、美国控制的关岛与威克岛、澳大利亚控制的俾斯麦群岛中的新不列颠和所罗门群岛中的布干维尔岛。日军还入侵了菲律宾和英属马来亚。香港和威克岛的守军抵抗激烈，但很快就被击溃。在菲律宾，大部分B-17轰炸机

---

① "离心"在此指"向外螺旋上升"之意，系美国分析家对日本1941—1942年东南亚战役的指称，一般而言即指日军南进。——译者注

被炸毁于地面，但入侵者仍要面对人数占优的美菲联军的顽强抵抗。联军且战且退，在巴丹半岛和科雷吉多尔岛的阵地忍饥挨饿，坚持到1942年5月6日才投降。此时，他们的指挥官道格拉斯·麦克阿瑟（Douglas MacArthur）将军早已奉命撤入澳大利亚，美国扶植的菲律宾政府总统曼努埃尔·奎松（Manuel Queson）也逃到华盛顿组建起流亡政府。在他空出的位置上，1943年，东京扶持菲律宾最高法院法官何塞·劳雷尔（José Laurel）建立了菲律宾第二共和国（the Second Philippine Republic）。

日军兵分两路入侵英属马来亚，海路是从印支南部的新基地出发，陆路则穿越泰国，该国已放弃中立并与日本展开合作。在战争的大部分时间里，泰国政府都维持着正式独立，游离于三国同盟条约之外，但它在"共荣圈"中充当东京的小伙伴，以牺牲邻国的利益为代价扩大本国疆域。在马来亚，山下奉文（Yamashita Tomoyuki）将军率领的日军，面对的是组织不力的英帝国特遣队，其中包括伦敦不顾堪培拉反对而下令派往新加坡的澳大利亚军队。虽然日军人数不及对方，但他们坐拥制空权、果断的领导力与高昂的士气。山下的军队利用丛林小道以及征用的沿海船只向南推进，渗透并包抄困在路上的守军，到处散播恐慌与混乱。很快，英帝国军便向新加坡全线撤退。

12月8日，英国却敌号与威尔士亲王号战列舰从新加坡起航，试图拦截前往马来亚的日军入侵舰队。战列舰在没有空中掩护的情况下航行，两天后他们就遭到了从中南半岛金兰湾起飞的日机的袭击。虽然长途奔袭接近航程极限，但日军还是成功地击沉了这两艘巨舰。这不仅削弱了马来亚的防御力量，也对英国的士气与威望造成了沉重打击，同时也证明了即使是高速机动且装备精良的战舰，单独暴露在空袭之下也非常脆弱。山下的推进畅通无阻，1942年1月底，日军将英帝国军赶出了马来亚，在短暂围攻后，20世纪30年代由英国花费巨资加固的岛城新加坡于2月15日投降。8万余名英帝国军人沦为俘虏，其中包括大量来自澳大利亚和印度的士兵。1943年，4.5万被俘印军被编入鲍斯麾下反英的自由印度军（anti-British Free India Army）。

1940年5月，荷兰投降后，荷属东印度殖民地官员仍效忠于在伦敦的荷兰流亡政府，随着与日本紧张关系的加剧，他们也加入了美国石油禁运的队伍。珍珠港事件后，荷兰在该地区的少量部队被编入新的美英荷澳司令部（ABDACOM）中，该司令部由英美领导人在阿卡迪亚会议（Arcadia Conference）上决议建立（见下文）。英国的韦维尔将军于1月初抵达新加坡就任司令时，军事局势已经无法挽回。美英荷澳司令部负责保卫马来屏障，这条防线贯穿马来亚、婆罗洲（Borneo）与荷属东印度。随着马来亚的崩溃，日军先后在婆罗洲与荷属东印度登陆，荷兰的小股驻军很快就被击溃。2月下旬，盟国海军在爪哇海被击败。3月9日，荷属东印度当局投降。因为日军很快突破了所谓的马来屏障，韦维尔上任不到一个月就辞职了，英美荷澳司令部也随即解散。

日军的攻势仍在继续。1942年1月，日军自泰国越境入侵缅甸，3月初占领仰光（Yangon），并向北推进到印度边界。在仰光，日军从监狱中释放了民族主义领袖巴莫，而昂山的缅甸独立军在整场战役中与日军并肩作战。日本面对的是一支由英军、缅甸军和印度军拼凑成的临时部队，许多人没有接受过训练，缺少装备，也没有足够的空中支援。守军后来得到了美国将军约瑟夫·史迪威（Joseph Stilwell）指挥的中国远征军的增援，蒋介石勉强派出这支军队，以保卫极为重要的滇缅公路补给线。史迪威既是罗斯福在中国的私人代表，也是蒋介石的参谋长，但他与蒋介石的关系十分紧张，缅甸战役的失败更是雪上加霜。

在马来亚，日军战胜了英帝国军，后者全线撤退到印度境内。这支撤退的部队中途还接纳了数千名印度农场工人。尽管一溃千里，英国官员仍然维持了种族等级制度，他们扣留印度难民，以让英国士兵和官员们先行逃跑。许多印度劳工被日本人俘获，被迫在臭名昭著的泰缅铁路和其他工地上劳作。5月，溃退的英国人和史迪威连同部分中国军队跨过边境进入印度。其他中国远征军撤回云南，但许多军队被占领了缅甸掸邦北部的日泰军截断。在缅英帝国军崩溃的同时，日本机动部队的航母突袭了印度洋，攻击英属锡兰（即斯里兰卡）在科伦坡（Colombo）和亭可马里（Trincomalee）的海军基地，它们击沉了数艘战舰，还轰炸了印度的港口。这次突袭迫使英国海军垂头丧气地撤出了孟加拉湾。自18世纪60年代以来，英国一直称霸这一片海域，这次失败给英国精英造成了巨大的心理冲击。

日本的离心攻势推翻了整个东南亚的欧洲殖民主义。在一个长期由欧洲和美国统治的地区，这一结构性转变的意义无论怎样强调都不为过，尤其是西方帝国主义被一个亚洲强国击溃，打破了欧洲优越感的光环。在这些地区，当地民众对殖民政府的命运漠不关心，甚至许多人把日本人当解放者一样欢迎。一些人——比如那些加入昂山新组建的缅甸独立军的人，甚至拿起武器反抗旧的殖民者。在荷属苏门答腊岛北部的亚齐（Aceh），日本特工鼓动当地穆斯林反抗荷兰的统治，在整个群岛，他们选择与苏加诺（Sukarno）以及其他印尼民族主义者合作。东京希望与当地民族主义者合作开采石油，而苏加诺则利用与侵略者的合作来推行印尼民族主义，尽管这意味着帮助日本建筑项目强募劳工。

战争还为英澳关系松了绑。1931年，英国议会通过了威斯敏斯特法令（The Statute of Westminster），承认澳大利亚为自治联邦，但英国君主仍是其国家元首，伦敦希望堪培拉在重大外交问题上服从其领导。然而，珍珠港事件后，约翰·卡廷（John Curtin）领导的工党政府认识到，英国无法保护澳大利亚免于日本的入侵，因此转而求助美国。澳大利亚日益成为美国在该地区的小伙伴，甚至是战时"附属国"[5]。当英国延长北非澳军的撤退时间时，堪培拉十分愤怒，尤其是1942年2月日军空袭其北部港口城市达尔文（Darwin）后，澳大利亚对日本入侵的担忧与日俱增。离开菲律宾后，麦克阿瑟抵达澳大利亚，指挥新成立的西南太平洋战区（SWPA）。从1942年到1943年间，西南太平洋战区为了生存而战，接着又在新几内亚发动了反攻。南太平洋战争成为美澳联手的事业，澳大利亚也成了美军进入该地区的中转站。

对日战争的爆发对印度政治产生了重大影响。自1939年以来，英国一直在动员印度的人力与物力参战，却没有与印度国大党进行任何合作。然而，随着英国在马来亚和缅甸的溃败，伦敦担心日本对印度的进攻会导致当地出现反殖叛乱，因此发出了政治倡议，借此拉拢国大党参加战争。1942年3月，工党高级官员斯塔福德·克里普斯（Stafford Cripps）访印，承诺如果国大党支持战争，印度将在战后获得自治领的地位。然而，克里普斯并没有为国大党提供参与战时外交或军事决策的机会。因为对战争没有任何真正的发言权，国大党拒绝了克里普斯的提议。

阿卡迪亚会议

在美国宣战几天后，丘吉尔与英军参谋长跨越大西洋，会晤罗斯福与美军高层领导人。这次代号为"阿卡迪亚"的会议确立了美英联盟的基本战略与组织架构。会议召开时，盟军正忙于应对日军的进攻，但英国高兴地发现，珍珠港事件并没有推翻美国对"德国第一"战略的承诺。阿卡迪亚会议重申了这一方针，并通过了一项模糊界定的计划，即在1942年晚些时候对法属北非发起进攻，开始对德国统治下的欧洲采取行动。与会者还讨论了如何保持跨大西洋航道的畅通，以维持对陷入苦战的苏联的补给，当时朱可夫正在发动莫斯科反击战。

此外，阿卡迪亚会议以联合参谋长会议（Combined Chiefs of Staff）的形式为美英联盟建立了一个集中的军事领导机构。机构总部设在华盛顿，由两国高级军事领导人组成，负责监督与战略规划、战时生产和航运相关的众多小组委员会。除了在华盛顿的日常工作外，机构成员在一系列制定盟军战略的会议上与罗斯福和丘吉尔会面。联合参谋长会议同时也被授权建立区域或"战区"司令部，最高司令官为一人，他可来自两国中的任何一个，统辖该地区所有盟国的陆海空军力量。第一个此类司令部即前文所述短命的美英荷澳司令部。会后，美国总统于1942年2月建立了本国的参谋长联席会议（Joint Chiefs of Staff），旨在协调美国的军事行动，并有效参与到联合参谋长会议之中。

这些措施在战时盟国之间建立了史无前例的军事一体化体系。此外，英美军事合作是一系列更广泛的联盟的核心。伦敦和华盛顿致力于支持苏联的战争努力，其中包括与莫斯科建立密切的外交关系，并确保苏联领导人参与一系列战时会议。然而，尽管有这样的合作，莫斯科却从未被纳入美英联盟的"联合"军事指挥体系。英美领导人承认苏联在对德战争中的决定性作用，但他们也从未忽视资本主义的西方与其共产主义的东方盟友之间深刻的制度鸿沟。

会议进行之时，26国代表于1942年元旦齐聚华盛顿，签署了《联合国家宣言》（Declaration by United Nations）。签字国包括苏联、中国和数个流亡政府，9个美洲国家和包括印度在内的 5 个自治领。[①] 他们承诺支持《大西洋宪章》中阐述的自由国际主义原则。在某种程度上，宣言只是为处于联合国家大联盟核心的英美集团做了有吸引力的意识形态包装，一些签字国在整个战争期间并没有为反对轴心国的斗争作出积极贡献。然而，宣言勾勒出一个以自由国际主义原则为基础、由美国领导的战后秩序的轮廓，随着其他国家的相继签字，建立"联合国"组织的想法逐渐深入人心。

---

① 印度独立前为英国殖民地，并非英帝国自治领。——译者注

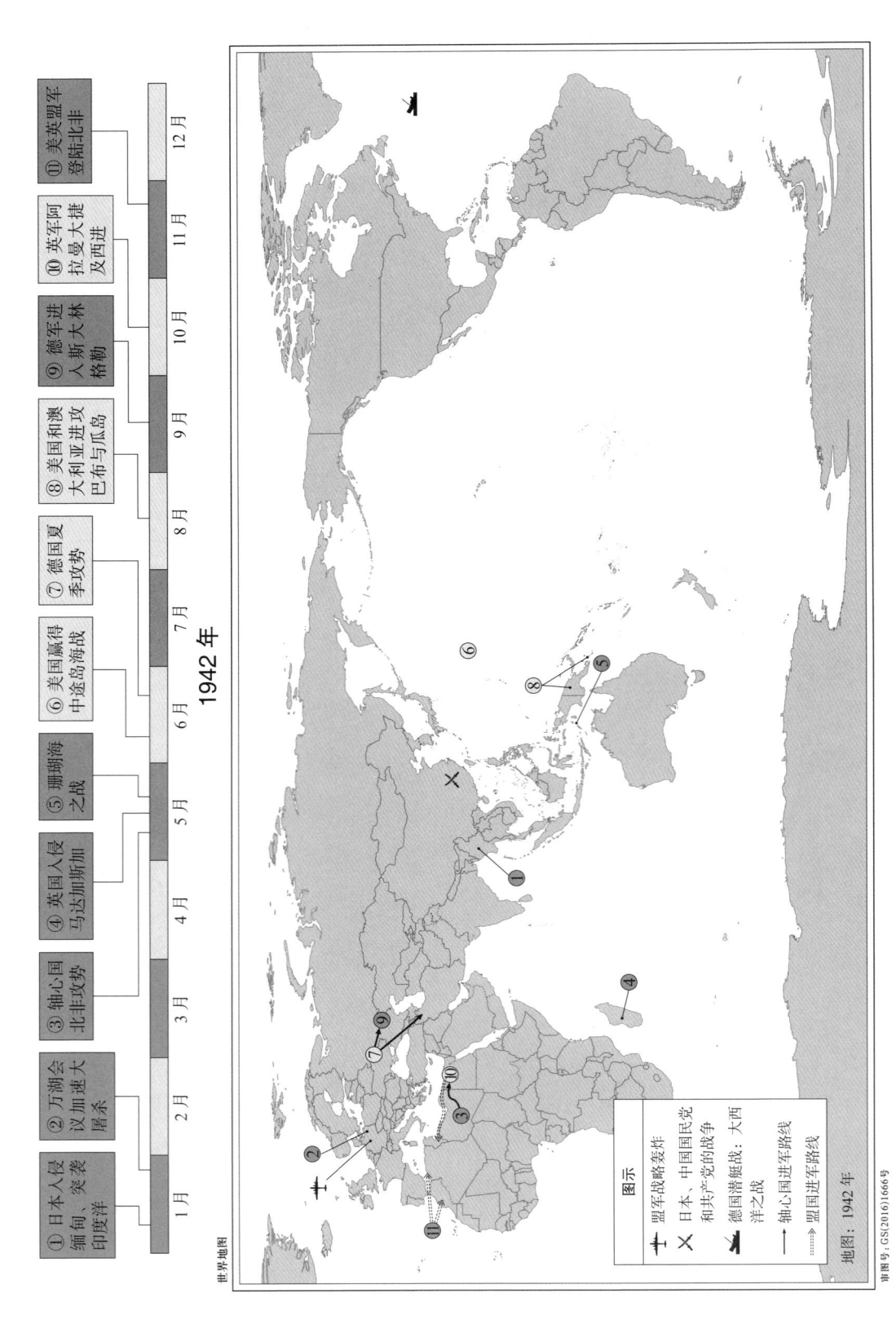

1942年 世界地图

① 1月	日本入侵缅甸、突袭印度洋
② 2月	万湖会议加速大屠杀
③ 3月	轴心国北非攻势
④ 4月	英国入侵马达加斯加
⑤ 5月	珊瑚海之战
⑥ 6月	美国赢得中途岛海战
⑦ 7月	德国夏季攻势
⑧ 8月	美国和澳大利亚进攻瓜岛巴布与
⑨ 9月	德军进入斯大林格勒
⑩ 10月	英军阿拉曼大捷及西进
⑪ 11月	美英盟军登陆北非

图示：
- 盟军战略轰炸
- ✗ 日本、中国国民党和中共党的战争
- 德国潜艇战：大西洋之战
- → 轴心国进军路线
- ⇢ 盟国进军路线

地图：1942年

审图号：GS(2016)1666号

86

第五章
1942—1943 年：大战转折点

一场世界大战

美国正式加入对德、意、日的战争，将这些不同的斗争汇聚到了一起，首次为其赋予了全球一体性。一场真正的世界大战正在兴起。这场新的世界大战是美国独有的构建[①]，虽然它将现有的地区冲突置于一个总体框架中，但并没有否认其中的特殊性：中国和苏联继续抗击日本和德国的侵略，而轴心国则努力在东欧、东亚、东南亚和地中海地区建立自给自足的殖民帝国。纳粹领导人固然想通过世界大战建立新的世界秩序，但他们意识到获取全球霸权的战争是一个长期的过程，并且首先需要在欧洲建立一个可靠的、自给自足的集团。这种认识反映在德国 1939 年决定终止主力舰的建造上。这意味着德国将有许多年无法进行跨海力量投射。同样，日本领导人从未想过要征服美国；相反，他们的目标只是不让美国闯入其新征服的"共荣圈"而已。

虽然英国有能力同时在欧洲和亚洲作战，但它的目标是保卫现有的帝

[①] 这是本书作者的核心观点之一，即在当时的世界上，只有美国才有意愿和能力打一场真正的世界大战。如下文所述，纳粹德国可能对世界大战抱有想法，但（在很大程度上）缺乏打这样一场战争的能力，而英国在失去东南亚殖民地后，在太平洋战争中严重缺位。——译者注

国，而不是建立新的世界秩序，并且它缺乏在两个地区同时进行大规模战争的资源。相比之下，美国既有资源，珍珠港事件后又有打世界大战的政治意愿，正如出版商亨利·卢斯在1941年2月发表的极具影响力的"美国世纪"社论中指出的那样，打一场世界大战和建立世界和平秩序是相辅相成的。甚至在战争动员阶段，华盛顿就开始研究战后和平问题了。1942年4月，美国国务院成立了战后对外关系咨询委员会，这是一个颇有影响力的机构，参与人员包括高级外交和军事人员以及大商人、记者和学者。该委员会就新的由美国领导的世界秩序提出了广泛而详尽的建议，其中许多建议后来被修改或完全搁置，但仍有一些建议，如与组建联合国有关的那些，帮助塑造了战后政策。此外，咨询委员会的成立强化了罗斯福政府的信念，即战争将产生一个由美国领导的全球新秩序，这一结论似乎使美国有了决定众多国家战后命运的理由。

海道、航线和全球互通网络

英美领导人通过1941年12月在阿卡迪亚会议上建立的"联合"指挥结构来应对新出现的全球战争。总部设在华盛顿的美英联合参谋长会议负责盟军在全球范围内的军事部署，而由工业和运输专家组成的次一级委员会则负责安排生产的优先次序，并规划人员和装备的调度。这些机构负责监督建立链接全球的健全网络，以前所未有的速度在世界范围内大规模转移人员和物资。从一开始，这些全球路径就与日本和其在欧洲的轴心国伙伴之间脆弱的联系形成了鲜明对比。

全球网络的最重要一环是从美国出发直达英国的跨大西洋船队，它们装满了粮食、石油和各种作战物资。切断这些补给线是德国海军的首要战略任务，结果就是 1939—1943 年的大西洋战争。最初，德国海军战备严重不足。根据 1939 年的 Z 计划，德国着手建设一支强大的水面舰队，但欧洲战争迫使德国将资源集中于陆军和空军，这项计划被迫放弃。德国只能使用已有的水面战舰打击盟军航运，但却彻底失败。1939 年 12 月，在英国一支小型舰队的围困下，德军袖珍战列舰"斯佩伯爵"号（Graf Spee）在乌拉圭蒙得维的亚港（Montevideo）自凿沉没。次年，德国海军在挪威损失惨重，1941 年 5 月，拥有强大火力的俾斯麦号（Bismarck）新型战列舰被击沉于北大西洋。经历了这些损失后，德国将残存的水面战舰保护起来。到 1941 年春天，德国打击盟军航运的战役完全落在潜艇身上。然而，德国此前更为重视水面战舰，意味着其 U 型潜艇舰队规模不会太大，无法支撑长期的消耗战，而且产量的提高也需要时间。

得益于占领下的法国基地，德国 U 型艇最初取得了巨大的成功，沉重打击了大西洋护航船队，1941 年 12 月后，他们甚至将行动延伸到美国沿海水域。直到 1942 年 4 月，美国海军组织沿海护航船队后，U 型艇员的这段"欢乐时光"方告结束。尽管如此，盟军在大西洋中部仍面临着与德国潜艇的持久战。1942 年 2 月，德国海军改进了恩尼格玛（Enigma）密码机，使盟军密码破译人员无功而返，有效保护了 U 型艇"狼群"的位置信息。情报的缺失，加上陆基护航飞机航程之外的"空中缺口"，使大西洋中部地区沦为盟军的危险地带。1942 年间，U 型潜艇使盟军商船蒙受重大损失，单单 11 月盟军就损失了 134 艘船，到年底，盟军的商船损失（约 800 万吨）超过了新建（约 700 万吨）。

1942 年期间，因为新型反潜武器、更好的侦测设备如雷达和声呐以及新型远程飞机相继投入使用，盟军商船队的防御能力得到加强。同时，美国造船厂也在大量建造护航舰队。12 月，英国布莱切利公园（Bletchley

Park）密码破译中心的分析员破解了改进后的恩尼格玛密码，由此获得的情报使得盟军护航船队得以绕过狼群。大西洋战争危机迅速进入白热化状态。1943年1月，邓尼茨海军上将坐拥400艘U型艇，盟军被击沉的商船数量再次激增。但是这次潜艇损失的数量也在上升，5月份有41艘潜艇被击沉。天平突然倒向不利于德国潜艇的一方，其损失速度远远超过了建造速度。邓尼茨意识到情况不对，1943年5月，他将U型艇从北大西洋撤回，德国输掉了大西洋战争。现在回想起来，除了1942年末危机四伏的几个月，特别是在美国造船厂进入高速运转之后，德国海军就再也不能压制盟军商船了。然而，这场战役使盟军损失了3.6万名商船海员和3 500艘船只，德国有超过3万名潜艇兵葬身鱼腹，约占全部志愿军的75%。

罗斯福1941年8月决定向苏联运送军需品后，盟军开辟了新的护航路线，穿越北冰洋抵达阿尔汉格尔（Archangel）和摩尔曼斯克等港口。护航船队必须驶过德国占领的挪威，而寒冷的冬季更加剧了德国飞机、潜艇和水面战舰对护航船队的威胁。1942年6月，由于担心遭到德国战舰"提尔皮茨"号（Tirpitz）的攻击，PQ-17护航船队分散行动，结果35艘货船中的24艘被德国U型艇和飞机击沉。这场灾难之后，北极船队暂停活动，直到漫长冬夜降临保护他们免受德军攻击之时。北极航线为苏联提供了近400万吨军需物资，约占盟军援苏总量的25%。还有两条路线将租借物资送到苏联，一条穿过太平洋到达海参崴，运输了占总量约50%的物资；另一条通过伊朗"波斯走廊"的公路和铁路进入苏联的阿塞拜疆。

跨太平洋船运始于1941年末，令人意外的是，尽管美日之间爆发了战争，但对苏运输却因《苏日中立条约》的存在而不受干扰。日本巡逻队经常检查船运，因此运输船必须为苏联制造，且不能运送作战物资。实际上，许多"苏制"船只都是美国制造并租借给苏联的自由轮（Liberty ships）。即使几艘船因美日潜艇误攻而沉没，但约 800 万吨的粮食、铁路设备和其他非军事物资被运到了海参崴。幸亏在加利福尼亚和华盛顿州建造了大型仓库综合体，这项工作才得以完成。这些仓库由平民和意大利战俘负责运转。

波斯走廊路线同样需要大量的基础设施建设，包括在波斯湾建设港口，修筑连接苏联的高速公路与铁路网。美国驻伊朗军事代表团（后来的波斯湾司令部）在国内为这些项目组织了成千上万名军事建筑工人（Military construction workers）[①]，他们在阿巴丹岛建造了一座工厂，跨越大西洋而来的成箱的飞机零件在此组装后飞往苏联。新的长途火车则由美英铁路工人负责运行（图 5.1）。1941 年英苏入侵并瓜分伊朗，使这一庞大的后勤行动成为可能。然而，随着战争的推移，美国的大规模军事存在，以及它在该区域还不是一个殖民国家的事实，为其在伊朗赢得了巨大的影响力。1942 年 5 月，伊朗被纳入租借计划，8 月，原新泽西州警察局局长诺曼·施瓦茨科普夫（Norman Schwarzkopf）上校被派往伊朗，训练该国新设立的国家警察部队。

麦克阿瑟将军新成立了西南太平洋地区司令部（South West Pacific Area Command）。为支持其进攻行动，美国运往澳大利亚的人员和装备也急剧增加。美国资源的流入反映出澳大利亚已将自己定位为美国在该地区的小伙伴的事实，但待遇良好且时不时飞扬跋扈的美国人与澳大利亚士兵及平民之间的关系远称不上融洽，1942 年 11 月，在所谓的"布里斯班之

[①] 此处"军事建筑工人"是一个宽泛的术语，它包括美国军事工程兵和建筑工人，以及其他正式编入美国陆军但其工作本质上属于民事性质的工人（如铁路运营人员）。在战区（包括伊朗在内）所有美国建筑和运输工人都受到某种形式的军事管理。——译者注

战"（Battle of Brisbane）中，双方爆发了为期两天的致命骚乱。

日本帝国海军决定不在太平洋地区发动针对盟军商船的潜艇战，因此美国在澳大利亚的军事集结几乎没有遇到任何阻力。与之相反，美国海军使用远程潜艇袭击日本商船。为了确保石油、铁矿石、橡胶和铝土矿等原材料的安全，日本建立了"共荣圈"，但仍面临着将这些原材料运回日本的严峻挑战。在一定程度上，美国潜艇战受限于鱼雷质量过差而起步缓

图 5.1 1943 年，美英铁路工人以及美制机车，穿越伊朗的波斯走廊将租借援助运到苏联。（资料来源：国会图书馆，战争信息办公室，数字图像号 fsa 8d29398）

慢,在 1942 年只击沉了 180 艘商船。一旦这些问题得到解决,美国潜艇就会给日本航运带来其造船厂无法弥补的重大损失。由于日本帝国海军不愿意组织护航船队,美军的进攻如虎添翼。到 1945 年,日本商船规模仅为战前的 25%。尽管太平洋水面上发生的事件遮蔽了公众的认知,但美军的水下战争成功地对日本实施了致命的经济封锁,而这是德军未能对英国做到的。

空中高速公路

盟军的海上通道得到了密集的航空网的补充。罗斯福总统通过一家私营企业规避《中立法》。在 1940 年法国沦陷后,他敦促泛美航空公司的老板胡安·特里普(Juan Trippe)开辟一条飞往非洲的跨大西洋航线。泛美航空公司在巴西北部的纳塔尔和贝伦市修建了新机场,并且从不堪重负的英国皇家空军手中接管了横跨非洲的塔科拉迪(Takoradi)航线。1942 年,在英国统治的阿森松岛(Ascension Island)上修建的机场改善了该航线的跨大西洋航段。从那里,飞行员可以在英属黄金海岸的塔科拉迪或者利比里亚的巴瑟斯(Bathurst)降落,然后通过自由法国和英国殖民地的一系列机场穿过非洲到达苏丹的喀土穆(Khartoum)。从那里,一些飞机经过亚丁湾和卡拉奇飞到印度,另一些向北飞往埃及。泛美航空专设两家子公司,1 200 名员工负责非洲基地的运营,并带来了美国的现代化基础设施,从冰箱、冰镇苏打水到电影院一应俱全。事实上,美国和非洲的互动常常自相矛盾,美国经常重复英国殖民官员的种族化做法,但又坚称他们的项目标志着同英帝国统治的"彻底决裂"。[1]

一条平行航线横跨北大西洋。同样地,这儿的工作在美国正式参战之前就开始了。1941 年，当英国在丹麦法罗群岛修建空军基地时，美军工程兵也来到格陵兰岛和冰岛修筑机场。尽管建立了一连串的基地，但恶劣的天气常常使横跨北大西洋的飞行变得十分危险，数百架飞机在飞行途中失事。新的航线也要横穿太平洋。在北方，租借项目下的飞机在阿拉斯加被直接移交给苏联飞行员，他们飞越白令海峡后进入苏联。在南方，飞机从美国飞到澳大利亚，要经过一系列长途飞行，从夏威夷到圣诞岛和库克群岛，再到汤加。在亚洲，滇缅公路的失守意味着美国对重庆国民政府的援助只能通过空路送到中国。印华空运开始于 1942 年 4 月，运输机从印度东部的阿萨姆飞越喜马拉雅"驼峰"（Hump），到达中国云南省昆明市。这条费时费力的航线将机组人员和飞机的能力逼到了极限，尽管付出了巨大的努力，运抵重庆的物资仍然杯水车薪，远远不能满足中国国民政府的需要。

为了管理这些庞杂的航线，1942 年 7 月，美国陆军航空队成立了航空运输司令部（Air Transport Command）。美国航空公司总裁史密斯（C.R. Smith）受命领导这个新部门。到 1945 年，美国航空运输司令部的人数从最初的 3.7 万增长到 21 万。1942 年年末，这一新机构接管了泛美航空公司的军事补给线，许多泛美航空公司的员工干脆被派往空军服役。其他民航管理人员和飞行人员也加入了史密斯的新司令部，他们将自己的经验运用到组织全球综合供应网络的任务中。这些商业航空公司高管的出现激起了英国人的担忧，他们担心美国人除了满足盟军在全球范围内的后勤需求外，还额外建设基础设施、积累运营经验，以主导战后的商业航空事业。这些担心并非空穴来风：当美国商人为缓解英国人捉襟见肘的压力而介入时，他们从未忘了为战后航空布局。

创设这些全球运输网需要投入大量资源，先是生产船只、飞机，然后是扩建港口、机场、仓库、马路、铁路、维修基地和军营。在密不透风的丛林、珊瑚环礁、冰封的峡湾和干旱的沙漠都规划了建筑项目。美国陆军工程兵和海军工程营（海蜂部队）的工兵承担了大部分工作。美国工程师从英国殖民官员那里学习如何管理"土著"劳工，他们利用这些知识调动大量当地工人，从事搬运泥土、粉碎巨石、卸载船只货物和为飞机加油等各种工作。在许多地方，现代化重型设备和半奴隶制条件下的强迫劳工一起被投入使用。美国工程师在为赢得战争建设全球基础设施之时，还同步建设了遍布全球的军事基地群，有力地支撑起战后美国的全球霸权。

盟国全球互通网络与轴心国长期面临的通信困难之间的差距大到不能再大。日本的确实施过一些大规模的交通运输项目，通过强迫6万盟军战俘和20万来自东南亚各地的劳工，仅用15个月就在茂密的丛林中贯通了泰缅铁路。然而，由于轴心国之间没有共同的战略规划，因此也就没有动力建立强有力的联系。在1941年6月之前，轴心国官员可以通过跨西伯利亚铁路往返于德日之间，但是巴巴罗萨行动切断了这条穿过苏联的路线。由于英美海军主宰着海洋，德日之间的联系只能依靠无线电和远洋潜艇，但此类海底任务只有6次取得了成功。轴心国之间只能维持最低限度的联系，凸显了这样一个事实，即其联盟建立的基础是在各自不同的势力范围内构筑平行的殖民帝国，而不是协调彼此行动以夺取世界霸权。

军事转折点：太平洋战役

随着这些国际通道的建立，除了中国战场还处于战略相持阶段，太平洋、苏德和地中海三大战场的军事天平均朝着不利于轴心国的方向倾斜。三大战场的转变节拍尽管不尽相同，但都是一个漫长的过程，而非由一场战役决定。此外，这些转变并不意味着战略主动权——采取行动制定军事议程的能力——从一方直接过渡到了另一方。相反，这一时期双方都在奋力夺取战争主动权。

日本在1941年年底至1942年年初取得的巨大胜利让东京方面信心大增，但是这种战无不胜的错觉——有时被称为"胜利病"——扭曲了日本战略决策的制定。机动部队在印度洋的横冲直撞使日本海军越过了"共荣圈"的界限，1942年春，日本希望继续向太平洋深处推进，其前线北至阿留申群岛，中部穿过中途岛（甚至夏威夷），南部直抵所罗门群岛。日本一些海军军官还想入侵澳大利亚，但遭到日本陆军和首相东条英机的拒绝。尽管如此，他们一致同意向斐济、萨摩亚和新喀里多尼亚进军，孤立澳大利亚。这些影响深远的扩张计划与日本海军大将山本五十六挑起一场大规模海战的愿望不谋而合，日本帝国海军将利用这场海战彻底摧毁美国太平洋舰队。

1942年4月，美国海军利用"大黄蜂"号航空母舰空袭了东京，日本太平洋前线的弱点因此暴露。詹姆斯·杜立特（James Doolittle）上校的空袭虽然没有给日本造成多少损失，但却鼓舞了美国人的士气，并凸显了东京加强防御的紧迫性。夏初，日本发动了两次攻势，第一次旨在占领新几内亚的莫尔兹比港（Port Moresby），以强化对澳大利亚的孤立；第二次旨在夺取太平洋中部的美军前哨中途岛。密码破译人员为美军司令官切斯特·尼米兹（Chester Nimitz）海军上将提供了部署其有限部队所需要的情报，随后是两场大战。5月初，美军与日军在澳大利亚东北部的珊瑚海交战，在战术上，双方打成平手，但在战略上，美军赢得了珊瑚海之战的胜利。慑于美军的有效抵抗，日军指挥官被迫放弃了对莫尔兹比港的进攻，日军的进军势头首次被打破。

第二次战役于 6 月 4 日到 5 日在中途岛附近展开。山本五十六希望以向中途岛进军为饵，诱使美军掉入陷阱，但掌握了日军密码的尼米兹组织了一场有效的反击。多亏珍珠港造船厂的工人们，以及提高其生产率的机械化设备，在珊瑚海海战中受损的"约克城号"航空母舰得以及时修复，参加此次战役。与其他大战一样，突发事件也起到了扭转战局的作用。当美军飞行员准备发动另一场攻击时，他们幸运地锁定了在甲板上铺满武器和燃料管的日本航空母舰。虽然日军最终击沉了"约克城号"，但却是以其机动部队的 4 艘航空母舰为代价的。这对于日本海军来说是毁灭性的打击。舰船和飞机的损失已经足够惨重了（322 架日机对 147 架美机），日本还失去了许多经验丰富的飞行员，且得不到有效补充。美国当时已经在使用机械式链接飞行模拟器训练飞行员，并且将战斗经验丰富的飞行员轮换回国担任教官。美国能用短短 18 个月训练出飞行员，日本则需要 50 个月。中途岛战役后，飞行员短缺就成为日本始终无法解决的难题。

　　山本五十六按其心愿发动了大战，但输得彻底。中途岛战役后，日本在太平洋被迫转为守势。尽管如此，美国要想抓住战略攻势，仍需时间整合所需的海军力量。在此期间，美国发动了有限的反击，包括美澳联军苦战，在澳大利亚治下的巴布亚岛（Papua）打通横跨欧文斯坦利山脉（the Owen Stanley Mountains）的科科达小径（Kokoda Track），以及美国海军陆战队在瓜达尔卡纳尔岛（Guadalcanal）登陆。东京保卫所罗门群岛前哨据点的尝试表明，要在远离日本的区域建立防御圈是不可能的。日军拼命反击美军的登陆，在该岛附近一连串激烈的夜战中击败了美军。但基地设于腊包尔（Rabaul）的日军轰炸机需要 5 小时才能抵达战场，而以航母和陆上机场为基地的美军战斗机只需要几分钟。战斗的天平慢慢朝有利于美军的方向倾斜，1943 年 2 月，日本撤出残军。美军损失 2 艘航母，20 艘次型战舰，1.5万军人伤亡，可谓代价高昂。但是，与珊瑚海战役和中途岛战役一起，它为大规模反攻开辟了通道。也许更重要的是，这些战役终结了日本不可战胜的神话，让美国人相信他们可以赢得战争。

当美军在太平洋阻击日军进攻时，盟军的第二次反攻正在印度洋展开。1942年初，日军将英国皇家海军逐出东印度洋后，英国领导人就担心日本会在维希法国治下的马达加斯加建立潜艇基地，由于地中海已经对盟军关闭，这样一支力量可能会切断经南非通往埃及的补给生命线。为解除这种威胁，1942年5月，英国入侵了马达加斯加。英国突击队迅速占领并控制了迭戈苏瓦雷斯（Diego Suarez）港，但是由东非、南非、罗得西亚和印度部队组成的英帝国军直到11月才占领整座岛屿。自由法国被排除在占领行动之外，戴高乐对此感到恼火，但也予以理解，后来该岛的民事管理权移交给了自由法国的官员。日本潜艇与隶属于季风编队（Monsoon Group）并且驻扎在马来西亚槟榔屿（Penang）港口的德国U型潜艇合作，攻击了非洲东海岸的盟军货船，但规模有限。到1942年夏天，日军在印度洋对盟军发动大规模进攻的威胁已经消失了。

中国战场的僵局

随着日军在太平洋战场连遭失利，日本在无法打赢的对华战争上愈发不堪重负。为惩罚向缅甸派兵的国民党，日军在华中地区发动了一场猛烈的战役，并且随着构筑"共荣圈"的进程接近尾声，他们调整了军事部署以加强在华军事力量。尽管采取了这些行动，但日本仍然缺乏改变中国战略局势的资源。日本的困境并没有直接惠及国民党。相反，战斗的僵持不下加速了中国大部分地区有效治理的瓦解，为中国共产党扩大影响力创造

第五章　1942—1943 年：大战转折点

了新的机会。

在国民党统治下的中国，地方政府腐败成风，由于重庆试图通过印刷钞票来解决经济困难，导致通货膨胀更为恶化。政府征收粮食抵税，又加剧了因干旱导致的灾难，出现严重饥荒，仅河南一省就饿死 300 多万人。共产党统治区的情况也不容乐观，农民遭遇了严重歉收、通货膨胀等问题，但是贪腐和赤贫远少于国民党统治区。最贫穷的农民不用交税，中共拨款实施了一些提高粮食产量和促进工业发展的举措。这些政策带来的进步感和乐观情绪与中国其他地区弥漫的绝望气息形成鲜明对比。这也巩固了毛泽东本人对中共的领导。在学习马克思主义经典著述的基础上，1942 年整风运动促进了对毛泽东著作的学习。

在国民党统治危机不断加深的同时，美国依然致力于提升蒋介石政府的国际地位。1942 年 5 月，苏联外交人民委员维亚切斯拉夫·莫洛托夫访问华盛顿，罗斯福流露出以美苏英中四个地区"警察"为基础构建战后世界秩序的想法。罗斯福料想到中英两国都会对美国感恩戴德，而这一安排也将使美国在世界舞台上占据首要地位。为促成这一目标，美国盛赞国民党领导人，并吹捧他们对自由民主的子虚乌有的热情。美国对国民党的这番热情没能在英国和苏联那里得到回应，但他们对美援的依赖使其无法完全反对美国的计划，因为那将是不明智的。蒋介石利用美国的影响力提升自身的国际地位，1942 年 2 月，蒋介石会晤甘地，表态支持印度独立，同时敦促国大党支持英国作战。英国曾希望阻止蒋介石的访问，但美国对国民党的支持及其对印度非殖民化的热情使这一想法变得不可能。

美国为增强重庆政府的军事能力所做的努力因两位驻华军事领袖之间激烈的分歧而遭到削弱。罗斯福驻华私人代表、蒋介石的参谋长约瑟夫·史迪威将军，倾向于打造一支强大的中国陆军，但蒋介石的空军顾问、半官方的美国志愿援华航空队（American Volunteer Group）[①]司令克莱尔·陈纳德（Claire Chennault）上校则设想建立一支大型空军。1942年4月，陈纳德晋升为将军，7月，志愿援华航空队被编入美国第14航空队。与罗斯福关系密切的史迪威一直与国民党领导层关系不睦，而陈纳德则得到了蒋介石的支持。他们之间的较量引发了对于驼峰物资的激烈争夺，这些从印度远道而来的物资数量有限。这场争执暴露了美国在华面临的大问题，如史迪威所报告的，当地肆无忌惮的贪腐削弱了美国为加强国民党政权所做的努力。

军事转折点：苏德战场

1941—1942年冬天，红军在莫斯科附近发动反攻，这使德国领导人意识到，他们不可能在苏联取得速胜。他们现在面临的是一场旷日持久的多线战争，且对手日渐壮大。这一认知产生了几大后果：首先，德国采取措施，使其经济做好全面战争的准备；其次，德国国防军计划发动大规模进攻，以夺回在苏联的战略主动权；最后，纳粹政权加速了对欧洲犹太人的种族灭绝行动。

德国军事参谋曾对他们在苏联的闪电战充满信心，以至于在巴巴罗萨行动前减少了分配给军队的钢产量，将资源转向建设大型潜艇编队，以赢得大西洋战争。现在，东线战场（Ostfront）因战斗和故障造成的车辆损失开始使德国国防军告别机械化，更加依赖于马车运输和长途徒步行军。显然，如果不大规模增加军备生产，德国就无法进行长期的陆地战争。直

[①] 此系官方名称，其更为闻名遐迩的名字是飞虎队（Flying Tiger）。——译者注

到 1942 年 2 月，弗里茨·托特（Fritz Todt）死于空难，阿尔伯特·施佩尔（Albert Speer）被任命为帝国军备部长，军备危机才开始得到解决。

阿尔伯特·施佩尔是一个建筑师，他为柏林重新成为"世界之都"所做的宏大设计，将希特勒的政治野心表达得淋漓尽致。他同时也是一名狂热的纳粹分子和一名现代化的技术官僚。施佩尔相信，中央计划经济可以带来"军备奇迹"，在希特勒的支持之下，他开启了高效的军备生产。不过，由于纳粹国家机器内经济与政治权力中心竞相角逐，由此产生的官僚互斗阻挠了他的努力。劳工调遣全权代表弗里茨·绍克尔（Fritz Sauckel）挑战施佩尔，同他争夺工业人力资源分配权。随着征兵规模的扩大，德国工人的供应量近乎枯竭，这成了一个至关重要的问题。绍克尔的解决方案是强制征召外国工人，其中许多人是来自波兰、法国和苏联的战俘。德国战时雇佣了 800 万外国劳工，占德国劳动力的近 30%，其中只有 20 万人是自愿参加的。强迫劳工的生存条件往往十分恶劣，他们在戒备森严的集中营里过着忍饥挨饿的生活。1942 年春天以后，成千上万名在集中营的犹太人也被迫到德国战争工厂劳作，其中许多人死于饥饿和过劳。

1942 年年初，海因里希·希姆莱的巩固德意志国家帝国专员办公室和莱因哈特·海德里希的帝国安全总局共同起草了东方总计划（Generalplan Ost），集中体现了德国在东部新殖民地的计划。该计划意在强制减少被占领地区的人口，给来自德国和东欧德意志侨民（Volksdeutsche）社区的农业移民腾出生存空间。这种对于大范围种族清洗的冲动与对强迫劳工日益增长的需求及大屠杀的加剧交织在一起。有组织的犹太灭绝，即"最终解决方案"在德国沉浸于早期胜利的喜悦时就已经开始了，但在与苏联的战斗陷入绝境以及美国正式参战后，这一进程才大大加快。纳粹领导人认为，从华尔街金融家到苏联共产党人，正对德国发动一场世界大战，1941

年8月的《大西洋宪章》证实了这个犹太人的大阴谋。

截止到1942年夏，已有奥斯威辛（Auschwitz）、贝乌热茨（Bełzec）、海乌姆诺（Chełmno）、马伊达内克（Majdanek）、索比堡（Sobibór）和特雷布林卡（Treblinka）等六大灭绝集中营在运作。这些集中营专为大规模屠杀而建，定期接收来自波兰总督府犹太人聚居区、德占苏联地区和德国欧洲盟国的犹太人。其他纳粹暴政受害者也被纳入这一行列，在接下来的三年里，多达50万吉卜赛人在集中营被杀害，约占其战前人口的50%。在建立自给自足的东方殖民地这一想法的驱动下，纳粹不断加剧的大屠杀将反犹主义与种族清洗结合起来。同时，它也贯彻了经济理性主义，通过消灭数百万"没用的饭桶"为德国人节约了粮食。事实上，纳粹屠杀的发展与战争的整体进程密切相关，犹太聚居区的犹太人明白，战争持续的时间越长，他们生存的机会就越渺茫。

随着春泥变干，苏联境内的大规模军事行动又开始了。6月，德军在突袭了塞瓦斯托波尔港（Sevastopol）之后完全占领了克里米亚，并在战斗中挫败了苏军对哈尔科夫（Kharkov）的反击，25万红军士兵阵亡或被俘。德国国防军现在准备好了发动这一年的主要攻势。德军缺乏像1941年那样发动全面进攻的资源，但他们并没有像苏联领导人预计的那样再次进攻莫斯科，而是选择了南下。这一行动代号为蓝色行动（Operation Blue）。德军计划夺取高加索地区的油田，以便直接控制几乎取之不尽、用之不竭的燃料。

德国为蓝色行动集合了超过120万人，其轴心伙伴又额外贡献了20万人。1941年春，德国提前18个月征召青年男子，试图以此解决人力短缺问题。在为蓝色行动新组建的41个师中，意大利占6个，匈牙利10个，罗马尼亚5个。由于罗马尼亚军队和匈牙利军队之间互怀敌意，因此德国指挥官认为将其他军队部署于他们中间是明智之举。与大众印象中铁板一块的形象相反，如一位将军所讽刺的，东线"德国"军队是一支"完完全全的国联军队"。[2] 大量使用苏联希维人（Hiwis，或 Hilfswillige，辅助志愿者）凸显了这一军队的多国属性。1942 年夏，德国国防军中有数万希维人，仅第 6 集团军就有 5 万人，其中有些是出于意识形态动机的志愿者，但绝大部分是受不了德国战俘营的残酷环境而出列的前红军士兵。起初，绝大部分希维人被分配到后勤和支援岗位，但随着人力资源的短缺，许多人被重新分配到前线部队。

阿尔伯特·施佩尔推动的德国工业重组尚未取得实际成果，坦克、飞机和大炮的数量都低于 1941 年的水平。在这种情况下，攻势仍于 6 月底开始了。德国武装部队起初进军迅速，特别是在南线，A 集团军群穿过绵延起伏的大草原向高加索地区挺进。苏联吸取上一年的惨痛教训，以空间换时间，边后退边筹备有效的反击。德军在短短两周内就前进了 300 英里，但他们没抓获多少战俘。如同巴巴罗萨行动一样，德军沿不同方向进军，A 集团军群冲向高加索地区，B 集团军群则东进斯大林格勒。

斯大林格勒是伏尔加河上的重要交通枢纽，拿下它可保护高加索地区的德军免遭苏军攻击。然而，囿于人力和装备供应不足，同时进攻斯大林格勒与入侵高加索地区的行动削弱了彼此，这些负面影响并没有立刻显现出来。在南方，德国国防军逼近格罗兹尼（Grozny），精锐的山地部队深入高加索山区，但当特种工程部队抵达并开采石油时，他们发现星罗棋布的油井已经被红军破坏殆尽。因此，没有一滴油从高加索地区运到德国。与此同时，向北 400 英里处，第 6 集团军于 9 月初侵入斯大林格勒。开阔大草原上的高速进军，现在让位于激烈的巷战。

苏联最高统帅部指示瓦西里·崔可夫（Vasily Chuikov）将军率第 62

集团军不惜一切代价保卫斯大林格勒。他们在猛烈的空袭之下，三次击退了德军的进攻。第 62 集团军的牺牲为苏军组织大规模反击赢得了时间，11 月中旬，红军坦克突破了第 6 集团军南北两翼装备落后的罗马尼亚仆从军。罗马尼亚第 3 军和第 4 军被打得支离破碎，成千上万的罗马尼亚人被困在红军战线的大后方，苏联农民之所以优待他们，很大程度上因为他们不是德国人。几天之内，苏军开始合围，将第 6 集团军困在了斯大林格勒的废墟中。对斯大林格勒的包围创造了将 A 集团军群困在高加索地区的可能性。希特勒允许德军撤退，但他们能否撤退取决于斯大林格勒周边的苏联军队。基于这一点，希特勒坚持要求第 6 集团军继续在斯大林格勒作战并非毫无道理，虽然德国空军的投递从未达到戈林承诺的数量，但它也做到了将粮食和弹药源源不断地送到战场。

一直到 1943 年 2 月 2 日，在斯大林格勒坚持战斗的德军才最终投降。红军俘虏了 9.1 万人，其中只有 5 000 人最终回到了家乡。这些战俘中，有成千上万的希维人，在前线的某些德军步兵师中，他们占到了近 50%。他们中许多人如今面临着死于其俘获者之手的命运。虽然精确的数字难以确定，但在斯大林格勒伤亡的德国及其他轴心士兵远超 50 万人，还有数万人死于红军随后的反攻中。1 月，意大利第 8 集团军和匈牙利第 2 集团军为守卫顿河进行了激烈的战斗，随后被迫开始了漫长而艰苦的撤退：两军的损失均超过 8 万人，幸存者撤出战斗并被遣返回国。除了这些令人震惊的人员损失之外，德军空中运输部队也遭受重创。斯大林格勒并不像人们常说的那样是苏德战争的转折点。事实上，1943 年 2 月，在曼施坦因将军的娴熟指挥下，德国国防军通过反击稳住了阵脚，甚至再次夺取了斯大林格勒战役后失去的部分土地。但是，对苏联人民以及他们在世界范围内的盟友而言，斯大林格勒战役既是抵抗纳粹侵略的有力象征，也成为他们即将取得胜利的风向标。

随着美国正式参战，苏联开始推动"第二战场"（Second Front）在西欧的开辟。英美在法国开辟战线的想法对苏联具有强烈的吸引力，因为这将使德军实际陷入两线战争之中，使其用于东线的资源受到限制。苏联还希望与美国缔结的军事同盟能够将他们的合作延续到战后。对战后世界格局的担忧也使斯大林坚持保留根据1939年《苏德互不侵犯条约》中获得的前沙俄领土，并在1942年5月的《英苏条约》中表达了摧毁德国战争能力的愿望。这些提议都只是关注苏联的安全问题——无论战后的言辞如何——它们与共产主义的扩展毫无关系。

丘吉尔接受了斯大林的领土要求，包括对部分波兰领土的割占，但罗斯福争辩称，这种大国之间的交易会使美国的全球领导地位丧失信誉。1942年春，苏联外交人民委员莫洛托夫访问美国，罗斯福承诺在年底前开辟第二战场，以此来委婉拒绝苏联的领土要求。然而，莫洛托夫在返程时途经伦敦，他震惊地发现，丘吉尔并不保证英国会支持这样一个计划。这样一来，尽管罗斯福的具体想法尚不明确，但有关开辟第二战场的问题就被纳入了英美领导人之间已经激烈展开的战略辩论之中。这场争论的中心问题是盟国在欧洲与地中海的战略，其结果将在很大程度上决定战争的未来走向。

军事转折点：地中海战场

北非的军事转折尤其胶着，埃及和利比亚之间的滨海公路战火不断，战略主动权数次易手。1941年初，德国非洲军团的到来掀翻了英帝国军，他们在一片混乱中撤回埃及。1941年末，盟军新组建的第8集团军发起反攻，解救了托布鲁克港中的守军，并将轴心军逐回到利比亚。1942年5月，德意非洲装甲军再次向埃及发动进攻。隆美尔的机械化部队纵横捭阖，在一连串战斗中压倒了英国人领导的第8集团军，并攻占了托布鲁克港，埃及民族主义者走上开罗街头为隆美尔欢呼，英国治下的埃及显得不堪一击。

德意非洲装甲军发动攻势的同时，轴心国也在地中海其他地区卷土重来。1941年12月，意大利海军精锐蛙人在亚历山大港击沉了两艘英军战列舰，同时，意大利空军连续轰炸了马耳他，给英国前往被围困岛屿的补给船队造成了重大损失。为配合意大利的进攻，德军从东线调来了战斗机。1942年初，轴心军重获在地中海地区的优势。意大利指挥官称，对马耳他的入侵有助于巩固轴心国对地中海的控制，但德国领导人并不同意，他们被隆美尔的攻势所迷惑，急于保存精锐空降部队。受益于重兵护航的补给船队和美国"大黄蜂"号航母战斗机的援助，马耳他挺过了猛烈的攻击。到夏末，以马耳他为基地，水下潜艇、水面舰队和战斗机开始攻击为德意非洲装甲军运送补给的轴心国船队。

1942年7月，在第一次阿拉曼战役（the First Battle of El Alamein）中，盟军第8集团军阻断了轴心军向埃及的推进，阿拉曼距埃及亚历山大港仅60英里。在接下来的三个月里，两支军队正面对峙，但轴心军却被困在漫长而脆弱的补给线末端，其战斗力逐渐减弱。与之相反，随着救兵驰援埃及，伯纳德·蒙哥马利（Bernard Montgomery）将军重组了第8集团军，英帝国军的规模和实力不断壮大。与此同时，为确保对埃及的政治控制，英国当局采取了严厉的措施，并于1942年2月发动军事政变，迫使亲轴心国的国王法鲁克一世（King Farouk I）任命亲英的华夫脱党组织政府。

第五章 1942—1943 年：大战转折点

埃及英帝国军因大量美国装备的到来而得到加强。当 6 月轴心军占领托布鲁克时，英美领导人在华盛顿召开了第二次战时会议，为应对危机，罗斯福向埃及紧急调派了 300 辆全新的 M4 谢尔曼主战坦克，以及美国陆军航空队的战斗机和轰炸机中队。谢尔曼坦克使得第 8 集团军能够与德国装甲军旗鼓相当，而美国重型轰炸机则加强了皇家空军对轴心国港口和船只的攻击。10 月下旬，蒙哥马利发起第二次阿拉曼战役，进攻德国装甲军，这些增援部队帮助第 8 集团军扭转了局势。在一周多的时间里，英帝国军一路冲破轴心国的防御阵地，德军指挥官违抗了希特勒坚守阵地的命令，沿着北非海岸向西撤退。英国在进攻后庆祝决定性的胜利，这是战争爆发以来的第一次。

这些事件导致了 1942 年英美间的重大战略争论，它扰乱了两国关系。在阿卡迪亚会议上，英美领导人同意在 1942 年进攻法属北非，但几周之内，美国军事参谋改变了主意，转而主张在英国组建一支庞大的军队，然后发动跨海峡作战，进攻德占法国地区。英国领导人则坚持主张在地中海地区进行"迂回"（peripheral）行动，旨在首先确保法属北非的安全并击败意大利，然后再向法国的德国人发起进攻。1942 年 8 月，英国对法国迪耶普港（Dieppe）发动了大规模空袭，结果是灾难性的，这更加坚定了英国反对跨海峡进攻的立场。空袭主要由加拿大军队执行，伤亡惨重的同时却没有取得什么战果。

这场战略争论使罗斯福进退维谷。罗斯福对"地中海战略"深表同情，他从中看到了为美国战后主导该地区奠定基础的可能性。自 1940 年底以来，他就直接参与到组织法属北非的秘密行动中，以推动美国对该地的进攻。但罗斯福不能公开支持英国人反对他自己的参谋们，讨论经过了漫长而曲折的过程，最终在罗斯福的坚持下，于 8 月达成了由美国指挥盟军进攻北非的协议。代号为"火炬行动"（Operation Torch）的进攻计划于11月开始执行。虽然没有达到斯大林所希望的开辟第二战场的目标，但"火炬行动"在政治上的优点是可以让美国军队参与（广义上的）欧洲战场。由于美国海军首脑力主太平洋优先政策，"火炬行动"重申了美国对"德国第一"战略的承诺。

美国在北非的外交活动着眼于寻找信得过的法国领导人，他们将会欢迎美军的登陆。英国自1940年7月攻击法国舰队以来，与维希政府一直处于战争的边缘，而美国则与贝当政府保持着外交关系。根据与维希签订的特别贸易协议，美国为法属北非殖民地供应石油，作为交换，法国官员对美国战略情报局（Office of Strategic Services）在当地的间谍网睁一只眼闭一只眼。尽管美国与维希北非各色官员和右翼政客建立了联系，但其努力并没有换来一纸信得过的"邀请函"。由此，当1942年11月8日美英军队在法属摩洛哥及阿尔及利亚登陆时，他们遭遇了维希军队的激烈抵抗。

面对如此严峻的政治与军事危机，美国官员在绝望中向维希政权前总理弗朗索瓦·达尔朗海军上将求助，当时他正好在阿尔及尔（Algiers）探望住院的儿子。达尔朗曾是坚定的亲纳粹派，他敏感于军事平衡的变化，此时同意安排停火，以换取盟军承认他为法属北非的首脑。他做到了。达尔朗迅速制止了法军的抵抗，盟军得以在北非集结兵力。但达尔朗协议（Darlan Deal）给盟军带来了一个严重的政治问题，大西洋两岸的政府领导人面临着媒体的一连串猛烈抨击。批评者问道，在盟军"解放"的第一块土地上，掌权的怎么能是法西斯政客呢？

对盟军来说幸运的是，几周之后达尔朗就被神秘暗杀。他的去世缓解了人们对该协议的批判，但这并没有解决美国在北非的政治问题。美国领导人不希望在该地建立盟军军政府,特别是,一旦战争结束,它可能需要将政治权力移交给当地人口占多数的阿拉伯人。尽管《大西洋宪章》持民族自决原则,但美国领导人担心,真要在殖民地实施宪章会导致危险的政治乱象。与此同时,罗斯福还希望阻止自由法国在北非组建临时政府。戴高乐重建强大法国的目标与罗斯福将法国视为美国小伙伴的愿景相冲突。短期来看,通过任命自视甚高但政治上无能的亨利·吉罗(Henri Giraud)将军领导法国殖民政府,使这个复杂的问题暂时得到解决。

盟国军事行动与其陷入困境的政治行动一样问题多多。军事参谋们设想英美军队在美国将军德怀特·艾森豪威尔(Dwight D. Eisenhower)的全面指挥下迅速东进法属突尼斯,并在那里击溃隆美尔的装甲军,他们是在阿拉曼战役之后西撤而来。事实上,盟军的推进因为补给困难以及严冬天气而推迟,而德国则通过伞兵以及海路运输坦克和军队加强了其在突尼斯的守军。结果,进军突尼斯的盟军遭遇了一系列惨败,特别是,1943年2月,隆美尔的沙漠老兵在卡塞林山口(Kasserine Pass)伏击了经验不足的美军士兵。然而,通常情况下,德国军事参谋较少考虑后勤问题,盟国海空军利用精确的信号情报(signals intelligence)摧毁了轴心国船队之后,突尼斯的补给形势便迅速恶化。德国本欲向突尼斯空投补给物资,但其运输机被盟军战斗机飞行员击落了200多架。德国空军的运输能力被彻底摧毁。1943年5月初,被围困在"突尼斯格勒"(Tunisgrad)的27.5万名轴心士兵投降,地中海地区的战略主动权稳定地转移到盟军手中。

正当突尼斯战火纷飞之际,英国和美国领导人在摩洛哥港口卡萨布兰卡(Casablanca)举行了第三次战时首脑峰会。丘吉尔和英国参谋长们预先准备好了进攻意大利、向地中海纵深推进的论据。美国参谋长联席会议希望退出地中海行动,以便为他们所偏爱的跨海峡法国登陆战做准备,但他们觉得自己被英国人说得哑口无言，只能越陷越深，继续地中海作战。令人吃惊的是，罗斯福并没有抵制这一结果，这表明，出于他自己的原因，他也赞成进军意大利。会议还做出了其他几项重大决定，包括对德国发动联合轰炸以及加强对苏联的租借运输等。最后，为了回应公众对达尔朗协议的批评，罗斯福和丘吉尔宣布，盟国要求轴心国"无条件投降"（unconditional surrender）。他们承诺，这意味着不会再有任何妥协交易。

第六章
战时经济

第二次世界大战中，各国军队都消耗了大量工业物资。士兵们必须吃饱穿暖，配备从靴子、背包到子弹的各种装备。军队及其装备必须通过船队、数万英里的铁路和数不清的卡车运往世界各地。军队消耗了大量的石油，有些军队，如美军、英军和"二战"后期的苏军，如果没有石油就无法移动。虽说1931—1945年这场环环相扣的战争主要是靠人而非物打赢的，但如果没有物，也不可能获胜。这个简单的事实使对原材料和人力的控制、运输与利用，大规模工厂生产的组织，以及食品的生产和分配成为战争整体运行中不可缺少的一环。

战争与经济间的密切关系出现于第一次世界大战期间，一场长期的消耗战迫使所有大国成立了专门的政府机构来组织战时生产，它们要么是民事部门，要么是军事机构。20世纪30年代，随着国际紧张局势的加剧，各国政府再次设立专门机构来组织战时军事生产。规划者们回顾了第一次世界大战的经历，但他们也受到了苏联"五年计划"快速工业化以及美国利用流水线技术实现工业生产力飞跃的启发。这种混合思想，一部分来自苏联的中央计划，一部分来自美国的"福特制"，使无论新政下的美国还是纳粹德国的技术专家们都相信，民族国家应该干预经济生活，以实现特定的社会、政治和军事目标。

面对各方对有限资源的竞逐，各级经济规划机构无不奋力满足他们的要求。为了获得足够的资源开发军事项目和武器系统，陆军、海军和空军相互争斗，将本军种鼓吹为胜利的关键。协调好军种间的竞争是成功规划的关键，但这并非易事。要确定分配给军舰、坦克和飞机制造的资源，需要高层就军事优先事项和战略视野达成一致，并在资源有限的情况下，就哪些不应生产，哪些应该生产达成一致。更让人头疼的是，除苏联外，各国庞大的战时生产都由私营企业承担，它们本为盈利而生，政府必须通过提供利润丰厚的合同、税收减免以及直接投资于工厂和机器来激励企业参与战争事业。

苏联：社会主义经济的战时规划

苏联国内没有私人资本主义，这使其经济规划有别于其他大国。1917年俄国革命后，工业资本私有制被废除，虽然莫斯科与福特汽车等西方大公司建立了一些合资企业，但总体控制权仍牢牢掌握在国家手中。1928年，斯大林开始推动苏联工业化，国家计划委员会（Gosplan）负责制定五年计划。它雇佣了数以千计的经济学家和统计学家，监测工业状况，以平衡物资的投入与产出。事实上，苏联的计划并不高明。官员和工厂经理竭力扩大工业产量，经常使用军事化的"突击队"来实现生产目标，并利用大生产的规模效益来抵消低技术水平和低生产力的影响。由于缺乏关键性的监督，加上禁止独立工会的存在，苏联的计划体制发展成为一个腐败与低效并存的官僚机器。

尽管有这些限制，并付出了巨大的人力成本，但中央集权式的国家计划确实使苏联迅速实现了工业化。在这个过程中，它所创建的经济结构框架，经受住了德国入侵的冲击以及随之而来的资源和工业设备的毁灭性损失。毋庸置疑，国家计划委员会精心设计的计划在战争的打击下崩溃了，但对经济指令作出反应的习惯和使用军事风格的工业运动却没有，并且在战争危机中，地方的主动性和领导力蓬勃发展。苏联的规划者没有私人资本家可以谈判、补偿或哄骗，他们直接发布命令并使对方执行。1941年夏秋之际，这种办法使苏联工业大部迅速转移到乌拉尔山以东的安全地区。自然地，大规模的工业疏散也遇到了许多问题和困难。成千上万工人的迁入，往往会暂时压垮当地的住房、卫生保健和教育体系。但政府的铁腕和地方主动性相结合，解决了大部分问题。

到1942年春天，1500家搬迁工厂中除55家外全部恢复生产。许多工厂的地面裸露着泥土，工人们住在临时搭建的营地里，工作条件往往十分危险，但战争物资还是源源不断地从生产线上运出。基洛夫拖拉机厂从列宁格勒迁到西伯利亚的车里雅宾斯克市后改造成为巨大的坦克生产基地，俗称"坦克格勒"（Tankograd）。在这里以及其他专业化生产中心，苏联规划者建立起规模巨大的垂直一体化生产复合体，将原材料变成可供作战的军用品。这种方法降低了对分包商的依赖，并最大限度地减少了半成品部件对铁路网的占用，要知道铁路线早已不堪重负。这样做的效果好到出奇：1942年，苏联在每个主要武器类别上的产量都超过了德国，如坦克是24 000多辆对德国的6 200辆。这些生产支撑起莫斯科和斯大林格勒保卫战，加大了盟军抗德的军事投入，并为美国战时经济开足马力争取了时间。随着军事危机的过去，位于乌拉尔山脉以东古比雪夫的国家计划委员会开始重新制定全面的经济规划。到1944年，有利的军事形势和美国租借物资的到来，使苏联的规划者能够削减武器生产，并将资源转移到修复关键的基础设施上，甚至稍微增加了消费品的生产和工人住房的建造。

美英的战争与商业

在资本主义国家，战争计划需要政府、军队和大公司之间的合作。这种微妙的平衡经常被打破，因军方各大部门常为解决自己的需求而直接与工业部门打交道。在美国，1942 年由陆军部和海军部发出的海啸般的订单使新成立的战时生产局（War Production Board）在分配产量方面疲于奔命，引发了军方和文职官员之间长达一年的斗争，被昵称为"波托马克之战"（the Battle of Potomac）。这场"战斗"终结于 1942 年 11 月"原材料控制计划"（Controlled Materials Plan）的出台。这迫使战时生产局放弃确定生产次序优先级的直接做法，转而通过控制关键原材料的分配这一间接办法引导工业生产。到 1943 年 5 月，这一过程所产生的巨大政治压力促成了另一个高级别机构——战争动员局（Office of War Mobilization）的设立，由前参议员和最高法院法官詹姆斯·贝尔纳斯（James Byrnes）领导。在这位被罗斯福称为"助理总统"的强势政治家的领导下，政府官员终于在一定程度上控制了战时生产。

美国企业迅速对军事订单的激增作出了反应。作战飞机的产量从 1941 年的 1 400 架猛增到 1942 年的 24 000 多架，而坦克产量则从 900 辆跃升至 27 000 辆。从 1940 年到 1944 年，军事生产激发了国内生产总值整体 60% 的惊人增长。这些增长得益于两大因素：首先，持续到 20 世纪 30 年代末的大萧条意味着，有大量的空闲工厂和失业工人可随时投入战争生产；第二，"成本加成"（cost-plus）合同通过保证巨额利润来刺激企业生产。战争岁月是商业发展的好年头，从 1940 年到 1944 年，美国公司纯利从 64 亿美元增长到 110 亿美元。华盛顿放宽了反垄断法的执行力度，加快了企业兼并，大量战时合同集中在少数几家巨头公司手中。同样，如在新政时期一样，政府政策有利于大型农业综合企业而非小农群体，随着农场平均规模的扩大，家庭农场主的数量也在减少。政府还向私营公司的新工厂和设备投资，只要他们认可"政府所有，承者运营"的原则。例如，庞大的底特律军事坦克工厂，就是由美国政府出资，但由克莱斯勒公司运营的。战争结束后，政府更是以极低的价格向私营企业出售了价值170亿美元的工厂和设备。

在英国，集中规划甚至不如美国。相反，陆军和皇家空军的装备采购机构摇身一变成为供应部和飞机生产部，它与英国皇家海军早就成立的海军部（Board of Admiralty）一起工作。每个部门分别向维克斯、阿夫罗和劳斯莱斯等大公司下达订单。按照典型的英国方式，由最高层内阁设定总体生产的优先次序，几个部门的核心官员在卡尔顿酒店共进午餐，解决因资源有限而产生的争吵。政府、官方和大公司的高层人物都来自同一个狭窄的社会精英阶层，所以，即便参战被精心塑造成了为国尽忠的形象，但战争方向仍然牢牢掌握在旧的统治阶级手中。

这些阶级联系也塑造了那些管理着英帝国的殖民官员的全球网络。在战争期间，殖民官员要与大量新成立的机构和委员会打交道，包括总督会议、供应委员会和生产委员会，如东非生产与供应委员会，负责在殖民地收集食物和原材料，并运输到英国本土。战时政策促进了殖民地工农业的发展，在帝国的一些角落——如生产小麦的旁遮普，农民能够获得良好的收入。在其他地方，向英国出口粮食使拥有大型农场的白人受益。但随着食品价格的飙升，留给非洲人的只有饥饿。1942年，战时通胀遇上干旱，导致尼日利亚和坦噶尼喀出现饥荒。到战争结束时，一些非洲农民只能吃到树根和浆果。与此同时，战争爆发时，经验丰富的官员被陆续召回伦敦，殖民地总督被迫提拔非洲人担任行政职务，一个新兴的受过教育的地方精英阶层就此出现。他们虽与殖民地主人共同管理殖民地，但两者之间的关系并不对等。这些帝国治理上的改革沿着准国家路线重塑了殖民地行政机构，造就了拥有国家管理经验的非洲精英，他们被训练按照自上而下的经济规划模式去思考。这样，英帝国的战时动员无意中为战后席卷亚非的非殖民化浪潮奠定了基础。

轴心国的战争规划

尽管与苏联的斯大林模式有一些政治相似性，但纳粹德国并没有实施直接的经济控制。德国仍然是一个资本主义国家，和伦敦和华盛顿一样，柏林不得不与致力于盈利的工业家打交道。如英美一样，军方采购机构——战争经济总部（War Economy Headquarters）直接向大公司下订单。但德国的情况更为复杂，其他国家机构，如赫尔曼·戈林的"四年计划"办公室和海因里希·希姆莱的党卫军也直接插手经济。1936年开始的"四年计划"完全基于苏联模式，旨在结束德国对进口铁矿石、橡胶和石油的依赖。一些私营公司，如化工巨头法本公司帮助开发了合成产品，推动了自给自足。不过，钢铁制造商却拒绝了开发低品位德国矿石的计划。1937年，赫尔曼·戈林国家工厂（Reichswerke Hermann Göring）成立，使他们的抵制无的放矢。这是一个巨型联合企业，将国家与私人资本聚合在一起，创建了欧洲最大的公司。在建立赫尔曼·戈林国家工厂时，纳粹领导人试图在苏联社会主义经济和资本主义自由市场之间走一条混合的"中间道路"。

到1940年，德国经济已全面进入战争状态。40%的国民收入用于军工生产，纳粹的项目使大量闲置的工厂和劳工消失得无影无踪，经济产能不再有富余，与之相对照，同样的工厂和劳工此时正推动着美国生产的快速扩张。1941年后展开的多线战争对德国经济提出了新的要求，但长期的高位运行使其难以扩大生产。增产的唯一方法是提高效率，但弗里茨·托特领导的军备部束手无策。该部是20世纪30年代为管理大型建设项目而组建的机构，如我们所见，1942年2月，阿尔伯特·施佩尔接管该部后，问题才开始得到解决。在希特勒的支持下，施佩尔实施中央集权式的规划，他通过组建一系列的高级委员会，整合了政府官员、军官和主要企业家。不断加深的军事危机也有助于强制企业遵守决定。结果是引人瞩目的：1944年的坦克和飞机产量是1941年的四倍。这个自夸的"军备奇迹"之所以产生，在于产品线数量的急剧减少，将生产集中到可采用"福特制"的大型工厂，以及更高效技术的运用。例如，新型超快速射击MG42机关枪是由廉价的冲压部件制成的，早期使用的高精度加工部件被弃用。尽管如此，军备奇迹的真正关键是施佩尔本人冷酷无情的政治驱动力，以及他使用强制措施取得成果的意愿。

纳粹领导人将德国设想为一个自给自足集团的中枢，该集团包括它在东部的新殖民地以及它在巴尔干半岛的附属国。此外，1940年的征服还将法国、低地国家、丹麦和挪威等发达经济体置于德国的控制之下。这个集团及从属于它的边缘地带——从瑞典到意大利地中海，从西班牙到土耳其——拥有维持一个真正的世界强国所需的资源、人口和工农业基础。问题在于时间。东部殖民地的种族灭绝导致人口急剧减少，而红军的"焦土"政策和德国缓慢的农业安置使该地区丧失了经济价值。纳粹冲锋队发起了一场声势浩大的运动，以促进"武装农民"从国内迁移到新占领的土地，但没有得到多少响应。与此同时，2 000名德国矿工和数万名强制劳工在顿巴斯开采煤矿的努力也惨遭失败。在欧洲被占领地区，经济融合需要与外国资本家进行谈判，尽管他们中的许多人非常愿意与新统治者合作，但纳粹的意识形态要求和对短期利益的追逐导致德国更倾向于经济掠夺，而不是长期合作。从1943年到1944年，法国国内生产总值的55%直接流向了德国，而对希腊的粮食征用很快使该国大部分地区陷于饥饿之中。

日本面临着一系列与德国不同的挑战。东京征服中国东北比柏林东进早了10年，这让日本有更多的时间将殖民地资源整合到一个正常运转的战争国家中。与德国征服东方"生存空间"一样，东京将中国东北视为"日本的利益线"，并鼓励日本农民到这个"新天堂"定居。[1] 1936年，关东军通过了20年计划，欲在中国东北安排100万个农民定居者家庭。实际上，虽然军事征兵的要求和在有争议领土上定居的困难限制了移民的到来，但到1945年仍有21.9万名日本人移居到中国东北。关东军主导了中国东北的工业投资，建立了巨型的昭和制钢所和其他许多基础设施项目。像许多纳粹领导人一样，在中国东北的日本技术专家希望在自由资本主义和斯大林体制的"共产主义"之间找到混合的"第三条道路"，即将所有权及利润交给私人的同时，由国家掌控计划和资源管理。

这一方式在中国东北被证明是有效的。在那里，军部与日产等新兴企业集团合作。在"共荣圈"的其他地区，三菱和住友公司开采煤炭、铜、黄金和其他重要矿产。在日本经济的心脏地带，"第三条道路"没有那么成功。"四大财阀"家族——三井、三菱、住友和安田——占据着主导地位。1938年，日本政府试图建立起中央计划的战时经济体制，方式是成立计划委员会，并实施四年计划。尽管如此，旨在管控原材料入口的"控制机构"很快就落到了私营经理人手中，只因军需官们绕过了整个计划体系，直接向财阀下达订单。

政府计划人员、大企业和军部之间紧张关系的结果之一便是，从 1939 年到 1941 年，军工生产占国内生产总值的比重，仅由 22% 扩大到 27%。如果日本只是在中国打一场低技术含量的战争，这也不是什么问题，但与美国开战后，对经济生产的要求大幅提升。1943 年年底，日本首相东条英机设立了一个强有力的军需省，严格中央规划，精简资源配置，以及自"共荣圈"进口原材料，三者合一实现了战时生产的急剧扩张。到 1944 年，日本国内生产总值用于战争的比重达到 76%。然而，鉴于作战对象是美国，这一切都太少太迟了。即便全面动员提早完成，日本经济的中等体量也会对其生产能力造成严格的限制。如同德国一样，这种结构性的弱点可能会随着时间的推移而得到解决，届时日本的新殖民帝国将完成整合，但美国军方并不允许日本有如此奢侈的机会。

与德国和日本相比，意大利的经济动员水平低得多。1939 年，意大利只有 8% 的国内生产总值用于战争，1941 年战时动员达到顶峰时也只占 23%。和它的轴心伙伴一样，意大利也长期受到原材料短缺的制约。尽管意大利的经济是主要参战国中最弱的，还不到德国的一半，但它在实施"福特制"方面却走到了前面，如建设了规模巨大的菲亚特汽车厂。与其他资本主义国家一样，法西斯政府竭力在推进其所需的军工生产项目与满足大企业支持者的利益之间寻求平衡，尽管在 1935 年成立了战时生产军需总局（General Commissariat for War Production），但法西斯官员将其计划下达给企业或军方时总是谨小慎微，军事部门则继续直接与工业界谈判采购合同。长期生产半过时的坦克和飞机，意味着意大利完全没有为高节奏的现代战争做好准备，与其轴心伙伴不同的是，罗马既不可能指望以领先的战斗力来克服经济上的弱点，也不可能指望从殖民征服中获得短期的经济支持。尽管 1943 年 2 月意大利也设立了中央化的战时生产部，但它没有带来"军备奇迹"。相反，从 1943 年春天起，不断积聚的军事压力，加上工人抗议和盟军轰炸，共同导致了意大利生产的急剧崩溃。

中国：战时生产与资本主义的现代性

从 1927 年国民政府成立到 1937 年抗战全面爆发为止的时期被称为"南京十年"，其间国民党领导人努力实现中国经济的现代化，所有人都主张建设一个自主的民族经济。不过，当蒋介石设想建立军事化国家之时，他在国民党领导层内的主要对手汪精卫却推动了广泛的经济改革。汪精卫主张大力提高沿海城市地区的工业产出，同时在内陆农村地区发展粮食与原材料的协作生产。汪精卫受到意大利社团主义在国家利益名义下推行阶级合作观念的启发。1931 年，国民党设立了全国经济委员会来推进这一计划。然而，在实践中，国民党领导人面临着一个根本性的矛盾，农村地区的经济现代化威胁到了传统农村精英的利益，而他们正是该政权维护社会与政治稳定所依赖的力量。

1937 年日本侵华促使国民党内的天平倒向蒋介石的军事化国家理念，从而解决了这一内斗困境。第二年，汪精卫从国民党出走，1940 年，他在日本的保护下成立了通敌的伪国民政府。汪精卫和全国经济委员会倡导的广泛改革不见了，蒋介石的资源委员会开始在农村地区发展与战争相关的重工业。在中国沿海工业地带沦于日本人之手的情况下，这一政策成功地驱动了中国工业的大规模搬迁。从 1937 年到 1945 年，在西南的农村地区建立了大约 2 万家工厂，每家工厂都雇佣了 30 名或更多的工人。尽管现代器械匮乏，生产力低下，但事实证明他们有能力支撑国民党的战争。

结果，日本人面对的是中国经济出乎意料的回弹。与此同时，蒋介石拒绝汪精卫所倡导的农村改革，增加了国民党对保守的地方精英的依赖，加深了国家和农民阶级的裂痕。这些裂痕因军事征兵、沉重赋税和粮食强征而加剧，为毛泽东和中国共产党倡导的以农民为基础的革命打开了大门。

生产之战

战时规划的目标是生产，在这一点上，人类在全球范围内取得了惊人的成就。从1942年到1944年，全球生产了超过3 100万支步枪、22万辆坦克、41.5万架战机和近9 000艘军舰和潜艇。这些生产大部分是在全新的工厂进行的，如在西伯利亚大草原上拔地而起的"坦克格勒"，矗立在美国中西部的玉米地、芝加哥郊区价值13亿美元的新工厂等。这些庞大的全球企业得以成功的关键是流水线技术的广泛应用，它曾完美地适应了20世纪初的汽车生产。福特制的基本原理非常简单：未完成的装配品沿着生产线在工位之间传输，每一个工位都会添加新的组件，直到一辆成品汽车下线。福特制将复杂的制造流程分解为一系列简单的任务，工人只需经过几个小时的培训即可上岗，从而使生产脱离了对熟练工人的依赖，大大加快了生产速度。

将汽车流水线工艺用于坦克生产可谓相当简单，美国和苏联的坦克工厂从战争一开始就是以此为基础进行设计的。在这两个国家，生产都集中在单一固定的设计（M4谢尔曼和T-34坦克）以及无情的成本削减上（苏联在1941年到1943年间将坦克生产的单位成本减半）。然而福特制在坦克生产中的应用并非全都如此自然。在阿尔伯特·施佩尔的"阿道夫·希特勒装甲计划"下，德国坦克的产量从1942年秋季到1943年5月之间翻了一番，部分原因是在林茨附近新建了一座组装厂。尽管取得了这样的成就，但德国的坦克生产并不依赖于流水线。即使在施佩尔推行合理化运动之后，德国仍然生产了许多不同的坦克，每一种都有几个子型号，并且在生产过程中还会根据军队的要求做小幅修改。这些工作主要是由熟练工人完成，每辆坦克在某种程度上都是手工制作的。流水线技术和大量专用机床的使用意味着生产一辆谢尔曼坦克只需要 1 万个工时，生产一辆 T-34 坦克只需要 3.5 万个工时，但制造一辆德国虎式坦克则需要 30 万个工时。日本和意大利也坚持使用基于大量熟练工人的生产技术，尽管已经获得了制造更先进的德国坦克所需的设计、专利和机床，但意大利的工业保守主义仍然维持了过时坦克的生产。

福特制在飞机制造中的应用更具挑战性，在这方面，美国工程界的创新活力立下头功。战机包含成千上万的零部件，B-24 轰炸机有 2.5 万个。为使流水线正常运转，这些零部件到达装配工位时必须做到准时以及准数。一个零件的缺失就会延宕整条生产线。这些复杂的问题被一组组过程工程师解决了，那时还没有计算机可以参与帮忙。这些都需要时间，几个月来，福特公司位于底特律附近、长达数英里的"维罗朗"（Willow Run）飞机组装厂都被戏称为"维特朗"（Will It Run?）工厂。① 但当它最后建成的时候，结果令人目瞪口呆：每 63 分钟就能下线一架 B-24 解放者轰炸机。

从缅因州到密西西比州，从华盛顿到圣迭戈，在美国海岸线竞相涌现的新船坞中，工程师们努力将大规模生产技术应用到造船业。美国及其盟

---

① 此处为照顾文中的谐音梗而取音译。实际上，中文世界更常见的译法是柳条飞机组装厂，谐音"它能成吗"则反映了人们对其能否成功普遍持怀疑态度，从侧面反映了当时人们将福特制应用于飞机制造所面临的巨大挑战。——译者注

国的战时航运需求是由近 3 000 艘自由轮满足的。这些排水量达 1.4 万吨的巨轮，虽然速度缓慢，但却极为可靠。建筑业巨头亨利·凯泽（Henry Kaiser）在加利福尼亚州里士满有家造船厂，工人们并没有在专用船台从龙骨开始建造这些船只，相反，他们是在巨大的装配车间里预制船体的各个分段，然后将它们焊接在一起，拼出一艘完整的大船。焊接工作大多是由女性完成，过程本身即是对需要高级技能和密集劳动的铆接工作的根本背离。利用传统的造船方法，第一艘自由轮的建造花费了 350 天的时间。但到 1943 年，使用凯泽大规模生产技术的工人们通常在 41 天内就可以为船体喷漆了。

德国的经验则凸显了将预制装配技术应用于造船业的困难。在 1943 年退出大西洋战争后，德国指挥官们就一直在寻找一种神奇的武器，使他们能够重新启动潜艇战。最终他们造出了 21 式 U 型艇，这是一种能在水下长时间作战的革命性设计。根据报纸上有关自由轮生产描述的报道，施佩尔也学着使用预制组件建造 21 式，组件分散在德国各地制造，然后通过火车运输到造船厂做最后组装。除了可以加快建设，分散制造也可以尽量减少盟军轰炸所造成的破坏。然而，在实践中该计划却以失败告终，付出了高昂的代价。在 1944 年交付的 80 艘 21 式潜艇中，没有一艘能够完全适航，只有 2 艘勉强参加了战斗巡逻。其中一些问题是将创新型设计匆忙投入生产造成的，但主要原因是组件的制造精度不高，导致一些部件难以适配，关键的压力舱达不到应有的强度。

21 式的失败突出表明，虽然批量生产技术为高产开辟了道路，但它们并不是捷径。流水线的建立和组织相当耗时，"筹备"期需要生产数千个特定工件、夹具和专用机床。筹备工作对批量生产的成功至关重要，许多美国工厂在参战前就开始为战时生产准备工具，以消化英国和法国的订单。筹备的高成本和复杂性意味着，一旦模具投入生产，就不会再做大的修改。以 B-24 轰炸机和 M4"谢尔曼"坦克为例，虽然后来它们被敌人的型号反超，且美国也设计出了更好的迭代产品，但工厂仍然开足马力全面生产老型号。这两个例子反映出华盛顿的信心：即德国的抵抗可以被数量优势压倒。不过，坦克和飞机乘组在操作过时的装备时，常常会得出截然不同的结论。①

大规模武器生产的扩张影响到工业的基本结构。在苏联，它促成了规模巨大的垂直一体化复合体的发展，而在美国则是生产的分散化，如柳条工厂是组装地，在其他地方制造的部件和子组件在这里被组装在一起。美国和日本、德国、英国一样，资本越来越集中在主导整个工业部门的巨型企业手中，装配厂成为密集的与多层的供应商和分包商网络的中心节点。许多分包商都是小型家族企业，他们以特殊技能和专业知识，帮助塑造了洛杉矶大都市圈、大阪—神户区与英国中部地区的独特性。在德国，许多分包商在战后发展成为该国经济中充满活力的中小型企业。

分包也需要以蓝图和特殊工具为载体传播知识与认知，并要求高标准的精度和质量控制，正如 21 式的惨败所表明的那样，如果承包商制造的子组件不能正确地组装在一起，就没有任何价值。在美国，对高精度的追求促进了机床产业的发展，复杂的金属切削过程由打卡机而不是人工来控制，这些进步为战后计算机数控加工的发展奠定了基础。时间和精度同样重要。组件和子组件必须按时交付，否则装配厂就会停工，因此严格的交货时间表被写入合同。同样，这些战时做法为"即时"（just-in-time）库存管理和全球化供应链做好了准备，这对战后资本主义的长期扩张至关重要。

---

① 整体上，过时的装备能以数量取胜；但就个体而言，当它们在战场上面对装备更为精良的敌人时，显然将面临更大的伤亡率。——译者注

第六章 战时经济

在美国，农业生产力的巨大飞跃与战时工业的进步同步进行。在交战国中，美国是唯一能够同时生产坦克和拖拉机的国家，而且农业机械（包括联合收割机、玉米和棉花采摘机等）的使用率在战时翻了一番。与此同时，化肥、除草剂和杀虫剂的投入也大幅增加。10家合成氮工厂的建立使美国生产炸药的同时亦能生产无机肥料。盟军对海洋的控制还允许美国杀虫剂生产商使用进口的除虫菊素，它们是从英属肯尼亚种植的雏菊中提取的。大规模食品加工业的进步跟上了这些资本密集型种植业的发展，战争期间，用于罐装、冷冻或脱水的蔬菜种植量几乎翻了一番。如此丰富的食物，加上可口可乐公司在世界各地新建立的64个灌装厂的出货，意味着美军是世界上伙食最好的军队。美军士兵每天可摄入近5 000卡路里的能量，而他们的日本对手却只能以大米为生，在极少数情况下，他们能得到全额配给，但热量也不及美军士兵的一半。

英美海军确保了通往英国殖民地和南美市场的贸易路线，使盟国制造商能够获得大量原材料。这些原材料的分配由在华盛顿的美英原材料联合委员会（Anglo-American Combined Raw Materials Board）决定。尽管出现了暂时的瓶颈，但全球供应链确保了盟国的战时生产没有受到原材料长期短缺的制约，而这正是轴心国所经历的。与此同时，美国企业利用其英国、德国和日本竞争对手的困难，强化了美国在拉丁美洲的经济霸权。在这里，美国公司控制了智利的铜、玻利维亚的锡和其他许多商品的市场。美国政府资助的橡胶储备公司推进了巴西的橡胶生产，很好地弥补了英属马来亚橡胶产量的损失。美国官员与费尔斯通公司合作，在利比里亚开发橡胶种植园。在这里，租借资金被用来拓展港口和其他重要的基础设施，使出口扩大了六倍。有些供应链尤其复杂，例如英国飞机制造厂使用的铝有60%以上需要进口，它们由位于加拿大的美国铝业子公司阿尔坎

（Alcan）冶炼，使用的原料则是从英国殖民地圭亚那和黄金海岸（加纳）开采的铝土。

战时英国严重依赖进口食品和原材料，它们取自美国主导下的资源及英帝国内部生产的物资。相比之下，虽然德国和日本都主导了广阔的自给自足空间，但这些帝国征服地的潜在经济优势却从未得到充分发挥。盟国海军阻挡了原材料在轴心国间的流动。唯一值得书写的例外是德国在1940年同意向意大利输送煤炭，利用的是穿越阿尔卑斯山的铁路。尽管国内供应短缺，但该承诺一直履行到1943年。1943年1月，柏林和东京签署了一项经济合作协议，允许德国优先与"共荣圈"进行贸易。德国谈判代表希望用包括雷达和喷气式发动机在内的技术创新来换取锡、橡胶和钨等关键原材料。为了避开盟国海军，轴心国使用了货运潜艇，但在1944年离开东南亚前往欧洲的12艘潜艇中，有9艘被击沉或被迫放弃任务。从1944年到1945年，只有2 606吨关键原材料运抵法国；相比之下，盟国一艘自由轮可装载近1.1万吨货物。

劳工动员

在奋力扩充军队规模的同时，各国政府也在努力增加生产，从而引发了关于人力资源分配的冲突。在主要参战国，军事征兵和与战争有关的生产迅速结束了大萧条时代的失业状态。国家只有动员之前不工作的人，才能获得更多的人力资源。战时劳工有数种来源：首先，在每个参战国，女性接手了传统上由男性从事的工业岗位；她们中有许多人是第一次走出家门参加工作。在美国，由于非洲裔美国人的加入，人数就更多。他们之前因为种族隔离而被高收入的工作拒之门外；其次，帝国主义国家如英国和日本动员了殖民帝国的工人，减轻战时生产重担的同时，使都市区更多的人能够应征入伍；第三，所有国家都存在强制劳动，他们包括政治犯、战俘，以及——特别是德国与日本——军事征服下掳来的劳工。他们的工作条件是半奴隶制的。

交战国政府都采取了措施组织动员和分配劳动力，但方法大相径庭。自第一个五年计划以来，苏联的规划者就将劳动力视为一种经济要素，可以与其他原材料以基本相同的方式进行分配。1932年颁布的《劳动纪律法》强化了这一做法，该法规定未经官方批准不得随意更换工作，并对旷工规定了严厉的处罚措施。1940年，即在德国入侵的前一年，劳动法律得到进一步加强，320万苏联工人因与工作有关的罪行受到国家的处罚，其中63.3万人被判入狱。战争期间，新成立的全国劳工分配委员会对劳动力的控制更为严格，旷工等同于逃兵。与此同时，许多工人仍然为自己的革命成就感到自豪，他们往往热情地响应战时生产要求。至少有80万女性自愿加入红军，承担多种工作，如战斗机飞行员、坦克车手、狙击手、战斗工程师和前线医务人员，这反映了她们的爱国主义热情和追求女性平等愿景的信念。苏联女性在工业劳动力中的比例从1940年的40%猛增到1944年的60%，大约是德国、英国或美国的两倍。

如果中央计划的苏联是站在劳工动员谱系的一端，那么资本主义的美国就处于另一端。《1940年选征兵役法》（1940 Selective Service Act）规定4 300万人有资格参加征兵，但华盛顿并不想控制劳工，而是交给了市场机制，利用有竞争力的工资和无限制加班[①]的承诺，大量男女工人涌入那

[①] 为了提高战时产量，有些工厂主鼓励工人加班，工人想加班时随时可加。当时加班费较为可观，一般为正常时薪的1.5倍，因而此举可大幅提高工人的收入，"无限制加班"在当时实为一项隐形福利。不过美国工人也做不到无限制加班，毕竟一天只有24小时。需要注意的是，相对于工人，工厂主从加班中获利更多。——译者注

些关键的兵工厂。对许多美国工人来说，这场战争带来了经济繁荣，实际收入平均增长了27%——尽管企业利润在同期翻了一番。许多公司通过提供托儿设施和廉价的24小时食堂吸引女性员工的加入，政府的宣传活动也展示了坚强和自信的女工形象，包括铆工罗茜（Rosie the Riveter）的经典形象，这都促使女性加入到战争工作中来。战时有200万美国女性从事工业生产，占劳动力总数的30%以上。

有超过70万非洲裔美国人离开南方农村，到北方和加州的工业城市从事战争相关工作。1941年6月，黑人工会领袖菲利普·伦道夫（A. Philip Randolph）领导的联盟威胁要在华盛顿举行大规模民权游行时，罗斯福总统发布第8802号行政命令，禁止与战争相关的公司实行种族歧视。作为交换，伦道夫取消了游行。尽管政府做了有限的改革，但非洲裔美国人在工业化的北方仍然持续遭受着歧视和种族主义暴力。美国军队仍然实行种族隔离，在大多数战争中，黑人士兵仅能执行建筑和运输任务。直到1944年，由于人手短缺，指挥官才不得不在战斗中大量使用黑人士兵。尽管种族和性别歧视仍然存在，但战争工作还是为非洲裔美国人和女性提供了获得高薪和经济独立的新机会。深刻的种族分化并没有随战争的结束而停止，当1945年男性回归工作岗位时，许多女性被迫离开高薪工业岗位。然而，战时的工作经历为战后女性与非洲裔美国人社会地位的诸多变化奠定了基础，这些变化是民权运动与女性平权运动的结果。

超过35万名女性在美军辅助部门中服役，尽管成立了一个秘密单位来测试在防空炮台中雇佣女性的可能性，但实际上没有一名女性参加前线的战斗。英美两国都雇佣了女飞行员将飞机从工厂飞到前线部队，150多名女飞行员加入英国空运辅助队（British Air Transport Auxiliary）1 100名飞行员的行列，1 074名美国女性加入女子航空勤务飞行队（Women Airforce

Service Pilots）。在英国空运辅助队，女飞行员的工资与男性相同，但美国女飞行员的工资只有男飞行员的 65%。在这两个国家，女飞行员都面临着根深蒂固的性别偏见，尽管她们完全胜任工作，但却不被允许跨洋飞行。1944 年，国会否决了一项将女子飞行大队军事化的提议——该提议要求委任女飞行员为军官。随着男飞行员数量的增加，该计划于 1944 年 12 月被终止。

美国工会领导人承诺在战争期间避免劳资纠纷，他们以"不罢工"的保证说服政府和企业与大众工会的领导人保持合作，这些工会大多是在 20 世纪 30 年代的劳工斗争中成立的。劳工领袖被纳入战时生产局和其他规划机构，作为回报，他们利用手中的权力推动达成不罢工协议，以确保在不停工的情况下解决车间冲突。只有联合矿工工会（United Mineworkers）逆势而上，1943 年，50 万矿工罢工成功，争取到了大幅加薪。当罗斯福威胁要用军队来镇压罢工时，矿工们毫不示弱地反驳："你不能用刺刀挖煤。"[2] 1944 年，矿工的例子得到了许多工人的效仿。作为回应，国会通过了一系列限制工会活动的法律，这些限制集中体现在 1947 年的《塔夫脱—哈特莱法案》中。从这个角度看，战争对美国的有组织劳工来说是一个矛盾的经历：尽管工会成员增加了一倍，达到 1 200 万，工会和激进主义行动（在战后的罢工大浪潮中继续披荆斩棘）赢得了工资的大幅增长，但工会领导人却被吸收到政府高层，为引入限制工会活动的新法律铺平了道路。

在英国、德国和日本，政府通过让所有男性工人履行兵役义务或从事特定民事工作来控制劳动力的分配。在英国，4.8 万名到了征兵年龄的"贝文男孩"（Bevin Boys）被分配到煤矿而不是军队。与美国相比，英国工会更为强大，直接参与到战争的管理工作中，运输与勤杂工工会主席兼英国职工大会主席欧内斯特·贝文（Ernest Bevin）领导新设立的劳工和国民事务部。工会领导人参与战时劳工动员，有助于让人们接受那些可能会引起反对的措施，如通过引入"半熟练"女工来稀释需要专门技术的工作。和美国一样，劳工工会人数在战争期间大幅增长（从450万增加到750万），官方禁止罢工并没有阻止工人为了提高工资、改善工作条件（有时女性是为了同工同酬）而举行的多次停工。1944年发生了2 000多次罢工，促使政府强制实施《防御条例1AA》（Defence Regulation 1AA），规定发起罢工为非法活动。工会领导人支持这一举措，与政府保持了密切的合作。

在轴心国，独立工会要么被强行取缔（意大利在1926年，德国在1933年），或者在政府的压力下"自愿"解散（日本在1940年）。取而代之的是与政党和国家机构有关的群众组织——在意大利是由国家控制的辛迪加，德国是工人阵线，日本则是产业报国会（Sanpo）。这些组织体现了政府、老板和工人之间为了国家利益的社团主义合作理念。在实践中，工人阵线压低了工资并使工厂工作军事化，通过鼓励员工参加欢乐带来力量组织（Strength Through Joy organization）所举办的大众旅游与其他休闲活动来软化这些任务的强制性。然而，尽管工会被解散，德国工人还是以怠工、罢工和在旷工、拒绝加班中表达不合作态度，抗议政府支持的减薪、增加工时、强制安排工作等行为。在意大利和日本，政府支持的劳工组织比德国工人阵线更弱小，缺乏后者的意识形态权威和强制性权力，在这两个国家，工人阶级持续找到新的途径来抵制战时要求。1939年，都灵菲亚特米拉菲奥里（Mirafiori）工厂的工人们以沉默和双臂交叉的方式迎接墨索里尼。1943年春天，意大利北部的罢工浪潮标志着法西斯独裁政权的消亡。同样，在日本，产业报国会也要与当地的罢工和高旷工率作斗争。

英国、德国和日本都在生产战线广泛使用女工。女性转入战争工作的情况在英国更为明显。在英国，劳工中的女性比例从1939年的25%上升到1944年的32%。而德国女性早就达到了三分之一。在日本，单身女性长期以来都是纺织业的主力。1937年后，政府将许多纺织女工调往机械加工和其他与战争相关的工作岗位。到1945年，日本女性占到平民劳动力的近42%，其中有12万人在地下煤矿工作。在德国，600万女性在德国小农场工作，她们构成德国农业的支柱。由于男子被征召入伍，她们同外国强制劳工一起构成了农业劳动的绝对主力。同样地，到1944年，800万女性成为日本农业中的主要劳动力，劳作于该国随处可见的小农场上。虽然英国农业机械化程度更高，但仍有8万多名女性被征召到女子农地军（Women's Land Army），从事挖掘土豆等劳动密集型工作，她们经常与德意战俘一起工作。

德日两国存在的大量女工表明，政府虽坚持认为女性的角色应局限于家庭、子女和房子，但其目的并不是将女性赶出工作场所。相反，政府是在许多女性已经在家庭之外扮演重要角色的情况下，仍试图维护传统的性别角色。由于劳动力奇缺，1944年，日本开始征召女性组成"女子挺身队"（Women's Volunteer Corps）来加强战争工作。到1945年，已有超过47.2万名女性被征召。所谓挺身，不过是虚伪的修饰语。她们许多人被分配到兵工厂从事危险工作。英国和德国也征召女性加入防空部队。到1943年，有5.6万名女性被分配到英国防空司令部，而超过45万名女性在德国军队中服役，许多是在防空部队中。在这两个国家，女性被安排操作探照灯和计算射程，有关女性角色的保守信条禁止她们直接开火。

所有交战国都广泛存在强迫劳动。超过37.8万德国战俘被运到美国，被关押在 700 个战俘营，许多坐落于南部和中西部农村地区。随着战时劳动力短缺的加剧，德国战俘被以极低的工资出租给当地农民。根据 1942 年《墨西哥农场劳工协议》，美国农民还从每年征召的墨西哥合同工中获益，他们的人数在 1944 年达到战时高峰，有 6.2 万人。在所谓的布拉塞洛计划（bracero program）①下，墨西哥移民工人被承诺拥有高工资和体面的生活条件，但他们到美国后却发现实际情况完全不是这么回事，如工资协议经常被违反，工人们往往生活在条件恶劣的偏僻工作营中。一些人痛苦地观察到，当他们遭受偏见与歧视时，美国白人对待德国战俘"如同（他们）自己的孩子一般"。[3] 为抗议恶劣的工作条件，墨西哥劳工参加了数不清的罢工。有一个颇为成功的例子，华盛顿州代顿罐头厂的移民劳工与被拘禁的日裔美国人联合起来，挫败了当地出于种族动机限制其行动自由的做法。

德国和日本甚至更广泛地使用战俘，他们的生存与工作环境恶劣到骇人听闻。有些人，比如数以万计的法国战俘被押到德国挖煤，或到其他工厂工作。但另外一些人就只能在田里干重体力活，他们主要是波兰人和苏联人。在意大利调转枪口后，它在德国的 3.2 万子民也承受了类似的命运。对战俘的经济压榨强化了德国在其东方新殖民地征掳强迫劳工的行动，德国劳工调遣全权总代表弗里茨·绍克尔将 800 多万外国工人运到德国，他们最终占到了该国劳动力总数的三分之一。到 1945 年，德国女性与外国强迫劳工承担了工农业的大部分工作。由于日本劳动力的短缺，几十万朝鲜工人被引入该国从事挖煤、建筑和军工生产等工作。数以万计的人逃离工作地点，通过与黑市劳务中介接触，苟延残喘于城市的边缘角

---

① 此处布拉塞洛为音译，其意为墨西哥劳工。——译者注

落。在朝鲜，另有400万人被动员从事战争工作，20万朝鲜女性被强迫征为性奴隶，充当日本士兵的所谓"慰安妇"（comfort women）。

在中国、印度以及整个太平洋地区，盟国动员了数十万名工人和农民，从事大规模的军事建设项目。微薄的工资、严厉的纪律和种族主义的辱骂，这样的条件简直与德日强制劳工别无二致。英国殖民当局在其非洲殖民地加强了对强制劳工的使用，他们成群结队地扑在基础设施项目上，包括为跨非塔科拉迪航线建设基地，以及在私营茶叶、棉花、橡胶和剑麻种植园劳作。超过10万名强制劳工在尼日利亚乔斯高原的锡矿里辛苦劳作。这些战时动员产生了重要的社会后果。在非洲，为满足战时需求，巴瑟斯特（冈比亚）、马萨瓦（厄立特里亚）和弗里敦（塞拉利昂）等港口城市扩大了规模，吸引了成千上万的农民在码头和船舶维修点工作。在法属北非，1942年盟军的登陆带来了类似的发展，贫穷的农民涌入卡萨布兰卡和其他港口城市，在码头上工作，建设军事基地，或在美国经营的新装配厂工作。随着城市化的发展，大量棚户区如雨后春笋般出现了，新晋工人阶级有了安身之处，为其后深远的社会和政治变革奠定了基础。

苏联也广泛使用强制劳工，其中大部分来自其手上的300万德国战俘。和德国的红军战俘一样，德国战俘也面临着极其恶劣的条件，特别是在军事局势转向对莫斯科有利之前。约40万到100万德国战俘死于囚禁，其中一些直到1955年还留在苏联。苏联当局还将关押在古拉格监狱系统中的政治犯充作劳动力。这些强制工人具有高度的流动性，经常用于重体力劳动，如在西伯利亚建造新的工厂。具有讽刺意味的是，尽管条件恶劣，许多托洛茨基主义者仍心甘情愿地工作，支撑他们的信念是：必须保卫苏联，打败德国的入侵。

技术之战

战争往往会加快技术的发展，因为各国都在寻求将新的科学发现武器化。第二次世界大战期间，喷气式飞机、中程弹道导弹和核弹等全新武器相继问世并投入使用。原有的粗糙系统经过简化和小型化后得到广泛使用。例如，雷达已是英国防空系统的关键一环，但海岸警戒雷达网（Chain Home network）却是以大型固定装置为基础的。战争期间，小型化雷达被安装在飞机上，甚至以近炸引信的形式安装在炮弹上。其他已有技术，包括战地火箭和水下探测系统，也得到了快速发展。

这些发展背后的许多科学原理在战前就广为人知。20 世纪 30 年代，8 个即将成为交战方的国家（英国、法国、德国、意大利、日本、荷兰、美国和苏联）开发了某种形式的雷达，而英国和德国的设计团队也在开发喷气式发动机。德国物理学家了解到核裂变的基本原理，并撰文发表在广为流传的科学期刊上。1939 年，战争已经迫在眉睫，敌对双方的科学家都看到了制造核弹的可能性。然而，可用武器系统开发的关键，不是科学发现问世时的高光瞬间，而是将科学洞察力转化为可制造产品的能力。

这一成功需要两大前提。

其一，20 世纪二三十年代，国家研发体系（R&D）的加速出现。这些体系将政府官员、科学家、军官和大企业代表整合进官方或半官方的组织之中，既可使用公共资助，也能利用私营企业的资源。这些体系网的确切面貌因国而异：在美国，商人和学界建立了紧密联系，而无须政府的直接介入；在英国，军方和科学界发挥了带头作用。

其二，是否有充足的制造能力来开发和生产先进的武器系统。理论上，除中国以外的参战国都有这种能力。但实际上，将制造能力转移到生产新式武器这一有风险的任务上，意味着剥夺现有成熟产品的生产机会。当必须优先生产常规武器时，困难就出现了，英国、德国、日本和苏联这些拥有先进研发网络的国家，无一能够开发先进的武器系统。在不列颠空战最激烈的时候，伦敦将新武器系统的开发委托给美国，派出由化学家亨利·蒂泽德（Henry Tizard）率领的使团前往华盛顿。他们带去的是由英国科学家开发的创新技术计划，其中包括空腔磁控管的原型，这是一种对雷达微型化和（后来！）微波炉的发展至关重要的设备。

在主要参战国中，美国是唯一拥有军事技术发展所必需的研发网络和制造能力的国家。1940年6月，美国成立国防研究委员会（National Defenses Research Committee），加强了军方与学术界之间的联系。在著名工程师、麻省理工学院副校长范内瓦·布什（Vannevar Bush）的领导下，国防研究委员会负责推进蒂泽德使团带到美国的计划。1940年10月，国防研究委员会监督麻省理工学院在其位于剑桥的校园内建立辐射实验室，负责开发空腔磁控管，以生产用于目标定位和火炮瞄准系统的小型雷达装置。同样，约翰斯·霍普金斯大学的新应用物理实验室推进了英国在近炸引信方面的发现。1941年6月，国防研究委员会被并入新的科学研究和发展局（Office of Scientific Research and Development），这是一个通过行政命令创建的联邦机构，亦由范内瓦·布什领导。除了督促各种新式武器的开发，科学研究和发展局还资助了军事医学研究，特别是青霉素和抗生素磺胺，它们拯救了成千上万名受伤的盟军士兵。

这种由政府资助的大规模研发工作得到了美国强大的工业制造体系的支持。正是这种强有力的组合促成了新武器系统的开发和批量生产，因此到1945年，雷达已成为许多盟军军舰和飞机的标配。雷达和其他创新设备的生产也离不开美国电子工业的广泛参与。由克罗斯利、美国无线电公司和伊士曼等行业巨头领导的承包商和分包商网络生产了超过 2 200 万个近炸引信。新的组件，比如第一块印刷电路板，必须从头开始开发、测试，光速投入生产。随着产量的增加，单位成本急剧下降，单个近炸引信的成本从 1942 年的 732 美元降至 1945 年的区区 18 美元。

除了技术创新和生产能力之外，新的有效的武器系统的开发还与一些男女群体的主动性有关。这类人被历史学家保罗·肯尼迪（Paul Kennedy）称为"中间"群体。这些中层管理者，"创造者、组织者、军官、官僚和怪人"，在高层的军事参谋、大企业家及大规模工厂生产之间装上了关键的传动带。[4] P-51 野马战斗机的开发提供了一个范例。1942 年 4 月，英国试飞员罗尼·哈克（Ronnie Harker）应邀评估北美航空公司生产的一款问题重重的新型战斗机。哈克的报告承认 P-51 具备出色的操控性能，但动力极其不足，他建议用大功率的劳斯莱斯-梅林发动机替换飞机原有的艾利森发动机。劳斯莱斯的经理和机械师主动进行了改装。结果是令人震惊的：P-51 野马成为当时性能最好的战斗机之一，能够护送美国轰炸机深入德国领空。然而其全面生产仍需经过漫长的官僚斗争，以克服美国人对使用英国发动机生产飞机的抵触情绪。由于这些延迟因素，P-51 直到 1943 年底才大量装备，但如果没有哈克及其劳斯莱斯同事们的主动性与积极投入，P-51 很可能又被当作一个失败的设计而销声匿迹。

德国领导人认识到，他们缺乏大规模开发新武器技术所需的制造能力，但这挡不住他们对 V2 弹道导弹这样的"神奇武器"心存幻想，认为它具有打赢战争的潜力。柏林试图通过使用奴隶劳工克服其经济缺陷。在德国中部诺德豪森附近，战俘和集中营囚犯修建了巨大的米特堡地下装配厂，并负责维持它的运转。阿尔伯特·施佩尔的军备部与党卫军合作经营该工厂，后者从附近的米特堡-多拉集中营拉来奴隶劳工。德国利用这种残酷的方式生产了5 200枚V2火箭，从而可以对伦敦和其他城市发动远程导弹攻击。尽管如此，有限的数量，靠不住的技术，以及计划的缺失意味着V2对战争进程没有产生多少影响。事实上，V2弹头所携带的炸药只有一架兰开斯特轰炸机投弹量的1/4，由此可判断出这场行动基本上是徒劳的。

V2火箭表明，技术进步和军事效力之间并无必然的联系，喷气式战斗机也是如此。英国人发现老式活塞发动机足以取得胜利后，就减少了喷气式发动机的生产，德国则相反，他们大力推进喷气式飞机的研制。喷气动力的梅塞施米特战斗机（Me-262）于1944年服役，在战争的最后几个月里，新战机对盟军轰炸机编队发动了有效的攻击。但Me-262并不像人们传说中的那样是现代科技奇迹。喷气式发动机的优点之一是生产成本低，使用廉价的钣金部件，无须复杂的机械加工。在流水线上制造一台久茂004（Jumo-004）喷气式发动机只需要700个工时，而一台高性能的活塞发动机则需要3 000多工时。更重要的是，不熟练和不情愿的奴隶劳工也可以完成喷气式发动机的大部分工作。但有一点不得不忍受：喷气式发动机不可靠，生命周期短，而且容易发生灾难性的事故。对德国而言，它们的优势并非其卓越的性能，而是在战争最后几个月的难熬日子里，德国仍然可以大量生产它们。

核武器的开发也许最能展现工业能力和技术进步之间的关系。在欧洲战争开始时，核裂变的潜在军事意义已经广为人知。英国、德国、日本和苏联同时推进该研究项目，但全都面临着严重的问题，如为寻找铀矿，日本在其新的"共荣圈"内掘地三尺而未果。这些国家很快就发现，在战时吃紧的经济压力下，根本不存在实现该计划所需的工业资源。1942年，德国领导人决定不再推进大型核武器计划。而英国亦认识到，即使在加拿大的帮助之下，他们也缺乏制造核弹的工业能力。1943年，伦敦将英国和加拿大的核项目（代号为"合金管工程"）打包纳入了美国新发起的同类项目，希望用专业科学知识换取可用的原子武器。

1941年10月，美国总统罗斯福与科学研究和发展局共同发起核武器计划，第二年夏天，在陆军工程兵部队莱斯利·格罗夫斯（Leslie Groves）将军的领导下，曼哈顿工程（Manhattan Project）初具雏形。曼哈顿工程将科学研究与美国企业的工业生产能力结合起来，前者因德占欧洲流亡者（其中许多是犹太人）的到来而加强。曼哈顿工程在研制可用原子弹的道路上双管齐下，凸显了这一结合的优势。"铀选项"要求生产的浓缩铀235，在田纳西州东部大农村克林顿工程师工厂（Clinton Engineer Works）内成功提取，这座新建的工厂杂乱无章，绵延无际。到1945年，该工厂雇佣了8.2万工人，他们被安置在全新的、专门建造的、实施种族隔离的橡树岭镇（Oak Ridge）。"钚计划"也需要新的大型生产厂。杜邦公司在华盛顿州的哈纳福德（Hanaford）建造了三个核反应堆，这同样是一个巨型建设项目，超过5万名建筑工人围绕着里奇兰小镇安营扎寨。这两个项目使用的大部分铀矿来自比属刚果，通过与上加丹加省联盟和比利时流亡政府谈判，美国政府得以购买新科洛布韦矿的全部产品。美国军事工程师帮助提升产量，升级了利奥波德维尔（金沙萨）和伊丽莎白维尔（卢本巴希）的机场设施。到1943年，每月有400吨氧化铀通过全球供应链运往美国，这将橡树岭和哈纳福德正在开发的崭新技术与刚果殖民地对强制劳工的压榨联系在了一起。

1945年7月16日，在洛斯阿拉莫斯（Los Alamos）进行了第一次钚弹试验，8月6日，一颗未经测试的铀弹被投到日本广岛。三天后，另一颗钚弹被投到长崎。可用核武器供应的确切时间，与太平洋战场复杂的军事与外交形势交汇在一起纯属巧合。如果核弹的开发再多上几个月，或者日本领导人早一两个星期接受不可避免的失败，情况就会完全不同。事实上，事件的演变造成了一种似是而非的假象，即核弹是一种决定性的制胜武器。但它不是。相反，核弹不过是把一个已被击败的敌人炸到投降而已。尽管如此，原子弹的意义在于强调了技术创新、工业能力和政府主动性三者的特殊结合，而这正是美国战时经济飞速增长的核心所在。在这种情况下，核武器不是作为征服工具，而是作为新世界秩序的打手出现的。

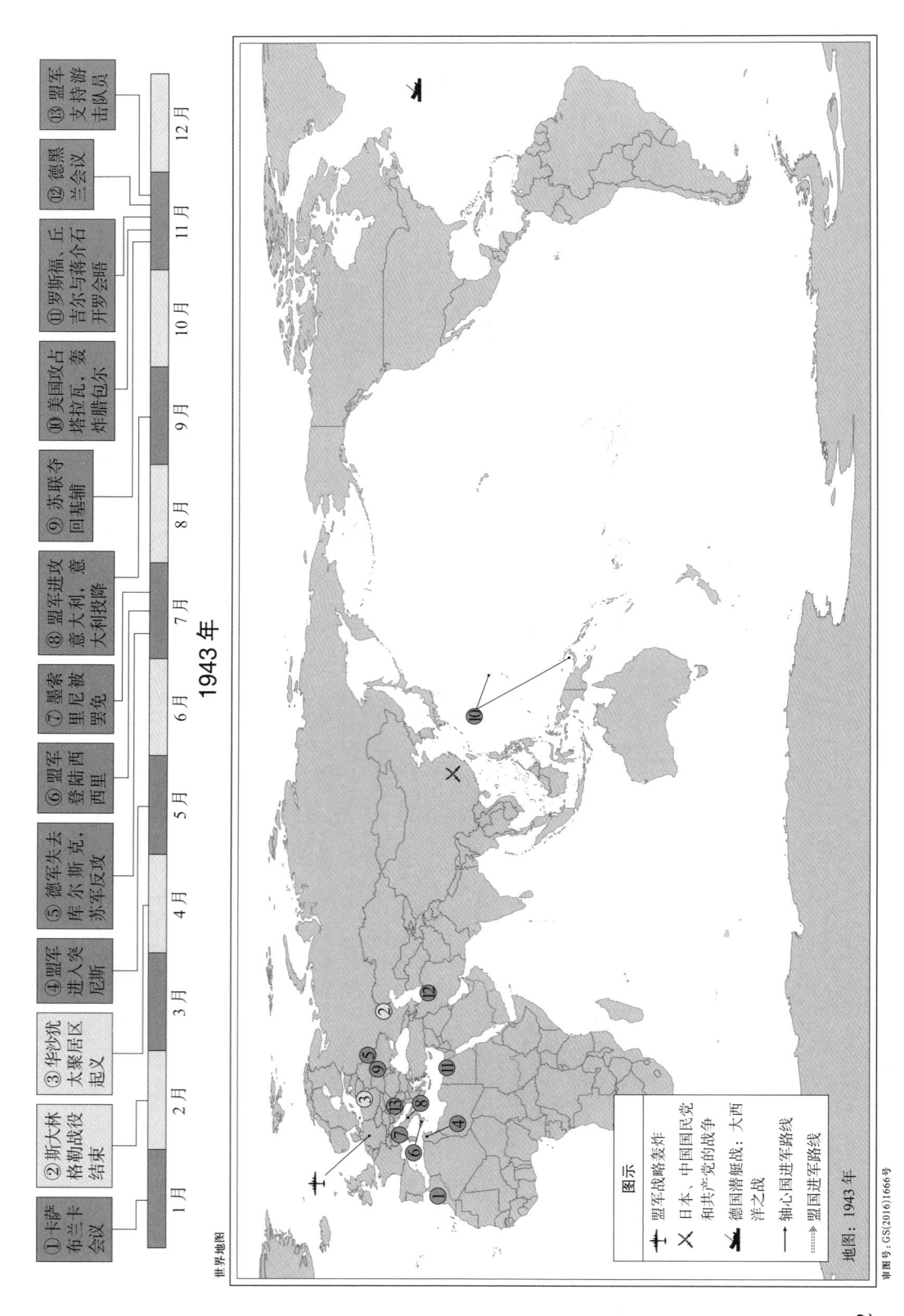

1943年

① 卡萨布兰卡会议
② 斯大林格勒战役结束
③ 华沙犹太居民区起义
④ 盟军进入突尼斯
⑤ 德军失去库尔斯克，苏军反攻
⑥ 盟军登陆西西里
⑦ 墨索里尼被罢免
⑧ 盟军进攻意大利，意大利投降
⑨ 苏联夺回基辅
⑩ 美国攻占塔拉瓦，轰炸腊包尔
⑪ 罗斯福、丘吉尔与蒋介石开罗会晤
⑫ 德黑兰会议
⑬ 盟军支持游击队员

图示：
✝ 盟军战略轰炸
✗ 日本、中国国民党和共产党的战争
✈ 德国潜艇战：大西洋之战
→ 轴心国进军路线
⇢ 盟军进军路线

地图：1943年

第七章
1943 年：全面战争与战后世界的新轮廓

1942 年，盟军夺取了太平洋和地中海地区的战略主动权，苏联红军也取得了对于德国国防军的优势；只有在中国，僵局仍未打破。不过，前述这种广泛的转换亦没有转化成盟军的压倒性攻势，它将在 1944 年到来。尽管如此，随着盟军开始取得胜利，一系列重大的地缘政治问题也开始浮出水面。随着德国的瓦解，红军将占领欧洲多少地盘？战后西欧将会成立怎样的政府？美国的军事和经济力量能转化为政治主导地位吗？这又将如何改变英国和美国之间的关系？华盛顿、伦敦和莫斯科的统治者们都想知道，如何才能避免标志着"一战"结束的那些革命浪潮的出现？

这些问题的答案将有助于定义战后欧洲秩序。1942 年初，盟国领导人讨论过一项计划：如果苏联面临崩溃的危险，则盟军会立即进军法国。但在接下来的春天，他们开始考虑相反的应急事件，并计划在德国崩溃时迅速发动跨海峡进攻。这些新计划背后的地缘政治假设是，英美军队必须迅速切入德国和中欧地区，以防它们落入苏联之手。正如罗斯福所说，他们的目的是"和苏联人一样尽快到达柏林"，军事参谋们甚至想知道一个战败的德国是否可以与英美军队合作，遏制苏联的进军。[1] 1943 年 8 月，在魁北克举行的盟国首脑会议批准了数个这样的应急计划，统称为兰金（Rankin）。正如兰金行动所展示的那样，战后秩序的政治现实已经开始显出轮廓。

盟军联合轰炸攻势

1943年初，盟国领导人仍主要专注于军事任务，以赢得战争的胜利，建立战后秩序尚不是当务之急。正如第五章所讨论的，1月份在卡萨布兰卡开会的英美领导人作出进军地中海的决定的同时，还同意使用新组建的重型轰炸机中队加强对德国的战略轰炸。联合轰炸包括两大方面：英国皇家空军轰炸机司令部对德国城市展开夜袭，而美国第八航空队则在白天对关键工厂发动精准轰炸，他们都是从英国的基地起飞。其结果是全面开创了一个空中战线，以德国人的生活和经济活动为目标，迫使柏林将大量资源投入防空，最终显著削弱了第三帝国实施作战的能力。

第一次世界大战后，像意大利将军朱利奥·杜黑（Giulio Douhet）这样的空军理论家认为，对敌方城市的轰炸将削弱公众的士气，从而在避免出现堑壕战旷日持久屠杀的情况下取得胜利。在英国和美国，空军元帅休·特伦查德（Hugh Trenchard）和威廉·比利·米切尔（William "Billy" Mitchell）将军接受了这样一种观点，即对空军的战略性使用是赢得战争的关键，特别是空军将借此在未来冲突中成为强大的独立军种。不过，轴心国和苏联对战略轰炸没这么大的兴趣，他们的空军主要实施战术打击，意在支持陆海军行动。因此，大多数轴心国轰炸机无法携带战略轰炸所需的重型炸弹载荷。德国轰炸机在1940—1941年闪击英国时造成的破坏相对适度，凸显了这一局限性。

欧战伊始，英国在对德轰炸时被捆住了手脚，他们不愿危及平民或破坏私人财产等。不过，在法国沦陷后，轰炸成为反击德国为数不多的方式之一，丘吉尔政府扩充了轰炸机司令部，目标是德国的经济基础设施。当日间轰炸遭遇重大伤亡时，轰炸机司令部转向夜间行动。结果可想而知：1941年8月，一份政府报告总结称，只有三分之一的炸弹是落在轰炸目标5英里范围之内。作为回应，丘吉尔的科学顾问、牛津大学学者弗雷德里克·林德曼（Frederick Lindemann）提议放弃攻击特定目标，转而对德国城市进行地毯式轰炸，目的是为德国工人"去住房化"——这是杀死他们的一种毫不掩饰的说法。

转向地毯式轰炸的决定，发生在四引擎重型轰炸机更多地投入战场以及空军元帅亚瑟·哈里斯（Arthur Harris）被任命为轰炸机司令部指挥官之际。哈里斯坚信无情轰炸并"摧毁城市"在赢得战争上的巨大潜力。1942年5月，轰炸机司令部发动了第一次千机大轰炸（1000-bomber raid），科隆市中心大部被毁，400多名平民死亡。在接下来的一年里，针对鲁尔工业城市的轰炸连绵不断，随后更是在1943年7月发动了蛾摩拉行动（Operation Gomorrah），对汉堡造成了致命打击。盟军连续数夜的轰炸引发了一场可怕的火焰风暴，3.8万平民死亡，90万人被迫逃离这座城市。这些令人震惊的伤亡事件动摇了民众的士气，纳粹低级官员在街上受到辱骂，一些人外出不再穿戴制服。德国领导人也被这些破坏所震惊，但他们很快就恢复了镇定。纳粹群众组织发起援助汉堡的活动，官员们带头开展了大规模的重建工作。政府在宣传中将"恐怖轰炸"归咎于犹太人，让德国人相信他们正在同犹太人领导的残酷敌人作战。与英国的情况一样，事实证明，平民的士气比战前理论家们预想的更加复杂，也更加坚韧。

1942年8月，美国第8航空队发动攻势，他们有一份详细的计划，即通过摧毁关键的工业基地来瓦解德国经济。美国战机轰炸了一些有特定用途的工厂，比如1943年8月和10月轰炸了施韦因富特的滚珠轴承厂。但结果不如预期，维修人员重建了受损的工厂，关键部件的生产则外包给了中立国瑞士和瑞典。德国战斗机重创了美军缺乏护航的轰炸机，施韦因富特上空 15% 的 B-17 轰炸机被击落。夜间，密集的防空炮台和由雷达引导的夜间战斗机野蛮攻击英国皇家空军轰炸机编队。在 1943 年至 1944 年那个冬季，英国有 1 047 架轰炸机被击落，机组人员损失超过 7 000 名，轰炸机司令部摧毁柏林的企图暂时被挫败。

这些损失令英国无法承受，战略轰炸行动变成了一场难熬的苦战。不过，即便德军暂时占了上风，轰炸也给纳粹空军带来了难以承受的压力。飞机被迫从东线撤出以加强德国本土的防御，纳粹空军的伤亡人数持续攀升。1944 年初，第 8 航空队开始部署 P-51 野马战斗机，为深入德国领空的轰炸机提供护航。2 月，驻扎在意大利的轰炸机也加入他们，在一周内对德国飞机制造厂进行了密集的轰炸。虽然来袭轰炸机仍然持续遭遇着重大伤亡，但纳粹空军仅在 1944 年 3 月就损失了近 18% 的战斗机飞行员，其中许多是被野马战斗机远程击落的。盟军的损失可以通过新生产的飞机和新训练的机组人员来补充，但德国却只能补充飞机，训练有素的飞行员愈发匮乏。新型喷气式战斗机给盟军轰炸机带来了新的问题，但到 1945 年初，它们在德国上空的作战越来越顺利。欧战的最后阶段是在盟军掌控了天空的情况下展开的，英美"24 小时全天候"轰炸导致了德国平民的普遍消沉和士气低下，最终，德国经济也崩溃了。

难以确定有多少德国人死于盟军轰炸，但最准确的估计是 35.3 万人，其中大部分是平民。一次又一次的空袭打散了德国人的日常生活，我们不可能完全了解轰炸对于德国人身体和心理的破坏程度。一些人的反应是努力正常生活，就好像什么也没有发生一样，他们在成堆的瓦砾和成群的苍蝇中擦拭窗户，在被炸毁的电影院中清理碎片，为一场永不上映的音乐会做准备。或者像我在谢菲尔德的祖母一样，在没有屋顶的房子里给壁炉架除尘。还有一些人——他们的数量随着时间的推移而不断增加——被炸到陷入极度麻木的状态。轰炸行动也使其实施者付出了沉重的代价。英国皇家空军的轰炸机机组人员（主要是英国人、加拿大人、澳大利亚人和新西兰人）的死亡率为44%。一些人在压力下崩溃了，表现出皇家空军所称的"缺乏道德意志"。更多的人则寄希望于一些神奇的想法，希望通过一些个人仪式来渡过难关，比如在飞机轮子上撒尿或携带护身符等，还有一些人在休息时间酗酒。

对"轰炸手"哈里斯来说，平民的死亡并非不幸的二次伤害，而是轰炸的预期目标之一。美军指挥官们更加谨慎，坚称他们的炸弹针对的是特定的工业目标。实际上，浓厚的云层、弥漫的硝烟和战斗的混乱使"精确"成为一种奢望，它们常常使美军的轰炸结果与英国无异。撇开道德影响不谈，尽管它花费的时间和消耗的资源远远超出了倡导者的预计，但盟军的战略轰炸无疑是有效的，其累积效应最终导致德国经济失调，这一点在1945年初以后更为明显。此时燃料工业和运输等基础设施成为轰炸目标，而之前因空袭产生的大量难民又急需住房和食物。值得注意的是，虽然80%的德国工业设备在轰炸中免于被毁，但操作机器的工人和他们居住的房屋就没这么幸运了。这场战役还产生了一个意想不到的后果，迫使德国集结战斗机和高射炮用于国内防御，从而缓解了苏联和地中海盟军的压力，同时将德国空军禁锢在防御德国领空这一注定失败的战役中。

德国东线的危机

德国本土空战日益激烈的同时，东线的局势也在恶化。1943年初，虽然曼施坦因将军的反击遏制了红军在斯大林格勒战役后的攻势，但在权衡夏季作战计划时，德军指挥官们就意识到他们再也无法发动大规模战略进攻了。曼施坦因提出了一项防御策略，旨在引诱红军在反击之前过度扩大战线。但这意味着放弃乌东地区经济上至关重要的顿巴斯地区，因此为希特勒所拒绝。德国军事参谋决定对库尔斯克周围暴露的苏军阵地发动大规模进攻，目的是破坏红军的进攻准备工作，从而实现大规模突破。柏林梦想着胜利可以俘虏成千上万的囚犯，用于强迫劳动，并向匈牙利、意大利和罗马尼亚这些盟友注入新的信心。还有证据表明，柏林方面希望，一场胜利将增加与莫斯科谈判达成和平协议的可能性。

德军指挥官推迟了代号为堡垒（Zitadelle）的库尔斯克进攻战，以等待更多新型虎式和豹式坦克的到来，他们将依赖这些强有力的战车实现突破。在精准情报的帮助下，红军利用这次拖延，修筑了极其坚固的防御阵地。苏联最高统帅部的计划是利用纵深防御粉碎德军进攻，然后利用集结在前线后方的部队发动大规模反攻。对于德国国防军来说，人力短缺反而有利于取得快速突破，17个装备精良的装甲和机械化步兵师投入了进攻，其中四分之一是党卫军精英，他们组成强大的党卫军第2装甲兵团。到1943年，纳粹党的这个武装派别，主要由意识形态坚定的纳粹忠诚分子组成，人员齐全，装备精良，实际上是一支与德国国防军并肩作战的精锐军队，是用于发动关键进攻的先锋军。

"堡垒"行动于7月5日开始，德军奋力前进，突破了苏军准备充分的防线。在北方，他们推进了约8英里；党卫军第2装甲兵团在南方取得了更大的进展，他们突破了两道防线，然后在一场激烈的坦克战中被红军的后备部队所遏制。随着地面进攻陷于僵局，盟军在西西里岛的登陆给德军的后备部队带来了新的难题。7月12日，"堡垒"行动被取消。尽管德军给苏联守军造成了重大伤亡，但这是一次代价高昂的失败。德国精锐装甲部队几乎损失殆尽，柏林再也无法夺取对苏联的战略主动权。红军展现了一种新的作战能力，他们耐心地耗尽德军的进攻势头，然后发动一连串反攻，使德国国防军应接不暇，最终取得了闪电战式的突破。

在库尔斯克战役后，苏联推进速度的加快得益于从美国大量运抵的租借物资。在接下来的几个月里，经过一系列相互关联的深入渗透和包围行动，红军重新夺回了哈尔科夫，迫使德军撤离顿巴斯，并在第聂伯河以西建立了桥头堡。苏军大胆的渡河行动阻止了德军在河上巩固防线，并于11月夺回了乌克兰首都基辅。1943年冬天到1944年，红军发动了一系列的大规模攻势，夺回了乌克兰南部和摩尔多瓦。红军的推进得到了组织严密的游击队的支持，这些游击队被纳入了苏联的作战计划。在德军后方作战的游击队成员中，包括在早期撤退时被截断的红军士兵、当地农民以及逃离大屠杀的犹太人。游击队员们收集到了至关重要的情报，并通过攻击卡车车队、破坏铁轨和伏击落单的小队，对德军补给线发动了无休止的攻击。

军事危机加快了纳粹彻底灭绝欧洲犹太人的行动。1943年2月，宣传部长约瑟夫·戈培尔（Joseph Goebbels）在柏林体育中心发表全国广播演讲，呼吁德国人民发动"全面战争"，以对抗犹太-布尔什维克的威胁。宣传部门将盟国的轰炸归罪于犹太人，进一步煽动了反犹主义。1943年初，德国当局推动清空了波兰总督府下辖的犹太区。成千上万的犹太人已在1942年夏秋之际被送往灭绝营，但1943年4月驱逐剩余犹太人的行动，引发了对纳粹最大规模的抵抗行动。犹太战斗组织和犹太军事联盟的战士们利用从德国人手中缴获的武器奋起反抗。犹太战士和他们的平民支持者占领了犹太区，抵抗了党卫军整整一个月的攻击。犹太区起义被镇压后，超过 1.3 万犹太人被杀，另有 5 万多人被送往特雷布林卡灭绝集中营，犹太区被夷为平地。

太平洋战略选择和东南亚民族解放战争

1943 年夏天，美国军事参谋重新调整了胜利计划（Victory Program）所需的美国陆军规模，从 1941 年设想的 215 个师骤降到 90 个师。越来越多的证据表明，苏联将承担对德作战的主要任务，美国"90 个师的赌博"（ninety division gamble）计划因此也有了合理性。由此，欧战的胜利将依赖于美国发放的租借物资，而不是美国大兵。丰富的物质资源也塑造了美国在太平洋地区的蓝图。相继取得中途岛和瓜达尔卡纳尔岛战役的胜利后，军事参谋们提出了两条宽泛的进攻路线。太平洋战区指挥官切斯特·尼米兹海军上将支持第一条路线，穿过中太平洋向菲律宾、中国台湾和大陆地区推进，沿途攻占日本的前哨岛屿。进攻由美国海军负责，以当时在美国造船厂即将完工的埃塞克斯级新型航空母舰和快速战列舰为依托。第二条得到麦克阿瑟将军的支持，他准备从澳大利亚发起陆海军联合行动，穿过所罗门群岛，沿着新几内亚海岸线北上，直捣菲律宾，途中占领日本的主要基地腊包尔。麦克阿瑟的西南太平洋进军行动将由陆军领导，并得到澳大利亚军队的支持。

由于资源充裕，1943 年 4 月，美国参谋长联席会议准许两条路线同时推进，以此解决了两大军种之间的争执。5 月在美国华盛顿举行的三叉戟会议和 8 月在加拿大魁北克举行的四分仪英美首脑会议批准了这两项齐头并进的行动，同时强调了英美联合参谋长会议在 1942 年作出的让华盛顿负责太平洋战争的决定。此外，联合参谋长会议希望，在英国的领导下，由缅甸重新打通进入中国的滇缅公路。这一任务由英国海军上将路易斯·蒙巴顿（Louis Mountbatten）勋爵领导的新成立的东南亚司令部（South East Asia Command）负责。这场拟议中的战役被华盛顿设想为它所实施的太平洋宏大战略的一个从属部分。丘吉尔发动了一场旷日持久但不成功的战役，意图夺取苏门答腊岛最北端。他希望以此为基地重建英帝国在马来亚、新加坡和荷属东印度群岛的统治。丘吉尔担心，华盛顿或要求享有对这些地方的"支配性话语权"，包括拿走"这些地区的物产特别是石油的全部利润"。[2]

1943年，美军两条战线先后启动。面对日军在所罗门群岛和新几内亚的激烈抵抗，麦克阿瑟进展缓慢，但步伐坚定。空军不仅支援了美国和澳大利亚陆军，他们也支援海军取得了一系列胜利。随着战斗的深入，麦克阿瑟撇开了澳大利亚军队。这表明，对美军指挥官来说，与澳大利亚的紧密联盟不过是一种不平等的短期行为。随着新战舰的服役，尼米兹的进攻稍后也开始了。11月，经过一场血战，美国海军陆战队拿下吉尔伯特群岛的塔拉瓦（Tarawa）。有关美军伤亡的照片在国内引起了恐慌，一些人认为这次进攻是一个可怕的错误，但在战略上，占领塔拉瓦打开了通往马绍尔群岛的大门。1944年初，美国占领了该群岛的夸贾林环礁（Kwajalein）和埃尼威托克环礁（Eniwetok）。美军指挥官很快意识到，他们可以利用海军的机动性和空中力量来压制日本海军在特鲁克（Truk）和腊包尔的主要基地，在不占领它们的情况下使其丧失作战能力。1943年11月，美国飞机轰炸了腊包尔，1944年2月，一支由9艘航母组成的特遣编队攻击了特鲁克，舰载机摧毁了40艘船和270架飞机，使日本失去了一个主要基地。

东京方面拼命应对美国人的攻势。东条英机断定日本有战败的危险，他考虑在中立的苏联的帮助下寻求和平。然而，日本政府早已军国主义化，它不可能公开讨论这些问题。相反，东条英机和他的高级将官们决定发动进攻。说起来容易做起来难。美国海空军力量的存在使得日本难以加强其前哨岛屿的防御，许多缺乏训练的飞行员还未到达战区，便在长途跨洋飞行中丧生。1943年4月，海军大将山本五十六死于美军的空中伏击。在死之前他就意识到，日本应保留一支舰队，以阻止美军占领马里亚纳群岛并在该地部署战略轰炸机。东京也担心美国部署在中国的战略轰炸机，不过，日军有资源反击这些在中国的飞机。1943年末，日本开始计划一号作战行动，定于1944年4月发动重大攻势，目的是将美国轰炸机赶出中国，并打通到印度支那的陆上交通线。这条新路线将使日本能够使用铁路将原材料从"共荣圈"运往国内，而不再经过美国潜艇日益猖獗的海路。

　　日本给予"共荣圈"更大的"政治独立性"，企图以此加强日本的外交地位。1943年8月1日，东京承认由巴莫领导建立的缅甸独立国，希望激发缅甸人对日本战争的支持。11月，东南亚各国政治领导人前往东京参加第一届"大东亚"会议。除了东条英机外，与会者还包括在牛津接受教育的泰国外交部部长旺·威泰耶康（Wan Waithayakon）、菲律宾总统何塞·劳雷尔、缅甸领导人巴莫、伪国民政府头子汪精卫，以及一名来自伪满的代表。极具魅力的自由印度（Azad Hind）领导人钱德拉·鲍斯作为观察员出席了会议。在过去的18个月里，鲍斯在东南亚的印度人社区为自由印度寻求支持，印度国民军（Indian National Army）现在包括从讲泰米尔语的橡胶工人中招募的新兵以及一个全女性独立团，他们之间的融合亦得到推动。这与英印军完全相反，他们谨慎地隔离了不同种族和宗教团体的士兵。1943年12月，东京给予鲍斯临时政府对孟加拉湾的安达曼-尼科巴群岛（Andaman and Nicobar Islands）的临时控制权，算是承认了自由印度日益壮大的力量。

尽管日本高调呼吁泛亚团结，但无论是"大东亚"会议，还是在缅甸、印度和菲律宾建立名义上的独立国家，这些行动除了为日本提供了有用的宣传材料之外，对日本的战争努力几乎没有任何帮助。此外，虽然巴莫和鲍斯承诺向日本投入其有限的军事力量，但在东南亚大部分地区，民众对日本的支持已经弱化。随着日本统治的掠夺性日益明显，东京发现自己在马来亚和印度支那面临着激进的民族主义运动。欧洲和美国殖民统治的瓦解改变了整个地区的政治，虽然商人和地主精英经常与日本新主子合作，但以农民为基础的游击运动往往倾向于共产主义和激进民族主义，把反对日本人与激进的土地改革计划结合起来。

1943年，新缅甸的国防部长、缅甸国民军领导人昂山开始与缅甸共产党领导人德钦梭（Thakin Soe）和其他反对日本统治的人士建立联系。次年，昂山与巴莫决裂，加入了反法西斯组织（后来的反法西斯人民自由联盟），该组织在1945年发动了反对日本占领军的大规模起义。与此同时，在马来亚，由共产党领导的马来亚人民抗日军展开了游击战，他们有8 000多人，使用的是英国特别行动执行处（SOE）提供的武器。曾在莫斯科受训的共产主义者胡志明领导越南独立联盟（越盟）在印度支那与法日占领者作战。1944年，自称拥有40万成员的越盟以其对日作战的胜利赢得了美国战略情报局的有限支持。

在菲律宾抵抗日本占领的过程中，共产党扮演了主要角色。菲律宾群岛上最大的岛屿、马尼拉所在的吕宋岛，以农民为基础组成了人民抗日军即虎克军（Hukbalahap），他们把对日本人的游击战与反地主武装行动结合起来。许多富有的菲律宾人与通敌的何塞·劳雷尔政府站在一起，与日本占领者合作，将阶级斗争与民族解放汇聚到一起。到1944年，虎克军野战游击队已坐拥约万名男女战士，他们瓦解了日本和菲律宾政府对吕宋岛中部大部分地区的控制。菲律宾也是许多非共产主义反抗活动的发源地，包括由陆军军官拉蒙·麦格塞塞（Ramon Magsaysay，后来的菲律宾总统）领导的亲美派（americanistas），该组织由菲律宾和美国两国士兵组成，他们在1942年官方投降后继续战斗。这些部队在驻澳大利亚美军的指挥下组织起来，助力美国在1944年10月对菲律宾的反攻。

随着战争加剧了日本对朝鲜半岛的经济压榨，它对朝鲜的占领也遭遇了日益激烈的反抗。"20万朝鲜女性被以'慰安妇'的名义强征为性奴隶，以及数千人作为强迫劳工被运往日本"等消息在朝鲜四处传播，进一步加深了朝鲜人民对日本占领的反抗。日军在朝鲜各地都遭到了游击队的袭击，其血腥镇压使许多朝鲜反抗者逃往中国东北开展活动，在那里他们与中国共产党联合起来。随着日本镇压行动的升级，包括朝鲜未来领导人金日成在内的一些游击队战士逃到了苏联，接受了当地的政治与军事训练。

英属印度的转型

1942年夏，日本在珊瑚海和中途岛战役中大败，对印度的军事威胁逐渐消退。英国统治者获得喘息之机，马上调转枪口镇压印度国大党，粉碎了流行一时的"退出印度"运动（Quit India campaign）。"退出印度"运动于1942年8月启动，国大党发起了大规模的街头示威活动，并演变成对警察局和英国统治下的其他地方机构的攻击。作为回应，英国官员将甘地和国大党其他领导人以及数以千计的普通国会议员监禁起来。在英国军队驱散街头抗议人群时，又有数百人被枪杀。以反对一切偏离反法西斯斗争的行为为名，规模小但颇有影响力的印度共产党支持伦敦的行动。此时直至战争结束，印度几乎没有再出现针对英国统治的公开抗议，但民族主义情绪并没有在精英和大众圈子中停止蔓延。同时，由律师穆罕默德·阿里·真纳（Muhammad Ali Jinnah）领导的全印穆斯林联盟，被英国作为平衡国大党的力量加以扶持。建立一个亲英的穆斯林巴基斯坦国，分裂次大陆，这种想法也开始受到重视。

印度商人，其中许多是国大党的支持者，利用英国的战争物资订单牟取暴利。随着印度资本家利用进口机床发展制造业，殖民地的工业基础不断扩大，纺织品、煤炭和钢铁产量都增长了。1935年，伦敦实施改革，允许印度出生的金融家在印度储备银行（Reserve Bank of India）[①]董事会中占据多数，1943年2月，剑桥大学毕业的经济学家钦塔曼·德什穆克（Chintaman Deshmukh）被任命为行长。1944年1月，在美国新政和苏联五年计划的启发下，一群印度商人发布了关于国家主导战后工业化的详细计划——"孟买计划"。这一国家经济发展的宏伟计划建立在英印经济关系深刻转变的基础之上。在这一史无前例的翻转中，英国对其印度殖民地的欠债越来越多，到1945年多达13亿英镑。在伦敦眼中，这是相当离谱的。这笔钱作为"英镑余额"实际上被冻结在印度政府在伦敦开设的账户中，关于这笔款项的解冻成为两国争论的焦点。尽管如此，这笔钱的存在还是证明了印度经济和印度企业的实力在不断增强。

在印度工业蓬勃发展的同时，次大陆大部分地区的粮食生产和分配却被战争打乱了。在东北部的孟加拉省（现分为孟加拉国和印度之一部），缅甸进口大米的缺失，通货膨胀和投机性囤积，三者共同制造了毁灭性

[①] 印度储备银行于1935年成立，总部设于孟买，承担着印度中央银行的职能。——译者注

的饥荒。英国政府的故意不作为又加剧了危机，他们驳回了殖民地官员向孟加拉输送粮食的请求。至少有 200 万人死于饥饿和与饥荒相关的疾病，他们与那些在战场上被打死或因轰炸而死亡的人一样，都是战争的受害者。另有 150 万农民卖掉土地来购买粮食，成为加尔各答和其他工业中心的无地工人。英国政府处理饥荒时的冷酷无情为印度本就激荡的民族主义怒火又加了一把柴。

在战争期间，英国将印度军队扩充了十倍，除了传统上的穆斯林和锡克教徒等"尚武种族"外，还招募印度教徒加入了这支 250 万人的大军。在这些志愿兵中，许多人与其说是出于亲英情绪，不如说是为了获得一份有保障的工作和技术培训。由于训练工作难以跟上征兵的步伐，印军缺乏作战经验。1943 年初，他们在缅甸沿海的阿拉干地区发起进攻，被日军轻松挫败。直到 1944 年，印度军队才准备好再次向缅甸发动大规模进攻，而此时，英国人已经开始大量委任印度军官。在训练这些新部队的同时，印度陆军老兵建制继续在中东、北非和意大利的英帝国军队中服役。海外服役使印度士兵接触到了新思想，获取了新经验，对许多印度士兵来说，它加强了日益增长的民族认同感；正如英印军司令克劳德·奥金莱克（Claude Auchinleck）在 1945 年沮丧地指出的，"如今，每个称职的印度军官都是民族主义者"。[3]

中国与开罗会议

战时中国有三个政权在竞夺权力，分别是蒋介石在重庆的国民党政府、毛泽东在延安的共产党政府，以及汪精卫在南京的伪国民政府，每个都有自己的现代民族国家愿景。在国际舞台上，蒋介石将国民政府领导下的中国塑造为对抗日本军国主义的自由民主国家。1943年初，蒋介石的妻子宋美龄在美国巡回访问，她在国会发表演说，要求增加军事援助，并在多个城市受到公众的热烈欢迎。然而，在民主表象的背后，秘密警察（军统）利用线人和执法者压制政治异见者，表明蒋介石政权正变得越来越独裁。

尽管蒋介石获得了美国政府的支持，但包括史迪威将军和克拉伦斯·高斯（Clarence Gauss）大使在内的一些长驻重庆的美国官员，对该政权的腐败、政治上的反自由主义和军事上的无能深感震惊。其他人，如陈纳德将军，仍然是蒋介石的热心支持者，主张在中国建立一支庞大的美国轰炸机部队。美国情报机构也各有立场，战略情报局加入蒋介石的批评者阵营，海军情报局长米尔顿·迈尔斯（Milton Miles）上将则在中美合作组织下与军统保持密切合作。1943年年底，蒋介石的美国批评者开始相信有必要与共产党建立联系，以抵消国民党的腐败和无能。经过数月的谈判，1944年7月，迪克西使团（Dixie Mission）启程前往延安。

在中国共产党统治的中心延安，迪克西使团的美国军官对其纪律、习惯和使命感印象深刻，这与重庆的涣散和腐败形成鲜明对比。与国民党不同，新兴的共产党政权通过在根据地推动有利于贫苦农民的土地改革，赢得了民众的普遍支持。中共的农业政策放弃了苏联式的集体化，转而支持平衡农民财产，削弱大地主和富农的优势地位，扩大中农群体，并将土地分给无地劳动者。与此同时，共产党还建立了自己的安全机构，清除可疑的政治对手。

华盛顿与蒋介石的紧张关系，英帝国军在缅甸发动反攻的困难，以及太平洋战区在美国作战计划中的中心地位，都导致了中缅印战区（China-Burma-India theater）缺乏战略推动力，以至于许多人开玩笑说，其首字母分明代表了"混乱到难以想象"（Confused Beyond Imagination）。美国人很乐意将其指定为英国领导的战区，并欣然同意蒙巴顿为新的东南亚司令部长官。但美国战略家们确实希望扩大对重庆的补给。鉴于驼峰航线的局限性，这就需要发动陆上攻势，重新打通滇缅公路。1943年11月，当英美领导人在开罗与蒋介石会晤时，这些相互冲突的压力达到了临界点。苏联领导人因担心破坏与东京订立的中立条约而没有出席。

蒋介石的开罗之行是美国努力提升中国外交地位的产物，也是蒋介石在政治上的成功之举。宣传照片显示，蒋介石和宋美龄与丘吉尔和罗斯福会晤时谈笑风生，但这无法消除人们的疑虑。美国提出，利用中国军队向缅甸北部发动一场攻势，蒋介石同意了，但他坚持让英军在缅甸海岸发动牵制性的登陆作战，代号为海盗行动。丘吉尔没有被说服，他的兴趣全在苏门答腊，但罗斯福私下向蒋介石保证，海盗行动将得到推进。蒋介石回国后兴高采烈，对他的首次高层外交之旅感到非常满意，但他的成就一闪而过。在接下来的德黑兰会议上，盟国领导人承诺在1944年夏天进军法国，他们很快就发现，根本没有足够的登陆艇同时在欧洲和印度洋发动大规模的两栖行动。海盗行动被取消，丘吉尔松了一口气。

这一决定迫使罗斯福违背了他对蒋介石的承诺，而蒋介石的回应是取消中国对缅甸的反攻。这其中存在着深刻的矛盾。罗斯福将中国推崇为负责战后世界秩序的"四大警察"之一，没有中国就很难在东南亚组织有效的行动，但与此同时，没有一个盟国将蒋介石视为平等的伙伴。美国的军事参谋继续努力在中国建立战略轰炸机基地，但他们的计划中没有一项涉及大量美国地面部队的投入。这些紧张关系与华盛顿的多种情绪交织在一起，他们担忧重庆政府的生存能力，强化了与共产党发展联系的愿望。开罗会议之后，蒋介石在美国人心目中的地位急转直下。

意大利的战争、民众起义和盟国政治

1943年5月，在华盛顿举行的第四次首脑峰会（三叉戟会议）上，盟国领导人同意，即将发起的西西里登陆战，将开启把意大利踢出战争的进程。然而，这一行动的规模将受到1944年5月法国登陆战筹备工作的制约。在此前的首脑峰会上，罗斯福与他的军事参谋长意见相左，主张扩大地中海作战行动，而在三叉戟会议上，美国人统一了立场，转而支持跨海峡作战。此时，在确保罗斯福想要的战后地中海主导权方面，美国进展顺利。罗斯福坚决抵制了丘吉尔发动东地中海作战行动的计划。经过若干激烈的非正式争吵后，华盛顿有能力实施其战略路径，标志着美英大联盟内部主导权的明显转换。从此以后，美国人说了算。

1943年2月，因具有促成英美合作的天资，艾森豪威尔将军被任命为地中海盟军最高司令官。在他的领导下，一个由英美军官组成的团队在位于阿尔及尔的盟军司令部策划了西西里登陆行动。1943年7月10日，登陆战开始，这是一场庞大而复杂的两栖作战，首次使用了能直接在海滩上卸载车辆的大型坦克登陆舰。英帝国第8军（蒙哥马利将军）和美国第7军（乔治·巴顿将军）在西西里岛南部登陆。当德国守军激烈抵抗时，意大利军队却迅速崩溃了。受北非多年战事所累，英军疲惫不堪，推进十分缓慢，而巴顿实施了一场令人震惊的装甲突破，占领了西西里首府巴勒莫（Palermo），最后挺进墨西拿（Messina）。然而，尽管盟军拥有压倒性的海空军力量，德军还是将大部分人员和重型装备撤到了意大利本土。

盟军在西西里岛的登陆产生了巨大的政治后果。大部分意大利精英断定他们已经输掉了这场战争，但他们也知道，只要墨索里尼继续掌权，就不可能通过谈判实现和平。法西斯大委员会（Fascist Grand Council）于7月24日罢免了墨索里尼，国王维托里奥·埃马努埃莱三世任命前陆军参谋长彼特罗·巴多格里奥（Pietro Badoglio）为首相。巴多格里奥元帅曾在1935年指挥了意大利入侵埃塞俄比亚的战争，为此他被授予亚的斯亚贝巴公爵称号，之后他负责20世纪30年代末的军事建设。对他的任命代表了简化法西斯主义的尝试，即尽可能保留政权的社会和政治特征，但脱掉其最明显的法西斯外衣，以便与盟国谈判。

在意大利工业发达的北部地区，工人们组织罢工和抗议游行，要求立即结束战争，以此来响应墨索里尼的下台。巴多格里奥政府以宣布戒严令作为反击，在接下来的几个星期里，士兵和罢工工人之间发生了流血冲突。为了逼迫巴多格里奥投降，伦敦轰炸了米兰和都灵，造成了严重的破坏，市民被迫跑到农村避难。盟军的轰炸和意大利政府的镇压共同瓦解了工人抗议的势头。在外交方面，巴多格里奥拖延时间，宣布效忠轴心国，但与盟军展开秘密会谈。尽管盟国承诺避免在和平协议上妥协，但9月3日盟国还是与意大利新政府订立了投降条件。英国军队开始在意大利南部登陆，9月9日，美国第5军在那不勒斯南部的萨莱诺（Salerno）登陆。

根据停战协议，意大利成为准盟国（semi-ally），或称"共同交战国"。这种安排对盟国有几个好处。英美两国的军事参谋曾设想，盟军在进入意大利时，将会在当地、大区和国家层面建立军政府。军政府由盟军民事官员负责，并与意大利精英合作，它将提供必要的粮食和药品供应，以避免饥荒和疾病，防止政治动乱和激进社会变革要求的提出。但军政府必然只是临时性安排，盟国需要一个可靠的意大利伙伴来接管国家的长期管理。巴多格里奥政府正是他们想要的。随着英美军队的推进，他们确实在前线地区建立了军政府，但随后他们迅速将战区后方的管理权移交给了巴多格里奥政府。相应地，该政府由一个盟国管制委员会（Allied Control Commission）监督。所有的军政府都意味着对国内主权的彻底否认，但这种安排通过迅速将政治权力移交给一个看似合法的意大利政府，缩短了盟军直接统治的时间。

这一安排很快就引起了多方面的不满。柏林利用墨索里尼下台和缔结停战协议之间的时间差，匆忙将德军部署到意大利，改变了该半岛的军事局势。与此同时，许多意大利人对巴多格里奥政府感到厌恶，在重新崛起的意大利共产党和其他激进党派的领导下，他们走上街头，大声控诉，反对生活在改头换面的法西斯主义之下。1943年9月，德国大胆营救出被囚禁的墨索里尼，使政治局势更加复杂。墨索里尼在度假胜地萨洛（Salò）建立了意大利社会共和国。在德国占领意大利北部的情况下，社会共和国即使在其名义领土内也没有什么权力。不过，它确实组建了4个师与德国人并肩作战，其准军事化的黑衫旅对左翼游击队进行了残酷的镇压。

在"轴心"行动中，16个德国师进入意大利，组成了一支强大的军队，由陆军元帅阿尔伯特·凯塞林（Albert Kesselring）率领。在德国入侵期间，有2万名意大利士兵被杀，另外有50多万人被作为强迫劳工运往德国。凯塞林的军队迫使国王和巴多格里奥逃离罗马，然后在首都以南建立了坚固的防御阵地。当美军在萨莱诺登陆时，他们发现自己面对的是德国国防军装甲部队。只有大规模的海空军支援才能使登陆部队守住滩头阵地，10月1日，盟军最终进入那不勒斯。那不勒斯为盟军大规模军事集结提供了所必需的港口设施，但德军在萨莱诺的反击近乎成功，预示了未来的战斗将十分艰苦。盟军向那不勒斯以北继续推进，但很快就遇到了一个穿越山地和依傍急流的防线网，其中最显眼的是德军在卡西诺山顶

（Monte Cassino）修道院周围修筑的堡垒网。尽管盟军在火力上具有压倒性优势，但在一系列计划不周的血腥战斗后，战事陷入僵局，直到1944年夏，这条战线才取得进展。

军事僵局使盟军迅速突击罗马并结束战争的希望化为泡影，加剧了盟军日益严重的政治困局。当盟军进入那不勒斯时，他们发现该城市民已经解放了自己。继9月初学生抗议德国人之后，那不勒斯的工人在月底发动了为期4天的起义——那不勒斯四日起义（Quattro giornate di Napoli）。被法西斯长期镇压的党派开始公开活动，那不勒斯充斥着政治宣传，集会不断。包括组织良好的意大利共产党在内的6个党派组成了意大利民族解放委员会（Committee of National Liberation），这是一个由自由派哲学家贝内代托·克罗斯（Benedetto Croce）领导的广泛的反法西斯联盟。对许多意大利人来说，巴多格里奥比墨索里尼好不了多少，民族解放委员会将反法西斯抗议活动与反对君主制和建立民主政府的宣传结合起来。有些人更进一步，将"四日起义"视为意大利社会主义革命的前奏。

这些事态的发展给在意大利和阿尔及尔盟军司令部的盟军军官留下了深刻的印象。一些人同情民族解放委员会，认为盟军对国王和巴多格里奥的支持违背了大多数意大利人的意愿。他们担心，盟军和意大利反法西斯力量之间的冲突会接踵而至，从而给誓言恢复民主的联盟形象带来极其糟糕的后果。回顾1917—1918年，一些人也明白，战争造成的社会混乱有可能为社会革命创造条件，而"四日起义"可能预示着一场规模更大的起义。艾森豪威尔和他在盟军司令部的顾问们得出结论：必须彻底转变对意政策，他们主张要么"扩大"巴多格里奥政府的权力，要么用自由主义与反法西斯联盟取而代之。华盛顿很快接受了这些建议，到1944年初，美国决策者开始推动意大利建立自由民主政府。而伦敦却作出了不同的反应。丘吉尔为"国王-巴多格里奥"模式辩护，认为这是最好的选择，并拒绝接受华盛顿和盟军司令部为推翻它而作出的努力。[4]伦敦和华盛顿之间的政治分歧不断加深。

南斯拉夫切特尼克和游击队

在亚得里亚海对岸的南斯拉夫，这场战争也引发了一场深刻的政治变革。1941年德国占领南斯拉夫后，许多塞尔维亚地主和商业精英支持米兰·内迪奇（Milan Nedić）通敌的"救国"政府（Government of National Salvation）。其他人，如德拉查·米哈伊洛维奇（Draža Mihailović）上校，仍然效忠于国王彼得二世的流亡政府。米哈伊洛维奇和其他前南斯拉夫军官组织了一批切特尼克（Chetnik）战士，对德军发动游击战。德国的报复行动迅速而血腥，仅是针对游击队的小股袭击便处决了数千平民。犹太人和吉卜赛人被特别针对，到1941年年底，塞尔维亚的犹太男子几乎被杀光。德军的严厉反应使米哈伊洛维奇确信，武装抵抗是徒劳的，在盟军攻入巴尔干半岛之前，他的切特尼克军队应该保存实力。切特尼克并不是一支纪律严明、整齐划一的军队，共同的塞尔维亚民族主义使米哈伊洛维奇和其他切特尼克领导人与内迪奇政权保持着联系。一些切特尼克走得更远，他们与德军共同进攻共产党领导的游击队。

1941年夏天，南斯拉夫共产党组建了自己的游击队。此时，苏联正与德国交战，与前一年法国的情况相反，莫斯科敦促共产党人对纳粹的占领进行武装抵抗。南斯拉夫共产党装备精良，完全胜任这项任务。这是一个纪律严明的组织，一些成员在西班牙内战中积累了军事经验，其领导层团结，核心人物是极富魅力的约瑟普·布罗兹（Josip Broz），即铁托

(Tito)。铁托来自克罗地亚的一个农民家庭，他在俄国革命期间就加入了共产党，20世纪30年代在莫斯科接受了政治教育。尽管接受的是斯大林体制下的政治教育，铁托却是一个意志坚定、思想独立的领导人，不会无条件地服从莫斯科的命令。

与切特尼克的塞尔维亚民族主义相比，游击队主张建立一个多民族的南斯拉夫国家，所有民族和宗教团体都享有平等的权利。这种非宗派主义的做法融合了土地改革和在地方一级建立民主议会的做法。土地改革和反对德国占领的行动很容易交织在一起，因为许多地主与占领者勾结。在这方面，南斯拉夫共产党的做法与中国共产党的类似，它使游击队能够开辟大量解放区并实施土地改革，建立基本医疗保健和公共教育体系。德军经常在切特尼克的配合下发动猛烈且长期的进攻，这意味着解放区边界经常发生变化。德军的行动激发了全国各地农民的抵抗。农民的支持为游击队提供了数量众多的男女战士。到1943年，游击队已经能够组建正规军。

盟军很难获得关于南斯拉夫局势的准确信息。由于彼得二世和流亡政府在伦敦办公，英美领导人最初支持米哈伊洛维奇。到1943年初，盟国对切特尼克的怀疑越来越多，丘吉尔遂派出两个特别使团空降到南斯拉夫，以更准确地了解当地局势。他们的报告证实，游击队承担了大部分战斗任务，一些切特尼克正在与德国人合作。在这种情况下，伦敦决定抛弃米哈伊洛维奇，开始向游击队员们提供武器和装备。英国人还希望由彼得国王领导战后政府，但他们认识到，游击队的力量使其能够牵制原本可能部署在意大利的德军。华盛顿从来都不支持游击队，那里的官员们并不像丘吉尔那样欣赏铁托。然而，当盟国领导人在德黑兰会面时，他们批准了伦敦向游击队输送武器的提议。

第七章　1943 年：全面战争与战后世界的新轮廓

德黑兰会议

1943 年 11 月，丘吉尔、罗斯福和斯大林在德黑兰举行了他们的第一次战时会议。与英美峰会不同，德黑兰会议没有专门讨论军事战略问题，而是集中讨论了战后世界的面貌。斯大林敦促他的西方盟友为进军法国定下日期，并任命最高指挥官，但讨论主要集中在政治问题上。从全球意义上看，会议无疑标志着两极世界的出现，一边是美国对资本主义世界的主导，另一边是苏联对东欧大部分地区的控制，两边的力量并不均衡。这一新的现实意味着英国全球主导地位的最终瓦解。在过去的几个月里，美英联盟内部的失衡越来越明显，华盛顿凭借庞大的经济和军事力量以牺牲伦敦为代价增强了自身话语权。丘吉尔和其他英国领导人曾一度以为，伦敦全球掌权的长期经验将使美国政策制定者服从于他们的意志，从而使英国维持超过自身实力的权力。在德黑兰，自信的美国领导人表明，此类想法完全是无稽之谈。

英美领导人抵达德黑兰时，一如既往地担心苏联的意图。但他们担忧的内容发生了变化，早先对苏联崩溃的担忧让位于对苏联将控制欧洲大部分地区的担忧。1943 年 7 月，莫斯科创设了一个由流亡的德国共产党人和被俘的德国国防军军官组成的自由德国全国委员会（National Committee for a Free Germany），表明它的确在考虑战后由苏联控制德国的问题。同样，意大利和南斯拉夫的事态发展加强了共产主义力量对政治权力的角逐，而法国共产党地下组织在日益壮大的法国抵抗运动中发挥着越来越重要的作用。这一切都让人不禁担心，1917—1919 年那样的革命危机将会重现。

罗斯福的解决方案是与斯大林达成协议，在欧洲各自划分势力范围。由于莫斯科没有直接参与亚洲战争，因此认为没有必要在那里作类似的战后分割。根据这种安排，华盛顿将承认莫斯科在东欧的主导地位，并接受其观点，即苏联需要一个物理屏障来抵御德国未来的进攻。波兰的边界将向西平移，东部的领土割让给苏联，并从德国那里获得补偿。德国本身将被分割和去工业化。莫斯科将接受美国在西欧的霸权，苏联领导人将阻止当地共产党发动反资本主义的起义。斯大林对这项协议的热情凸显了这样一个事实：尽管莫斯科希望加强其在东欧的战略地位，但并不寻求广泛输出"共产主义"意识形态。事实上，苏联的官僚机构感受到了民众革命浪潮的威胁，这种浪潮将使民众很容易摆脱其铁腕控制。1943年5月，他们解散了理论上致力于在世界范围内推翻资本主义的共产国际，以此表明他们支持与西方"和平共处"。

　　当两极世界新秩序的轮廓在德黑兰形成时，罗斯福以开丘吉尔的玩笑为代价来巩固他与斯大林的关系。这些冷嘲热讽的背后是一个严峻的现实：英国人现在显然是西方的次要伙伴，罗斯福和斯大林联手阻止了丘吉尔在地中海东部扩大战事的计划。战后出现的许多批评意见称，罗斯福似乎过分热衷于对斯大林作出让步，尤其是他愿意重新划定波兰的边界。事实上，在联盟政治框架内，他并没有多少选择。库尔斯克战役之后，红军显然将最终控制东欧的大部分地区。罗斯福的任务是限制苏军向西推进，同时确保美国在西欧的霸权，从这个角度来看，美国人在德黑兰取得了成功。

　　苏联迅速行动，维护他们已获得的利益。1944年3月，意大利共产党领导人帕尔米罗·陶里亚蒂（Palmiro Togliatti）结束在莫斯科的流亡，返回意大利。行前，斯大林向他介绍了在德黑兰达成的政治框架，指示他说服意大利共产党停止反对巴多格里奥，转而加入他的政府，从而使其政府与盟军的占领合法化。这一巨大的转变震惊了意大利共产党，他们中的许多人希望意大利共产党发起一场革命，以夺取权力。苏联的巨大威望帮助陶里亚蒂说服了在萨莱诺举行的特别党代会遵循新路线，"萨莱诺转变"也说服了其他反法西斯分子，缓和了他们对巴多格里奥的批评。这些行动是在德黑兰勾勒出的势力范围的直接产物，平息了盟军进入意大利以来当地所酝酿的政治危机，为意大利建立自由资本主义政府开辟了道路。

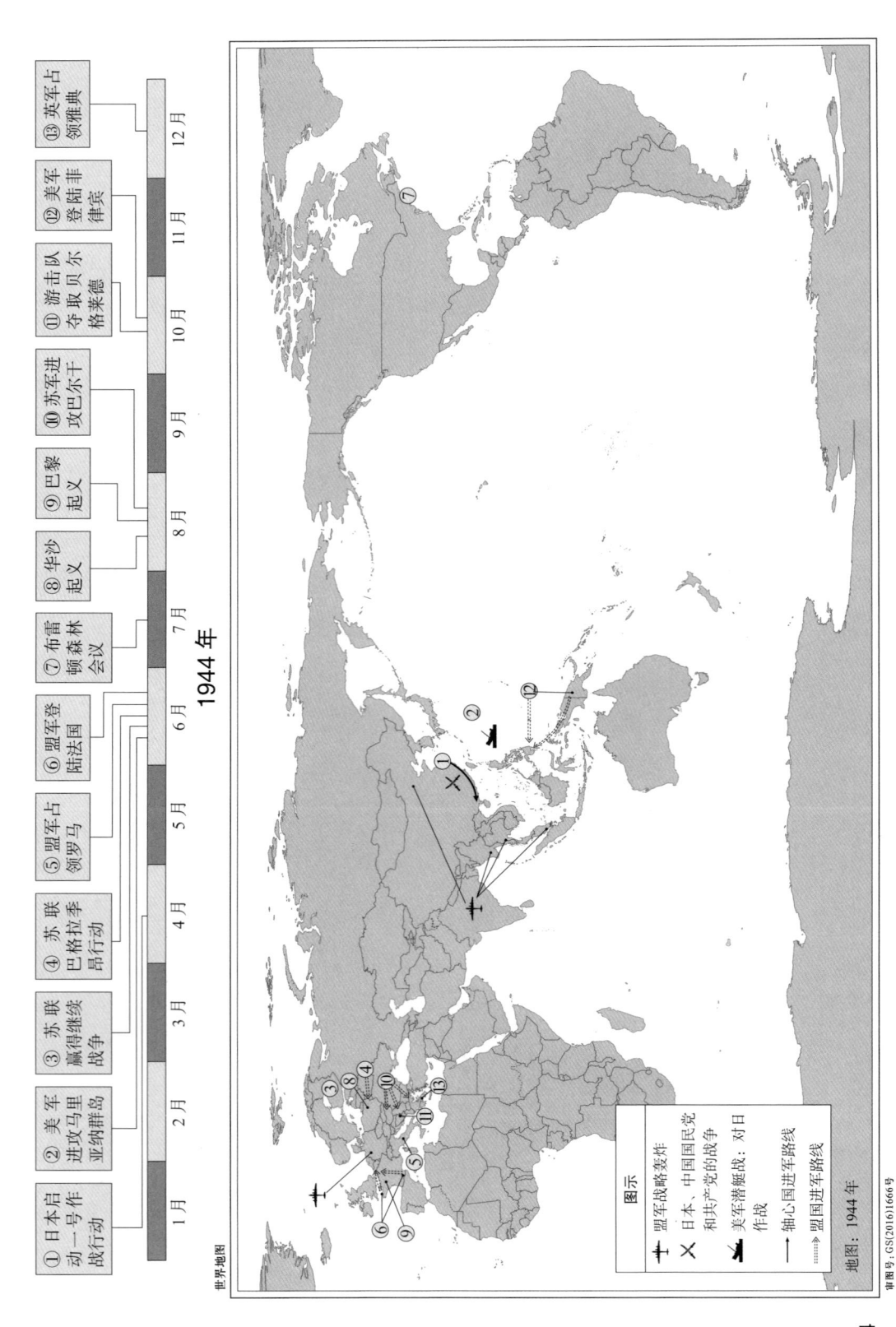

1944年

① 日本启动一号作战行动
② 美军进攻马里亚纳群岛
③ 苏联赢得继续战争
④ 苏联巴格拉基昂行动
⑤ 盟军占领罗马
⑥ 盟军登陆法国
⑦ 布雷顿森林会议
⑧ 华沙起义
⑨ 巴黎起义
⑩ 苏军进攻巴尔干
⑪ 游击队夺取贝尔格莱德
⑫ 美军登陆菲律宾
⑬ 英军占领雅典

图示：
╬ 盟军战略轰炸
✕ 日本，中国国民党和中共产党的战争
✈ 美军潜艇战，对日作战
→ 轴心国进军路线
⇢ 盟国进军路线

地图：1944年

第八章
1944年：盟国走向胜利

世界大战与拉丁美洲

1944年7月，巴西远征军的2.5万名士兵甫一抵达那不勒斯，便被迅速编入美国领导的第5军。巴西远征军像美国正规师一样组织起来，装备美式武器，身着美式军服，参加了1944年到1945年冬天对德国哥德防线（Gothic Line）的进攻。在接下来的春天，巴西军队参加了盟军的最后一次突破，进入意大利北部。在战争的最后几周，随着德军抵抗的崩溃，巴西远征军俘虏了数千名轴心国士兵，并于5月2日进入都灵。除了这些地面部队，一个驾驶美国P-47飞机的巴西战斗机中队还与美国陆军航空队合作，攻击意大利北部的运输线。

1942年5月，美国与巴西总统热图利奥·瓦加斯独裁政权签署《巴西美国政治军事协定》，决定深化两国合作，巴西的参战正是结果之一。巴西于1942年1月与轴心国断交，在巴西商船被德国U型潜艇击沉后，巴西于8月对其宣战。巴西军舰加入了美国海军的反潜巡逻队，泛美航空公司在巴西北部开发的空军基地也由军事工程师作了进一步扩建，以支持远达非洲的跨大西洋补给线。1943年1月，在结束卡萨布兰卡会议回国途中，罗斯福会晤了瓦加斯。为了获取租借武器，巴西领导人答应派遣士兵前往欧洲作战；他们是拉美战时唯一在海外服役的军队（图8.1）。

乍看上去，瓦加斯的新国家（Estado Novo）似乎不太可能成为美国的盟友。瓦加斯在1930年通过军事政变上台，在执政的头几年，他依靠普利诺·萨尔加多（Plíno Salgado）的法西斯整合党（Integralist Party）瓦解了富有影响力的巴西共产党。瓦加斯巩固了个人独裁统治后，转而反对整合党，并在1937年建立新国家。不过，他的政权继续以社团主义思想为基础，这是师从意大利法西斯主义的。巴西与德意两国建立了密切的经济联系，德国是巴西棉花和咖啡的最大进口国，德国银行家帮助重组了巴西的银行业和金融业，柏林和罗马都发展了同新国家的政治与军事关系。然而，随着战争的迫近，英国海军显然不会允许巴西与欧洲轴心国保持密

图 8.1 1944 年 9 月，意大利马萨罗萨镇，意大利人民向巴西远征军成员致意。（资料来源：维基媒体。图片来源：Durval Jr.）

切联系，巴西开始转入华盛顿的轨道。1939年5月，新上任的美国陆军参谋长乔治·马歇尔（George C. Marshall）访问巴西，巩固了这一转变，并为扩大战时合作打开了大门。美国舆论推手将巴西描述为捍卫民主的新盟友，显然，新国家的独裁与明显不民主的特性并不妨碍巴西融入美国的战时规划。

美国的军事援助打破了拉丁美洲内部的权力平衡，使巴西超越阿根廷成为该地区主导性的军事力量。与美国结盟也带来了经济上的好处。战时美国对橡胶的需求刺激了亚马孙地区的橡胶生产，使用的是强迫劳工"橡胶士兵"（rubber soldiers）；美国资本注入巴西巨型国有沃尔塔雷东达（Volta Redonda）工厂，这是拉美地区的第一家主要钢铁厂。美国商人也从这种关系中获利，趁机将德英两国的竞争对手排挤出去。同样，拉丁美洲其他国家的精英也利用战时条件，在美国主导的经济框架内找到自己的位置。睦邻政策的战时扩展使美国企业在很大程度上控制了哥伦比亚的铂金、智利的铜和其他关键原材料的生产。美国官员与拉美国家政府合作，重组其金融和银行机构，这些"改革"进一步推动了拉美国家融入美国的金融网络。

战争也重塑了美国与墨西哥的关系。1938年，墨西哥国民革命党的拉萨罗·卡德纳斯（Lázaro Cárdenas）总统将美国石油资产国有化，两国关系从此变得紧张。随着战争刺激了对石油的需求，美国公司恢复了与墨西哥国营石油工业的贸易，推动了其主要工业部门两位数的增长。新总统曼努埃尔·阿维拉·卡马乔（Manuel Ávila Camacho）寻求与美国建立更密切的政治关系，在1942年5月德国U型潜艇击沉两艘墨西哥油轮后，他向轴心国宣战。1944年，墨西哥201战斗机中队加入了在菲律宾作战的美军。飞行员雷纳尔多·加利亚多（Reynaldo Gallardo）回忆说，当中队着陆后，对讲机里的种族主义嘲讽导致了一场殴斗。

墨西哥的这点战争贡献在国内很受欢迎，而它所象征的与美国的关系则为卡马乔提供了政治筹码，以巩固日益保守的国民革命党（1946年更名为革命制度党）的统治地位。战后在革命制度党的长期统治下，墨西哥成了美国的小伙伴，美国军事教官和装备的涌入加速了墨西哥军队的职业化和非政治化。正如我们在第六章中所看到的，战争还在美国农民和墨西哥移民工人之间建立了新的关系，战争期间约15万墨西哥劳工前往美国工作。布拉塞洛计划确立了新的劳动力迁移模式，战后有数十万墨西哥人在美国工作，其中一些人签订了短期合同，另一些人则实现了永久移民。

美国在中美洲和南美洲扩大经济影响力的同时，也巩固了自己的政治领导地位。华盛顿通过努力解决冲突（如1941年厄瓜多尔和秘鲁两国边境战争）来促进地区团结，美国国务院美洲事务协调员纳尔逊·洛克菲勒（Nelson Rockefeller）将美国的技术知识作为经济现代化的关键加以推广。战时环境强化了美国的经济主导地位，美国外交官鼓励各国政府（其中许多由军事独裁者领导）将自己定位为美国的忠诚盟友。与华盛顿关系密切的右翼军事强人包括多米尼加共和国的拉斐尔·特鲁希略（Rafael Trujillo）和古巴的富尔亨西奥·巴蒂斯塔（Fulgencio Batista）。在华盛顿的努力争取下，1941年12月，中美洲六国以及古巴和多米尼加共和国共同向轴心国宣战，从而成为联合国家大联盟的创始成员。墨西哥和巴西也于1942年加入。其他拉美国家虽与美国关系密切，但始终保持中立。在美国的极力督促下，他们直到1945年初才最终宣战，以在联合国制宪大会上获得一席之地。

美国霸权在拉美的扩张受到了民族主义势力的质疑，但由于莫斯科与华盛顿结盟，共产党对美国政策的批评并不激烈。1942年的协议允许美国在厄瓜多尔加拉帕戈斯群岛修建军事基地，结果引发了一场反基地抗议运动，最终导致卡洛斯·阿罗约·德尔里奥（Carlos Arroyo del Río）独裁政权于1944年被推翻。尽管如此，新政府回避了驱逐美军基地问题，这些基地一直运行到1946年被美国关闭为止。

阿根廷同样对美国在拉丁美洲日益强化的主导地位进行了反击。阿根廷精英（其中许多是大地主，出口牛肉到英国）将本国视为南美洲的天然领导者，与英国密切的经济和外交关系提升了其地位。与拉美地区的同时代人一样，阿根廷个别领导人受到法西斯主义的蛊惑，但其主流政治特征是维持中立，抵制美国的控制。战争期间，其为弥补对英出口锐减而进行了大规模的工业建设，中立主义因之得到加强。

阿根廷领导人担心，美国的支持将使巴西有能力削弱阿根廷对地区的领导权。阿根廷还面临着美国的无情打压，迫使它放弃中立，断绝与轴心国的关系，接受华盛顿的地区霸权。1943年，一场军事政变推翻了拉蒙·卡斯蒂略（Ramón Castillo）的中立政府，成立了由胡安·庇隆（Juan Perón）将军领导的军政府。新政府希望阿根廷在美国主导的战后世界中扮演重要角色，并通过泛美军事合作、承诺与轴心国断交来表明这一愿望。这对美国几乎没有什么影响，因为他们担心的是阿根廷的地区影响力。到1944年，阿根廷通过向英国出口牛肉积累了超过10亿英镑的财富，随着战时贸易限制的放松，英国企业准备重返阿根廷市场。这是华盛顿无法接受的，他们担心英国将其与阿根廷的特殊关系作为桥头堡，重建他们在整个拉丁美洲南锥体的贸易。美国威胁削减租借援助，迫使英国让步，而华盛顿则强化了对"法西斯"阿根廷的打击。

美国的做法加剧了阿根廷国内的反美情绪。1944年初，胡安·庇隆成为阿根廷政府的头号人物。庇隆计划在阿根廷战时工业化的基础上，建立一个强大的资本主义国家，成为南锥体大陆的领导力量。他用民粹主义的反美煽动来支持他的实用民族主义，并利用加薪和减租来吸引庞大且组织严密的阿根廷工人阶级。这引起了美国政策制定者的警觉，他们谴责庇隆是法西斯主义者。鉴于美国与瓦加斯的良好关系，这是一个值得注意的措辞。1944年7月的布雷顿森林会议明确拒绝邀请阿根廷参加。1945年3月，布宜诺斯艾利斯在最后一刻向轴心国宣战，但这并没有缓和华盛顿对庇隆主义的反对，这种情况一直持续到战后年代。

经常遭到忽视的一点是，美国在拉美地区的主导地位得到巩固，英国和德国的利益被边缘化，实为第二次世界大战的主要后果之一。这种局面在1945年3月墨西哥城召开的美洲战争与和平问题会议上正式形成。在纳尔逊·洛克菲勒和美国国务院的精心策划下，会议达成了《查普尔特佩克议定书》(Act of Chapultepec)，这是一项大陆防务条约，美国借此巩固地区主导权的同时，亦为其将在当年晚些时候举行的联合国制宪大会拉拢了一个强大的投票集团。虽然阿根廷签署了议定书，但直到庇隆在1955年被军事政变推翻，阿根廷才完全融入这个大陆集团。这次政变得到了美国的支持，标志着阿根廷在拉丁美洲寻求独立道路的尝试的终结。

中立国

从1943年到1944年，联合国家力量的不断壮大迫使西班牙、土耳其、葡萄牙、瑞士和瑞典等中立国政府调整与两大交战联盟的关系。

战争初期，盟国利用经济激励措施阻止弗朗西斯科·佛朗哥，以免他对纳粹德国的热情转化为西班牙在轴心联盟内的正式成员身份。在美国，这是一项备受争议的政策，许多人认为向佛朗哥的西班牙供应石油是对美国反法西斯原则的背叛。无论意识形态上面临怎样的困难，这一政策还是成功的：西班牙没有加入轴心国集团，也没有对盟军1942年的北非登陆战使绊子。1943年，为了应对军事形势的变化，马德里放弃了亲轴心国的"不战"政策，转向正式中立。它还从东线撤回了蓝色师团。与此同时，华盛顿改弦更张，开始对佛朗哥提出尖锐批评，于1944年1月暂停了对西班牙的石油输送，迫使其停止向德国出口钨矿石。钨是制造军用钢的关键元素。4月，马德里终于同意减少钨的出口，但此时盟军的轰炸和对海洋的控制已使此事变得毫无意义。无论如何，华盛顿的这场运动在很大程度上是一场旨在提高其自由主义声誉的政治戏剧，美国决策者从未鼓动推翻佛朗哥。

阻止向德国出口战略矿物资源也是盟国与土耳其关系中的一个问题，土耳其是德国所需铬铁（生产不锈钢所必需）的主要供应国。1941年，轴心国在地中海的攻势最猛烈的时候，土耳其与德国签订了互不侵犯条约[①]，从而悄悄摆脱了中立地位。然而，随着战争向盟国倾斜，伦敦加大了对安卡拉的压力，迫使其完全放弃中立并参战。1943年1月卡萨布兰卡会议后，丘吉尔不顾危险，长途跋涉前往土耳其，亲自会见伊斯麦特·伊诺努（Mustafa İsmet İnönü）总统，承诺对土输送大量武器，但安卡拉认为，这将大大增加德国从保加利亚入侵的可能性，得不偿失。与英国盟友相比，美国的军事参谋并不热衷于向安卡拉示好，因为他们担心土耳其的参战可能会强化丘吉尔有关扩大东地中海行动的看法。盟军的压力最终迫使土耳其在1944年4月暂停向德国出口铬铁，并于1945年2月对德宣战，正好赶上参加联合国制宪大会。战后，随着华盛顿巩固其在地中海的

[①] 原文如此，应为1941年6月18日签订的《德土友好条约》（German-Turkey Treaty of Friendship）。——译者注

主导地位，土耳其对美国在西亚的军事和外交地位而言日渐重要。

军事平衡的变化促使其他中立国转向盟国。战争之初，保守的葡萄牙独裁者安东尼奥·德·奥利维拉·萨拉查（António de Oliveira Salazar）曾公开同情轴心国，但葡萄牙易受攻击的海防线及其脆弱的非洲殖民地促使他谨慎行事，里斯本遂宣布保持中立。1939年《伊比利亚公约》强调了葡萄牙和西班牙的中立性，萨拉查虽然赞同佛朗哥亲轴心国的观点，但却对马德里主导半岛的意愿心存疑虑。随着战争的进行，萨拉查更加倾向于盟军，1943年允许华盛顿在亚速尔群岛建立空军基地。这个战略群岛上的机场加强了盟军在大西洋中部的反潜巡逻，并开辟了一条新的跨大西洋航线：到1944年中期，已有1 900多架美国飞机经由拉日什机场（Lajes Field）飞往欧洲。与西班牙一样，葡萄牙也向德国供应钨，直到1944年6月盟军威胁实施贸易禁运时才停止。与此同时，美国外交官以英国为代价展开了魅力攻势（charm offensive），提升华盛顿在里斯本的影响力，使其轻松地融入了美国领导的战后秩序。

作为深嵌于西欧腹地的蕞尔小国，瑞士长期以来一直是"中立国的模范"。1940年夏，瑞士被轴心国及其占领区所包围，伯尔尼大声疾呼中立的同时，瑞士军队也在阿尔卑斯山加固了防御堡垒。1940年6月，德国空军侵犯瑞士领空，引发了令人眼花缭乱的空中混战，只因双方均使用了德国制造的梅塞施米特战斗机。尽管在军事上积极防御，但在经济上瑞士企业仍与纳粹德国保持着密切的关系。瑞士银行为德国提供外汇，换取纳粹从欧洲犹太人那里掠夺的黄金；瑞士工厂为德国提供精密军事装备。作为交换，德国向瑞士提供必要的煤炭和铁矿石。虽然瑞士金融和工业服务的绝对值很小，但却满足了德国的重要需求。地理位置与对德国的经济依赖均限制了瑞士政策的灵活性，但随着战争齿轮的转动，它还是向盟国靠拢了。瑞士要求德国黄金"来源无可挑剔",却没有减缓德国黄金流入瑞士账户的速度,这种情况一直持续到 1945 年。尽管瑞士与德国有这些联系,但盟国并不公开批评瑞士,并从伯尔尼的模糊立场中获益——战略情报处在伯尔尼设有一个重要岗位。因此,瑞士在战争中基本保持了正直和中立的声誉。

瑞典也曾长期保持中立,但与瑞士一样,它与德国有着密切的经济联系。1940 年,高品位的瑞典铁矿石贡献了德国钢铁产量的近 40%,瑞典滚珠轴承在德国军备生产中发挥了重要作用。德国于 1940 年 4 月占领丹麦和挪威,使柏林得以加大力度将瑞典纳入其欧洲新秩序。强大的瑞典军队有助于阻止德国的入侵,且瑞典公众舆论普遍支持盟军,但瑞典精英愿意与柏林合作,这使得后者直接的军事征服变得没有必要。直到 1944 年夏季,瑞典对德出口一直保持在较高水平,瑞典还允许德国军队乘坐火车穿越其领土。随着战局对盟军愈发有利,华盛顿加大了对斯德哥尔摩的压力,威胁终止美国的石油输送。1943 年夏,瑞典开始拒绝德国军队过境,并于 1944 年终止了同德国的贸易。尽管如此,虽然鲁尔区的高炉从未完全依赖拉普兰的矿山,但两国贸易一方面对德国的战争努力至关重要,另一方面也为瑞典精英带来了丰厚的利润。

盟军前进:红军摧枯拉朽

1944 年夏秋,苏联红军对德军及其遭到重创的罗马尼亚附庸军发动了一系列攻势,深入波兰和巴尔干半岛北部,战役自 6 月初开始。此时红军已对列宁格勒以北的芬兰军队发动进攻,迫使赫尔辛基投降,结束了"继续战争"。根据《莫斯科停战协定》,芬兰接受了巨额赔款要求,割让了部分领土，但苏联并没有狮子大开口，芬兰得以继续保持独立和未被占领的状态。

6月底，苏军对白俄罗斯与东波兰的德军发动了大规模战略进攻。巴格拉季昂行动（Operation Bagration）系以反击拿破仑入侵的俄国将军命名，被许多军事史家认为是"大战中最令人印象深刻的地面作战"。[1]红军以复杂的伪装掩护其筹备工作，在不到两周的时间内彻底摧毁了德国中央集团军群，它本拥有25个师的强大兵力。超过40万德军被杀或被俘虏，大部分发生在明斯克包围战中。7月中旬，5万名德军俘虏在其高级军官的率领下，穿过莫斯科的大街小巷，这场苏军凯旋游行的盛况让人不由想到了罗马帝国。

在巴格拉季昂行动中，红军展示了其对大规模闪电战的驾驭能力。初步突破敌人阵线后，苏军快速机动的装甲部队立即深入德军后方地区，切断补给线，破坏通信，散播恐慌，制造混乱。由于广泛装备了从租借中获得的美国通用汽车公司和斯图贝克公司坚固耐用的卡车，红军的机动性得到加强；美国制造的无线电设备加强了对于大战场的指挥和控制。苏军还得益于成千上万游击队员的行动，他们对德军交通线的攻击切断了补给品向中央集团军群的流动。另一方面，德军最高统帅部下令将城市变成"堡垒"（Feste Plätze）或不惜一切代价守住的坚固据点，使已丧失战斗力且基本没有坦克的德军处境更加艰难。这些所谓的"堡垒"准备不足，又不可能得到补给，进一步限制了德军的机动性，往往成为受困步兵师的死亡陷阱。

在一连串的"持续攻势"中，红军将德军赶出了白俄罗斯，并推进到波兰中部的维斯瓦河（Vistula River）。在那里，由于疲惫不堪、后勤超负荷运转以及机械故障等原因，苏联装甲军先头部队最终暂停前进。8月初，当红军逼近波兰首都华沙（坐落于维斯瓦河西岸）时，在伦敦的波兰流亡政府指示其华沙地下救国军（Home Army）发动起义。流亡政府希望华沙起义能加强其对战后国内领导权的声索，这是当务之急。1943年4月，由于流亡政府要求调查1940年苏联在卡廷屠杀波兰军官的事件，莫斯科断绝了与流亡政府的关系，并转而筹备新波兰政府的班底，这就是波兰民族解放委员会，又称卢布林委员会，以红军占领的第一个波兰城市为名。委员会由共产主义者和其他左翼人士组成，苏联领导人希望该委员会听命于他们而不是西方盟国。伦敦方面的领导人西科尔斯基主张流亡政府与卢布林委员会之间达成和解，但他在7月死于飞机失事，两个组织之间的分歧加深。

八、九月间，华沙城内，波兰救国军与德国国防军、党卫军辅助警察部队展开了惨烈的战斗。华沙被夷为平地，1.6万救国军战士和15万平民被杀，另有70万人被逐出这座废墟之城。红军停在维斯瓦河东岸，没有介入战斗。他们正从8月初德国装甲军的凶猛反扑中休整。苏军在长途跋涉后已精疲力竭——有些部队在六周内前进了450英里——即使是生力军也难以轻松渡过维斯瓦河。无论如何，莫斯科没有支持起义军，仅允许英美飞机向其空投有限的物资。显然，救国军的覆灭削弱了流亡政府对领导地位的声索，亦有利于斯大林政治目标的实现。

8月下旬，苏军对德罗联军展开了又一次攻击，这次是在战线南端的德涅斯特河。红军在坦克与重炮方面呈压倒性优势，因而推进神速。随着罗马尼亚防线的崩溃，国王米哈伊一世与罗马尼亚共产党联合发动了反对安东内斯库独裁统治的政变。与意大利一样，罗马尼亚精英阶层的关键人物认识到，必须采取紧急行动来挽救他们的权力与地位。安东内斯库被逮捕，8月25日，新政府向德国宣战。9月初，苏罗两国签署正式停战协定，莫斯科承认罗马尼亚为共同参战国，这与意大利巴多格里奥政府获得的待遇相同。许多罗马尼亚部队直接变换阵营，开始与昔日的敌人并肩作战。德军被包围，孤立无援，30万德军士兵被杀或被俘。

红军在罗马尼亚的胜利，使保加利亚和匈牙利暴露于炮火之下。苏军的逼近引发了保加利亚的政治危机，祖国阵线于9月初夺取政权。祖国阵线是一个由各种反轴心国势力组成的多元组织，环节派（Zveno）的极端民族主义军官与保加利亚共产党都参与其中。环节派领导人基蒙·格奥尔基耶夫（Kimon Georgiev）组建了新政府，向德国宣战，派出三个保加利亚军团加入红军，进军南斯拉夫。苏联和罗马尼亚军队也开进了匈牙利。在这里，摄政王霍尔蒂·米克洛什海军上将两次试图领导匈牙利脱离轴心国，但统治精英中仍有相当一部分人忠于德国。当霍尔蒂接受苏联的停战条件时，他被党卫军撤职，取而代之的是匈牙利本土的法西斯组织箭十字运动。接下来是一场混战，一些匈牙利部队与德军并肩作战，另一些则加入了苏罗联军一方。红军于12月底攻入布达佩斯，面对党卫军的坚决反击，红军别无选择，只能予以粉碎，最终于1945年2月占领该城。

在南斯拉夫，游击队的活动在1944年迅速活跃起来，证明了德黑兰会议支持铁托的决定是正确的。随着游击队控制区域的扩大，招募人数也在增加，到1944年年中，武装起来的战士超过了30万人。其中包括2万名前意大利士兵，他们在意大利投降后加入了游击队。游击队遭到德军的一系列猛烈进攻。在1944年5月的一次进攻中，铁托差点被俘，美军飞机在最后一刻及时赶到，将他撤往英军控制的维斯岛。尽管面临各种困难，但盟军的装备使游击队能够发起师级编制的大规模行动。从游击队到正规军的转变并不容易，但它让南斯拉夫共产党人在战争结束前就为战后国家军队的建立奠定了基础。1944 年 6 月，盟军新组建的巴尔干空军开始支援游击队，从意大利基地起飞运送补给品、撤离受伤的游击队员，并提供空中战术支援。

苏联和保加利亚军队越境进入南斯拉夫，与游击队协同作战，于 10 月中旬占领了贝尔格莱德。在战时欧洲唯一一场自下而上的革命中，铁托迅速将贝尔格莱德定为新的南斯拉夫社会主义联邦共和国的首都。伦敦和华盛顿都希望铁托将彼得国王流亡政府的领导人纳入新政府，而莫斯科则担心南斯拉夫的社会革命会加剧整个巴尔干地区的政治紊乱状况，因此也赞成建立一个联合政府。流亡政府的一些领导人确实加入了新政权，但铁托显然没有兴趣与旧的南斯拉夫精英分享权力，1945 年 11 月，新成立的人民阵线获得了压倒性的民众投票，最终废除了君主制，正式成立了联邦共和国。

盟军前进：意大利和法国

1944 年 1 月，美国第 5 集团军试图打破意大利的僵局，利用海军向罗马以南的安齐奥（Anzio）投送登陆部队，包抄德军防线。不料，德军的反击使盟军被困在滩头，险些被打回到海里，这一大胆行动最终失败。军事僵局最终被盟军在 5 月发动的新一轮攻势打破。在王冠行动（Operation Diadem）开始时，瓦迪斯瓦夫·安德斯将军率领的波兰第 2 军团最终占领了卡西诺山，戴高乐法国远征军（French Expeditionary Corps）中的北非轻步兵穿越群山，英国和加拿大的坦克开进利里河谷（Liri Valley）。随着德军战线的崩溃，美军冲破了安齐奥滩头阵地，但他们并没有切断德军的退路，而是向北转进，于 6 月 4 日进入罗马城。此前，美军指挥官马克·克拉克（Mark Clark）秘密访问华盛顿，很可能已获得罗斯福的批准，因此才有这一戏剧性的违反盟军作战计划的行动。重要的是，克拉克的成功使罗马在数天内便处于美国的单独控制之下。

美国对罗马的控制导致了一场政变的发生，美国官员迅速促成了巴多格里奥的出局，并由社会主义者伊万诺·博诺米（Ivanoe Bonomi）领导的左翼自由派政府取而代之。博诺米的内阁中包括反法西斯联盟的领导人，其中有共产党领导人帕尔米罗·陶里亚蒂。丘吉尔对巴多格里奥的下台感到愤怒，即便他向罗斯福抗议，也无法扭转局面。在接下来的几个月里，伦敦被迫默许了美国的一系列行动，这些举措旨在放宽盟军的军事占领，并开始重建意大利的经济。毫不奇怪，这些措施加强了华盛顿对罗马新政府的影响力。共产党的参与使盟军与德占北意地区左翼游击队之间的关系更加融洽。

撤退的德军在佛罗伦萨以北重新集结，在半岛上建立了新的防御阵地，即哥德防线。1944年底，盟军进攻哥德防线未果，随后又是一个陷入对峙的冬天。盟军在意大利的兵力被削弱，7个师（包括全部法国远征军）被撤走，他们要参加在法国南部登陆的龙骑兵行动（Operation Dragoon）。丘吉尔极力反对，主张从意大利向南斯拉夫北部和奥地利挺进。不过，华盛顿在美英联盟中日益占据主导地位，确保了美国人在争论中占据上风，龙骑兵行动于8月展开。巴西远征军、主要由非洲裔美国人组成的第92步兵师以及专业的美国山地部队抵达意大利，部分填补了法国远征军重新部署所导致的空缺，但这些部队无法扭转战局。与此同时，在哥德防线以北，共产党领导的游击队与墨索里尼的意大利社会共和国准军事部队之间的斗争在1944年到1945年的冬季升级为一场残酷的内战。

就在美军进入罗马两天后，1944年6月6日，盟军开启"霸王行动"

（Operation Overlord），发动了他们期待已久的跨海作战。在诺曼底等待盟军的是德军的薄弱防线，部分由超龄应征入伍者、伤愈人员以及东方营（eastern battalions）组成。所谓东方营由被占领东欧地区的志愿兵和从战俘营强征的新兵组成。波兰人、乌克兰人、俄罗斯人和蒙古人等希维人的大量存在，让德国国防军作为一个完全德国人的组织的形象完全崩塌，也使盟军不得不去制作更多语种的宣传单。其中一名士兵，朝鲜人杨景钟（Yang Kyougjong，音译），在诺曼底被美军伞兵俘虏之前，曾先后被征召入伍，参加了日本、苏联和德国的军队。

为了在法国登陆，盟军利用了前两年在地中海战场开发的两栖登陆技术。两栖登陆技术的基础是空中力量、海军炮火、伞兵空投与数以百计的登陆艇和特种装甲车的抢滩登陆相结合。尽管盟军拥有压倒性的物质资源和火力，但要在德军的猛烈反击下保住滩头阵地，盟军仍有一场硬仗要打。随着双方的增援部队陆续投入战斗，盟军在物资和后勤方面的优势充分显现出来：自由法国抵抗战士破坏德军的补给线，盟军轰炸机猛烈轰炸法国北部的铁路，巡回飞机追打德军的护送车队，使得德军关键的装甲师只能在晚上摸进战场。盟军方面，提前造好的桑树人工港和大型坦克登陆舰直接将人员和装备卸载到滩头，而空中优势意味着这些努力不会受到德国空军的干扰。在短短两周内，盟军将 9.4 万辆汽车、24.5 万吨装备和 62 万名士兵运抵诺曼底海滩。

登陆日后两周[①]，柏林发生了一场政治地震，一枚放置在简报室的炸弹险些炸死希特勒。发动炸弹袭击的是一群高级军官，他们认为战争已经失败，必须除掉希特勒才能与盟军和谈。密谋者是旧贵族军官团的人，他们

---

① 原文如此，应为登陆日六周以后，即 1944 年 7 月 20 日。——译者注

是保守的民族主义者，希望维护德国在东方的征服战果。与法西斯党高层反对墨索里尼的行动不同，德国的密谋者中没有任何纳粹党的核心骨干。刺杀希特勒的失败使计划中的军事政变脱轨，纳粹安全机构作出迅速而残酷的反应。超过 7 000 人被指控为密谋者被抓捕，其中近 5 000 人被处决。一些人，如埃尔温·隆美尔，选择自杀，而不是接受公开审判和处决。政变的血腥失败巩固了纳粹政权，并确保了德国统治集团内部不会再出现新的挑战。尽管对希特勒心存疑虑，但大部分军官仍坚定地致力于以军事征服和种族至上为前提的大德意志愿景。与意大利、罗马尼亚和保加利亚不同，德国人无法摆脱自己酿造的战争苦果。

就在纳粹领导人应对未遂政变时，美军开始从诺曼底滩头突围。在针对德军前线阵地部署的重型战略轰炸机的支援下，美军的前进导致德国国防军在法国北部的全线崩溃。德军向莱茵河撤退时，追击他们的是巴顿将军新组建的拥有高速坦克的第 3 军。在艾森豪威尔将军的领导下，盟国 4 个军（1 个英国军、1 个加拿大军和 2 个美国军）在一条宽阔的战线上推进，于 8 月下旬光复巴黎，随后于 9 月初夺回布鲁塞尔和重要港口安特卫普。由于盟军轰炸瘫痪了法国铁路，通过 24 小时不停运转的红球特快（Red Ball Express），以非洲裔美国人为主的司机驾驶近 6 000 辆卡车，将 12 000 多吨物资从瑟堡（Cherbourg）运往前方补给站，以支持部队前进。11 月，盟军本就广阔的战线再次延长。美法联军自 8 月登陆法国里维埃拉（Riviera）后，沿罗纳河谷持续推进，扩大了盟军的战线。

尽管遭到英国的反对，但龙骑兵行动还是取得了巨大成功。法军迅速占领了马赛和土伦等主要港口，美军则沿罗纳河谷北上，将德军赶出法国南部。登陆使法国的土地上重新拥有了一支由法国人领导的庞大军队，使巴黎的新政府拥有了自己的武装力量。他们在重建政治稳定的过程中扮演了非常关键的角色。在马赛，法国军队及时赶到，支持并控制了由共产党人和工会成员领导的人民起义，而在整个南部，当地的自由法国战士要么被解除武装，要么被编入军队。马赛和土伦码头的迅速修复缓解了盟军的后勤问题，在安特卫普于 11 月重新开放之前，盟军几乎一半的物资都是通过这些南部港口运抵法国的。

尽管码头工人和红球特快卡车司机全力以赴，但疲于奔命、机械故障和燃料短缺拖累了盟军的脚步。德军成功逃出法国，在德国边境重新集结，组织起齐格菲防线（Westwall）。安特卫普港迟迟无法投入使用，进一步拖慢了盟军的推进速度。9 月，英国部队空降阿纳姆（Arnhem），以确保莱茵河桥梁的安全，不料却遭遇巨大失败，使盟军在 1944 年全年都无法渡过这条关键的河流。盟军迅速结束战争的希望破灭了。在荷兰北部，德军在荷兰铁路工人罢工后实施报复，导致粮食分配体系崩溃，1944年到 1945 年的那个冬天成为 "饥饿之冬"，饥荒到处蔓延。在中线，美军以对许特根森林（Hürtgen Forest）和梅斯的血腥进攻结束了战役，然后安顿下来过冬。

柏林则完全不想停下来。20 个德国师，包括配备了最新超重型坦克的党卫军精锐部队，躲过了盟军情报部门的侦测，集结在阿登高地薄弱的阵线之前。与 1940 年一样，盟军指挥官仍然认为大规模进攻不可能出现在这种复杂的地形上。12 月中旬，当德军的重击落下时，美军前线部队被迅速碾压，盟军很快称之为 "突出部战役"（Battle of the Bulge）。再一次地，德军坦克迅速突击。德国参谋人员天真地希望，一次暴风骤雨般的打击将肢解盟军，摧毁他们的后勤基地，迫使他们展开和谈。由此，柏林就能够集中兵力对付红军。事实上，美国人很快就恢复了元气。晴朗的天空使盟军的地面攻击机来去自如，随着德国坦克微薄的燃料储备消耗殆尽，攻势陷入停滞。1月底，前线稳定下来。"突出部战役"使西欧战争的野蛮性达到了一个新的高度，双方经常处决战俘。尽管德军的进攻失败了，但突出部战役迫使盟军将春季攻势推迟了六个星期：这一推迟导致了严重的政治后果。

戴高乐将军与法国的光复

盟军攻入法国后，后占领时代的政治体制问题浮出水面。在意大利，盟军在前线地区建立军政府实施直接统治，然后将权力逐步移交给得到承认的意大利政府。然而，与意大利不同的是，法国是盟国，它虽曾战败，但却不是敌人，因此，避开彻底否定主权的军政府阶段，将政治权力直接移交给法国新政府是合适的。尽管如此，盟国仍然希望由他们来决定将政权交给哪些法国人。戴高乐的"自由法国运动"显然是最佳选项，但华盛顿对戴高乐将军关于强大法国的战后构想仍然深怀敌意，美国设想的是建立一个相对弱小的附属国。这种政治分歧是罗斯福和戴高乐之间恶劣关系的根源。

尽管华盛顿怀有敌意，但自由法国并不能被轻易抛弃。殖民地行政长官费利克斯·埃布埃（Félix Éboué）是第一位在帝国担任要职的非洲人后裔，他在1940年为戴高乐拉拢了乍得殖民地，尽管1940年9月英国与自由法国联军对达喀尔的进攻失败了，但埃布埃的桥头堡让自由法国在西非和赤道非洲站稳了脚跟。正如我们所见，紧随英国入侵的脚步，自由法国先后控制了叙利亚（1941年7月）和马达加斯加（1942年5月）。1943年年中，他们夺取了法属加勒比海的马提尼克岛，驱逐了维希政府的总督，并夺取了存放在那里的法国黄金储备。

第八章 1944年：盟国走向胜利

1942年，通过"火炬"计划登陆北非后，华盛顿先是提拔了达尔朗海军上将，后又提拔了吉罗将军，试图边缘化戴高乐，但自由法国在法属非洲殖民地以及占领下的法国越来越受欢迎，这意味着戴高乐无法被排除在外。在盟军的压力下，1943年1月，戴高乐和吉罗在卡萨布兰卡会晤并正式和解，6月，两位将军成为新成立的法兰西民族解放委员会的共同领导人。法兰西民族解放委员会吸引了从法国共产党到有影响力的保守派商人和军官等政治派别的广泛支持。1943年间，得益于戴高乐的副官们大胆的地下活动，法兰西民族解放委员会成为日益壮大的抵抗运动的权威领导者。1944年1月，戴高乐在法属赤道非洲的布拉柴维尔（Brazzaville）组织了一次法帝国会议，标志着戴高乐在殖民地管理层中的支持率越来越高。戴高乐着眼于战后世界，概述了重振法兰西帝国的计划，同时承诺进行政治改革，赋予法国殖民地人民新的权利。

这些政治成果意味着，法兰西民族解放委员会有充分的理由被承认为法国流亡政府。然而，华盛顿依然表示反对，在戴高乐于1943年底排挤吉罗并独揽抵抗运动领导权后，华盛顿对戴高乐的敌意更加强烈。罗斯福在卡萨布兰卡向吉罗承诺，美国将武装法国11个师，这让事情变得更加复杂。到1944年夏，这些部队——大部分士兵是阿拉伯人和非洲人，军官则是法国人——在北非基地接受了武装训练并做好了作战准备，但由于吉罗不在，绝大部分军官都效忠于戴高乐。

美国人对法兰西民族解放委员会的敌意使盟军的霸王行动变得更为复杂。华盛顿仍希望避开戴高乐政府，军事参谋们也曾考虑过其他方案，包括建立军政府，甚至恢复贝当政府。虽然艾森豪威尔将军确实与诺曼底的法国抵抗战士建立了有效的军事合作关系，但这些问题在诺曼底登陆前并未得到解决。与此同时，抵抗运动人士在法国南部的韦科尔高原（Vercors

Plateau）发动起义，建立了一个解放区，旋即被德军血腥镇压，600 多名游击队员和 200 多名平民被杀。

当盟军在诺曼底站稳脚跟后，戴高乐掌握了政治主动权。6 月 14 日，戴高乐抵达滩头进行了为期一天的访问，在热情群众的簇拥下，他进入小城贝叶（Bayeux），在市政厅阳台上发表讲话，宣布暂定贝叶为法兰西共和国新的临时政府的首都，并任命一名助手领导当地的行政机构。震惊于戴高乐的不合拍，盟军没有正式承认戴高乐的新政府，但英美军事领导人很快就看到了与拥有广泛民众支持的法国领导层合作的实际好处。盟军参谋人员本打算在军队向东追击撤退的德军时绕过巴黎，但 8 月 14 日，巴黎工人和抵抗运动小分队的战士们发动了反对德国占领军的起义。由于担心法国首都会发生由共产党领导的暴动，盟军向戴高乐通报了消息。戴高乐立即命令菲利普·勒克莱尔（Philippe Leclerc）将军的第 2 装甲师（诺曼底登陆中唯一的法军建制）直取巴黎。8 月 24 日，勒克莱尔的坦克在一支西班牙共和军分遣队的带领下进入巴黎，受到热烈欢迎。两天后，戴高乐率队在香榭丽舍大街上举行了欢欣鼓舞的游行。

民众的热情融合了民族主义与社会改良主义，释放出强有力的力量，借着这股气势，戴高乐将政府迁至巴黎，并在共产党人、社会主义者和保守的人民共和运动党人的支持下组建了"全国一致"内阁。新政府赋予妇女选举权，并开始改革卫生保健和劳动法。1944 年 11 月，法国共产党领导人莫里斯·多列士（Maurice Thorez）结束在苏联的流亡回国，尽管法共是第一大党，但它只获得了两个内阁席位。1944 年年底，抵抗运动——其中大部分由法共领导——逐渐被解除武装，许多战士被编入正规军。他们的加入使法国军队"白化"。与此同时，阿拉伯和非洲士兵被送回殖民地，在他们的国家于 20 世纪 60 年代独立后，法国政府停发了其军人抚恤金。

占领的瓦解引发了暴力报复,针对那些被指控与德国合作的人进行了"野蛮净化"(épuration sauvage)。通常没有经过什么法律程序,近万名维希民兵(milice)被处决,被谴责与德国士兵有关系的女性则被剃了光头,受到公开羞辱。随着新政府的成立,它在法庭上起诉那些通敌者,"合法净化"(épuration légale)又导致770人被处决。"野蛮净化"正是社会道德广泛崩溃的表现之一。在这种情况下,相对高薪的盟军士兵助长了黑市的蔓延和犯罪活动的猖獗。军队食品、燃料和香烟随处可见,但价格不菲。对于休假的美国大兵来说,巴黎和其他法国城镇成了性和酒精的天堂。数以千计的人未能归队,而是堕入了由小混混、妓女和逃兵组成的地下世界。其他人则更进一步,与各部队那些臭味相投、全副武装的逃兵组成有组织的团伙,通过劫掠军车、抢劫酒吧和开办妓院等营生过上了好日子。

与法国充满争议的局势相比,比利时的政治权力和国家主权问题似乎简单得多。战争期间,盟军承认在伦敦的比利时流亡政府的合法性,1944年9月,英国军队进入布鲁塞尔,比利时流亡政府得以重返该城。天主教党政治家、流亡领导人于贝尔·皮埃罗(Hubert Pierlot)出任首相。国王利奥波德三世在占领期间一直留在比利时,并被普遍认为是通敌者,因此他的弟弟查尔斯接任摄政王,巧妙地避开了彼时有关君主制未来命运的危机。然而,新政府还面临着其他紧迫问题。与戴高乐的法兰西民族解放委员会不同,比利时流亡政府不仅没有得到国内抵抗运动的认同,皮埃罗的回归也没有引起全国的欢呼。相反,比利时工人抓住机会,要求全面的社会与经济改革。皮埃罗让迅速壮大的比利时共产党(PCB-KPB)成员加入他的民族联合政府,但很快就在解除左翼抵抗组织武装的计划上与他们发生了冲突。共产党部长们集体辞职，引发了一场危机。随着煤矿工人和其他工人罢工抗议食品和燃料的持续短缺，危机进一步加深。1945年2月，温和的社会主义者阿奇尔·范·阿克尔（Achille van Acker）接替皮埃罗出任首相，改善经济的同时，实施卫生保健、住房和工作场所条件改革，以帮助化解工人阶级的抗议。

意大利和希腊的战争与政治

1944年7月，美国国务院高官詹姆斯·邓恩（James Dunn）指出，随着博诺米"反法西斯、亲联合国家和民主的"政府的成立，意大利历史进入到"战后时期"。[2]邓恩并没有轻视近在眼前的艰苦战斗，他知道"战后"秩序是在战争期间形成的，"战争"和"战后"并不是两个彼此隔绝的词汇，而是一个连续统一体上的两个点，互有重叠或融合，"战后"的某些方面早在战争真正结束之前就开始出现了。随着意大利战后秩序的形成，美国的援助首先用于紧急救济，然后用于意大利的经济重建，这有助于在华盛顿和罗马之间建立密切的联系。

与法国一样，战争破坏了意大利社会与经济的基本结构。粮食分配系统崩溃，盟军控制区的平民每天只能依靠615卡路里的口粮生活，这还不到德国占领时期卡路里摄入量的一半。在城市里，许多人从港口和补给站偷来数不清的军用物资，拿到黑市上出售，用以糊口。意大利帮派与盟军士兵密切合作，强行征用整车物资，然后私下出售，运抵那不勒斯的军需品有多达三分之一流入黑市。不断飙升的通胀加剧了平民的苦难，一些女性靠出卖色相换取罐装军粮度日。盟军逃兵成群结队地掠夺平民，年轻的美军二等兵维尔纳·施密德尔（Werner Schmiedel）领导下的莱恩帮（Lane Gang）臭名昭著，他们与意大利黑帮勾结，从事抢劫、勒索和谋杀活动。在意大利南部的广大地区，官员们所指称的"盗匪主义"（banditism）让政府威信扫地。与此同时，许多驻扎在前线后方的美军士兵有大把时间与意大利女性胡搞，或者按照军队发放的袖珍旅游指南，在非执勤时间到处游玩。

到处都有粮食骚乱，抗议者打出的共产党旗帜警醒了美国官员。他们认识到增加粮食配给的重要性。1944年9月，据一份发表于总统在纽约州海德公园乡下大宅的声明，罗斯福和丘吉尔承诺对意大利实行"新政"，包括增加粮食供应、加快盟军占领区向和平过渡以及为经济重建提供更多资金。在盟军团结的外表下，英国则继续阻止实施那些旨在提高意大利人民生活水平的关键措施。英国领导人缺乏支撑美式慷慨的资源，他们痛苦地意识到，华盛顿的行动，比如1944年10月单方面决定增加面包配给量，为其在意大利赢得了政治影响力，而伦敦长期以来一直将意大利视为其利益范围的一部分。

在美国意大利救济会（American Relief for Italy）等慈善机构的帮助下，美国政府机构动员的援助大量增加，仅救济会一家就分发了3700万美元的物资。华盛顿的努力越来越多地得到了联合国善后救济总署的支持。总署由44个盟国政府于1943年11月成立，是联合国第一家民事机构。尽管披着多边机构的外衣，但总署资金主要由美国提供，美国还为其提供了总部、大部分工作人员以及总干事——纽约政治家赫伯特·雷曼（Herbert Lehman）。在英国和南斯拉夫的领导下，一些成员国反对向前敌国提供援助，但在华盛顿的坚持下，1944年11月，该组织开始了在意大利的工作。

在意大利，正如在法国和比利时一样，从战争到战后的过渡是在当地共产党的帮助下完成的。由于欧洲被划分为苏联和美国分别领导的地区，共产党也是在此基础上活动。1944年10月，丘吉尔与美国驻苏大使威廉·哈里曼（William Averell Harriman）会见了斯大林，进一步明确了这种划分。鉴于红军已挺进巴尔干半岛，双方商定苏联将在战后主宰罗马尼亚、保加利亚和匈牙利。鉴于盟国和莫斯科都无法控制铁托，双方在南斯拉夫的影响力将五五分成，而伦敦认为希腊对其在东地中海的利益至关重要，坚持由英国（连同美国）在希腊占据主导地位。这种划分要求莫斯科控制住希腊共产党。

1941年轴心国征服希腊后，乔治二世国王先是逃往英国统治下的开罗，随后又逃往伦敦，他的流亡政府与国内事务几乎没有交集。在希腊国内，希腊共产党帮助组建了五党民族解放阵线（five-party National Liberation Front, EAM）及其游击队（ELAS）。虽然共产党很有影响力，但它没能掌控这些基础广泛、指挥结构分散的联盟。1943年法西斯意大利崩溃后，民族解放阵线及其游击队缴获了不少武器，他们和一些意大利志愿战士在山区高地建立了大量解放区。民族解放阵线的地方委员会有效管理着全国约三分之二的地区。1944年3月，这些地方委员会合并为民族解放政治委员会，俗称山区政府。国王流亡政府拒绝与新政府合作，4月，在埃及与盟军共同服役的希腊军人举行示威游行，支持两个政府的联合，遭到英国的强行镇压。2万希腊士兵被关进英国战俘营，直到战争结束。

根据德黑兰会议上勾勒出的巴尔干划分方案，莫斯科指示希腊共产党承认流亡政府的权力，以换取民族解放阵线在新的民族联合政府中有限的代表权。1944年夏，随着苏军进入巴尔干半岛，德军从希腊仓皇撤出。民族解放阵线及其游击队在希腊大部分地区确立了政治控制。盟军则采取迅捷行动以阻止其前进，在美国的后勤支持下，英国伞兵于 10 月初在精心策划的灵粮行动（Operation Manna）中占领了雅典。流亡政府随英军重回雅典。起初，民族解放阵线的支持者把英国人当作反法西斯战士同袍来欢迎，但双方关系很快恶化。原因是显而易见的，伦敦的目的是尽量减少民族解放阵线在希腊新政府中的参与。

1944 年 12 月，危机发展到临界点。新政府挑衅性地要求游击队战士（andartes）解除武装，民族解放阵线的部长们集体辞职以示抗议。面对一场大规模抗议集会，希腊警方公开射击，造成 24 人死亡，更多的人受伤，危机由此爆发。这场大屠杀引发了为期一个月的战斗，游击队战士与英国士兵、希腊警察和国王民兵展开了搏斗。在结果未定的情况下，丘吉尔于 12 月底以私人身份访问雅典，以促成和解。在英国士兵和游击队员交火的背景下，希腊共产党领导人以"我们伟大的盟友"问候丘吉尔，并开始敲定妥协协议。[3]正如斯大林在 10 月与丘吉尔会晤时所商定的那样，莫斯科支持英国在希腊建立一个亲西方的政府。

根据 1945 年 2 月的《瓦尔基扎协定》（Varkiza Agreement），游击队同意撤出雅典并解除武装；作为交换，民族解放阵线得到承诺：停止政治暴力，举行制宪议会选举，并就君主制举行全民公决。事实上，随着游击队武装的解除，《瓦尔基扎协定》为右派（或称"白色"）恐怖浪潮敞开了大门，成千上万民族解放阵线和游击队成员被杀害或监禁。随后，希腊爆发了全面内战（1946—1949 年），先后有英国和美国（1947 年后）介入内战，支持保守的君主制政权，该政权一直统治到 1974 年。莫斯科信守诺言，没有批评英国在 1944 年到 1945 年的行动。这与南斯拉夫形成了鲜明对比，铁托拒绝让游击队服从于莫斯科的外交利益。希腊共产党在巨大的压力下分裂了。一些共产党员与民族解放阵线和游击队中的许多非共产党员一起，欲抵制英国重建君主制的努力，但大多数人遵从莫斯科的指示，通过解除武装来避免与英国军队和希腊君主主义者发生冲突。他们为效忠莫斯科所付出的代价确实很高。

美国在太平洋上的进军和日本在中国的一号作战

1944 年，美国海军以前所未有的火力向中太平洋发起了协同进攻。率先进攻马里亚纳群岛的第 58 特遣舰队由 7 艘战列舰、15 艘航空母舰和近 900 架舰载机组成，而这只是太平洋美军中的一支。由油轮和货轮组成的庞大而高效的"舰船列车"为战舰提供支援，通过使用新技术在海上提供补给，延长了战舰的航行里程与时间。这支庞大的舰队及其运送的海军陆战队和陆军部队直指马里亚纳群岛的关岛、塞班岛和天宁岛。美军指挥官之所以想要这些小岛，是因为新式 B-29 巨型轰炸机可以从那里飞抵日本，夺取这些岛屿就能对日本发动持续的战略轰炸。

正如美国指挥官所预料的那样，日本第 1 机动舰队试图阻止美军登陆。从表面上看，这是一支由 6 艘战列舰、9 艘航空母舰和 800 架舰载及陆基飞机组成的强大舰队。但这些数字掩盖了一个事实，即在美国飞行员不断积累战斗经验的同时，日本却失去了许多经验丰富的飞行员，而且在训练替代人员方面困难重重。因此，6 月 19 日至 20 日的菲律宾海海战是一场一边倒的屠杀，美国飞行员称之为"马里亚纳火鸡大射击"（Great Marianas Turkey Shoot）。在岸上，海军陆战队和陆军与顽固的日本守军展开了残酷的搏斗。不等战斗结束，海军工兵就迫不及待地为第 20 航空队的 B-29 轰炸机修筑跑道了。

在马里亚纳群岛之战后,美国海军向菲律宾进发。在这里,海军特遣部队与麦克阿瑟将军沿新几内亚海岸前进的军队汇合。一些海军指挥官将这次进攻视为一个改道,由此不必再从台湾直接进攻日本。这次进攻不仅重新确立了美国对菲律宾的控制,还使美军与日本仍然强大的海军舰队做了决定性的了结。1944年10月下旬,在菲律宾群岛复杂的水道上,为期三天的莱特湾海战(Battle of Leyte Gulf)结束了日本帝国海军作为一支军队的存在。这场战役虽然具有决定性意义,但并不完全是一边倒,如果不是紧张的日本舰队受到重创,美军登陆部队可能会遭受严重损失。同样,战斗的结果是由物质力量、领导能力和运气共同决定的。菲律宾陆战打得同样艰难,1945年8月日本投降时,战斗还没有结束,期间菲律宾有数万平民被杀。

早在1943年年底,盟军参谋们就清楚地认识到,对日战争的胜利属于太平洋上的美军,而非在亚洲大陆作战的美国、中国与英帝国军。从纯粹的军事角度来看,这很有道理,美军在菲律宾海和莱特湾取得的大捷就表明了这一点。然而,从政治角度看,情况就很成问题了。重庆国民政府要想在与日本和延安共产党政权的缠斗中取得胜利,取得军事上的进展至关重要。此外,罗斯福仍希望将中国打造成战后世界四"警察"之一。问题是华盛顿缺乏实现这一目标的军事手段。就在开罗会议几周后,罗斯福承诺在缅甸发动大规模两栖作战的计划落空,于是华盛顿承诺在中国部署大批B-29战略轰炸机。事实证明,这也是一个脆弱的方案。

1944年年初,波音公司位于堪萨斯州威奇托(Wichita)的新工厂内,工人们正在为B-29的生产而苦苦挣扎。B-29的研发费用高达30亿美元,是整场战争中最为昂贵的武器,其先进的技术甚至使美国惊人的生产能力备受考验。B-29的加压乘员舱、远程控制的防御武器和大功率星形发动机都是极具挑战性的新设计,第一批下线的飞机必须能在严酷的冬季条件下进行拆卸和改造。在这场"威奇托之战"展开的同时,数以万计的工人正徒手敲碎岩石,以建造四个可容纳大型轰炸机的机场:两个在印度,两个在中国。美国先进的生产技术与亚洲艰苦的体力劳动相结合,使得第一批 B-29 轰炸机于 1944 年 4 月通过南大西洋交通线飞往中国。

第 20 航空队于 6 月开始行动,袭击了曼谷的铁路货场、日本南部九州岛八幡钢铁厂以及中国东北地区的昭和工业区。尽管空袭取得了这些战绩,但通过飞越"驼峰"远道运来的燃料和弹药远不足以补充轰炸机所需,这使得从中国出发做高频次的轰炸变得不可能。到 1944 年底,这些困难,加上日军一号作战行动造成的威胁,促使 B-29 轰炸机从中国撤出。大部分飞机飞往马里亚纳群岛的空军基地,其他飞机则留在印度,以轰炸新加坡、西贡和东南亚的其他目标。在离开中国之前,他们轰炸了位于华中汉口的日军补给基地,给了第 20 航空队新任司令柯蒂斯·李梅(Curtis LeMay)将军一个"使用燃烧弹进行小规模试验"的机会。[4]汉口的木制建筑燃起大火,一连烧了三天,一半的城市化为灰烬,数万平民死于火灾;对于李梅来说,这预示着对日本木制城市的轰炸攻击会取得成功。

作为日本发动的最后一次也是规模最大的陆上战争,一号作战行动加速了 B-29 战斗机队从中国的撤离。日军一号作战从 1944 年 4 月持续到 12 月,先后调集 50 多万军队参加。日军深入华南地区,遭到装备落后的国民党军队的坚决抵抗。日军的目标是开辟一条通往印度支那的陆上通道,将"共荣圈"与朝鲜和日本连接起来,后者需要穿越一片窄海。理论上,这条路线可以为日本工业提供重要的原材料,同时避开美国潜艇对海路日益猖獗的侵扰。通过这场进攻，日军占领了河南和湖南等富饶的农业大省，逼迫美国迁走轰炸机基地，并杀害了中国 50 余万平民。

与一号作战行动同时进行的还有日本缅甸方面军发起的宇号作战行动（Operation U-Gō），这是在缅甸北部对英帝国军和中国军队发起的新一轮进攻。宇号作战行动旨在破坏盟军进攻缅甸的准备工作，并阻止列多公路的施工。这一重大建设项目主要由受隔离的美国非洲裔工兵部队实施，旨在连接仍在中国控制下的滇缅公路旧道部分，重新打通从印度进入中国的陆路通道。投入宇号作战的 8.4 万名日军与自由印度的 1.2 万名国民军会师。钱德拉·鲍斯希望，一旦他的部队越境进入印度，他们将重新点燃"退出印度"运动，并发动反英大起义。印度国民军系以甘地和其他久负盛名的民族主义领袖之名组建的正规旅，国民军无论男女都坚信，这条道路将指引他们，如鲍斯的口号所说，"向德里进发！"[5]

随着日军和印度国民军的推进，英军指挥官威廉·斯利姆（William Slim）的第 14 军退回到边境，撤入印度科希马（Kohima）和英帕尔（Imphal）镇，最终迎来两场惨烈的防御战。在盟军空中力量的支持下，守军经受住了日军和印度国民军的猛烈攻击，然后发起反击。到 1944 年 6 月，驻扎在缅甸北部的日军和印度国民军由于疲惫和缺少补给，几乎全军覆没。鲍斯的幸存部队，包括女子军团在内，艰苦但秩序井然地撤入泰国。斯利姆的胜利表明，经过两年的重建和强化训练，印度军队已能够展开大规模进攻。日军被逐出缅北后，列多公路竣工。1945 年 1 月，第一支卡车车队离开印度开赴重庆。

除了打击了国民党军队外，一号作战行动还加深了重庆与华盛顿之间的政治裂痕。美国人推翻了在开罗对蒋介石作出的承诺，这表明美国人并没有平等地看待中国领导人，史迪威将军对中国军队的严厉批评也强化了这一点。蒋介石不无道理地认为，由于中国的精锐部队在缅甸支持列多公路的修筑，这削弱了中国军队在国内抵抗日军的能力。这种新的冲突激化了美国官员与国民党之间的长期敌意，9月，罗斯福要求蒋介石任命史迪威为全体中国军队的指挥官。蒋介石顶住了这种对中国主权不加掩饰的侵犯，要求美国召回史迪威。眼看中美关系就要彻底破裂，罗斯福让步了，于10月召回了史迪威。

接替史迪威的阿尔伯特·魏德迈（Albert Wedemeyer）将军同情蒋介石。他走马上任时恰逢罗斯福的驻华私人代表帕特里克·赫尔利（Patrick Hurley）接替克拉伦斯·高斯出任美国大使。最初，赫尔利继续执行史迪威—高斯的政策，与共产党人建立联系，他到延安拜访毛泽东，提议中国共产党与国民党组成联合政府。蒋介石拒绝参与这一计划，而随着魏德迈和赫尔利开始与中共保持距离，华盛顿与重庆的关系也从史迪威时期的低谷回升。

尽管与蒋介石的联盟重新焕发了活力，但此时美国人和国民党都已经无法忽视共产党。到1944年年底，中共已坐拥100万党员和90万军队。虽然自1940年百团大战以后就没有进行过大规模作战，但他们成功击退了日本和国民党对其根据地的进攻。此外，随着土改政策赢得更多农民的拥护，共产党控制的区域不断扩大。与世界上其他共产党领导人一样，毛泽东接受了莫斯科坚持的与亲资本主义势力合作的观点，并表态支持史迪威将中共军队编入新的国家军队的计划和赫尔利提议的联合政府。在这一点上，毛泽东比蒋介石更容易接受华盛顿的建议，而蒋介石本是这些计划的受益者。

随着中国共产党的影响力不断扩大，日伪军通过一号作战巩固了其地位，国民党政府的弱点则日益凸显，华盛顿开始面临这样的前景：对日战争在太平洋地区取得胜利之时，中国的主要军事与政治问题却未获解决。此外，"90个师的赌博"和美军当时的全球部署所造成的限制，实际上排除了美军在不久的将来登陆中国的可能性。美国人现在越来越多地面临着这样的结果，即依靠英帝国军在缅甸发动战争，依靠空军保持在华存在。这种进退两难的局面将很快就有结果。

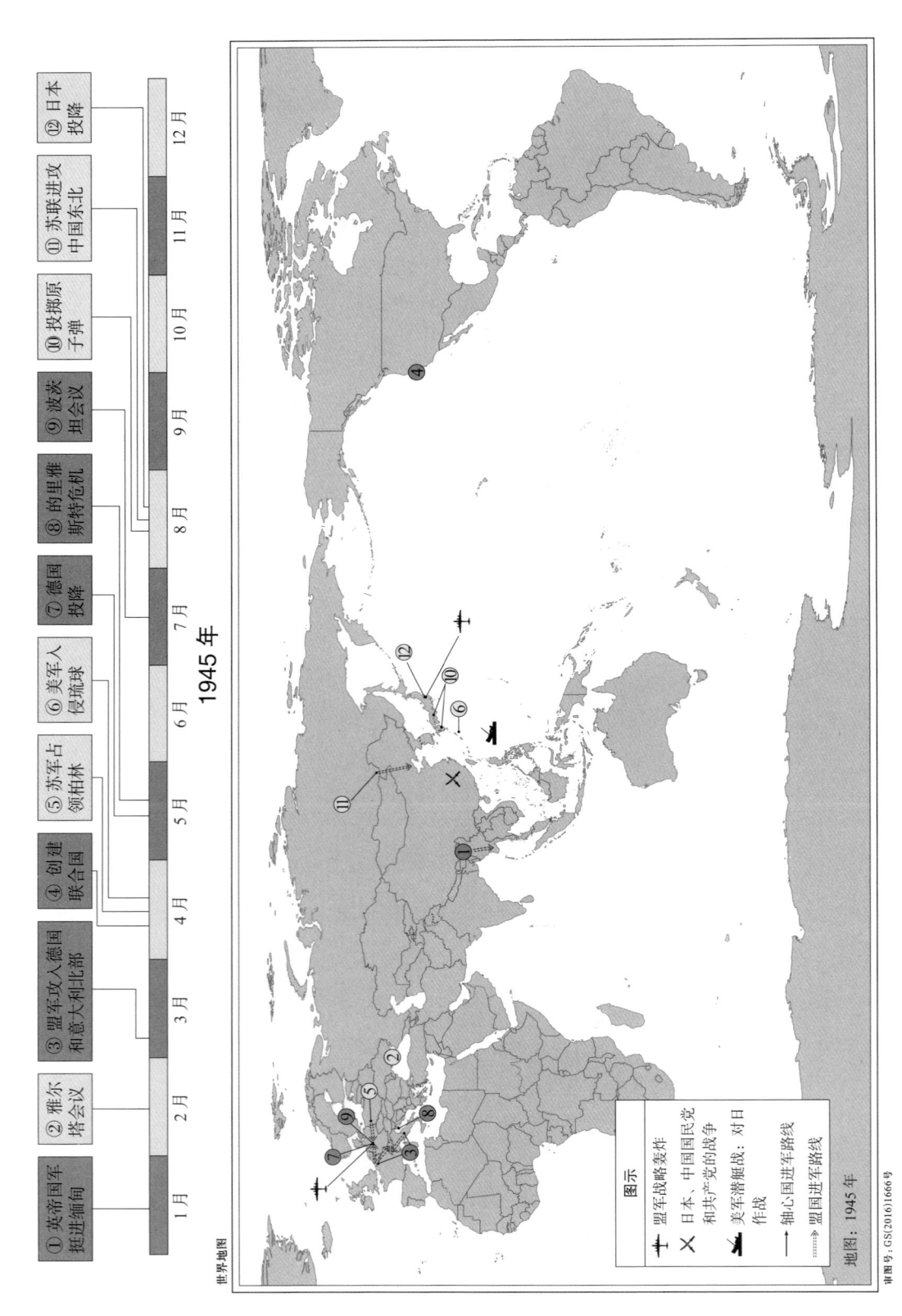

| ①英帝国军挺进缅甸 | ②雅尔塔会议 | ③盟军攻入德国和意大利北部 | ④创建联合国 | ⑤苏军占领柏林 | ⑥美军入侵琉球 | ⑦德国投降 | ⑧的里雅斯特危机 | ⑨波茨坦会议 | ⑩投掷原子弹 | ⑪苏联进攻中国东北 | ⑫日本投降 |

1945 年

1月　2月　3月　4月　5月　6月　7月　8月　9月　10月　11月　12月

世界地图

图示
- ✠ 盟军战略轰炸
- ✗ 日本、中国国民党和共产党的战争
- 🚢 美军潜艇战；对日作战
- → 轴心国进军路线
- ⇢ 盟国进军路线

地图：1945 年

审图号：GS(2016)1666号

180

第九章
1945 年：战争结束了，斗争仍在继续

一个世界经济新秩序

1944 年夏，盟军攻入法国仅仅几周后，来自 44 个国家的代表就在美国新罕布什尔州风景如画的布雷顿森林度假胜地举行会议。所有国家都是《联合国家宣言》的签署国，除主要盟国外，还有美洲国家（阿根廷除外）、英国属地（包括印度），以及比利时、荷兰、希腊、挪威、南斯拉夫和菲律宾等国流亡政府的代表。埃及、伊朗、伊拉克和叙利亚，以及南非、埃塞俄比亚和利比里亚等撒哈拉以南非洲为数不多的民族国家，也派代表出席了会议。美国明确拒绝邀请阿根廷，以惩罚布宜诺斯艾利斯对美国地区霸权的抵制。这次会议在历史上明确了美国的全球优势地位，在其领导下，代表们以推动战后资本主义长期扩张的方式重组了世界经济。美国的企业——以及美国政府——已经为结束战时贸易法规做好了准备，自由贸易将是新经济秩序的核心。

战争期间，盟国之间的大多数贸易都是通过高度管制的渠道进行的。除了由美国政府根据《租借法》分发的 500 亿美元战争物资外，华盛顿还参与了各种管制美国商品流通的地区性计划。在开罗，美国官员加入了由英国发起的中东供应中心（Middle East Supply Center）；在阿尔及尔，他

们参加了北非经济委员会（North African Economic Board）。这些由军官、外交官和商人组成的委员会负责管理食物、燃料和衣服的分发，委员会认为，适当的物质刺激可以排除因经济失调引发政治动荡的危险。大部分物资来自美国，这些物资的流通既有助于在整个阿拉伯世界撒播美国的善意，也为美国产品打开了新的市场。

作为世界上主要的制造业国家——因此也是最能从商品自由流通中获益的国家——美国从世纪之交起就把推动自由贸易置于其政策的中心位置。自由贸易是威尔逊设想的第一次世界大战后世界秩序的核心，但在20世纪30年代，经济大萧条致使全球经济退回到自给自足、保护主义和"帝国特惠制"的时代，自由贸易被搁置一旁。然而，到1944年，以日益壮大的经济和军事力量为后盾，美国坚持让自由市场成为战后世界经济的主要特征。美国对自由贸易的坚持引发了与英国和法国的冲突，因为英、法希望与其殖民地维持特惠贸易关系。然而，法国尚未恢复大国地位，战时英国在经济上依赖美国，这些事实削弱了这两个国家的立场。这种不平等关系在1945年被进一步强化：美国利用为战后重建提供贷款的承诺，"哄骗"英国和法国完全遵守布雷顿森林会议所确立的自由贸易原则。

布雷顿森林会议开启了一系列旨在降低或取消进口关税的谈判，最终在1949年达成了关税与贸易总协定，[①] 即今天世界贸易组织的前身。会议还将美元作为全球贸易的主要媒介，从而确立了美国的经济主导地位。代表们以每盎司黄金35美元的价格确定了固定汇率，使其他货币与美元挂钩，有效重建了金本位制度。虽然英镑在旧有英帝国的"英镑区"内又维持了好些年，但随着华尔街取代伦敦金融城成为全球首屈一指的金融中

[①] 原文如此，实际上，关贸总协定于1947年日内瓦会议上达成，并于1948年生效。——译者注

心，美元的全球霸主地位已无可争议。

会议设立国际货币基金组织来巩固这一体系。基金组织旨在通过向贸易失衡的国家提供贷款来维持外汇市场的稳定，否则这些国家的货币将被迫贬值。基金组织的贷款条件是贷款接受国同意以有利于当地精英及其美国支持者的方式重组国内经济。成员国根据其对基金组织份额的贡献按比例分配投票权，这使得美国在基金组织事务中拥有决定性发言权。代表们否决了经济学家约翰·梅纳德·凯恩斯（John Maynard Keynes）代表英国提出的一项竞争性计划，该计划通过一家国际银行的贷款来调整汇率波动，发行以班柯（Bancor）为名的货币。无论其优点如何，凯恩斯计划无疑会阻止美元成为世界储备货币，仅这一点就令美国谈判代表无法接受。

布雷顿森林会议还构建了美国与独立国和殖民地的经济关系，它们不久后将被称为"第三世界"。美国推动全球自由贸易的基础是利用双边贸易协定降低整个拉丁美洲的关税。这些措施与一种驱动力绑定在一起，即以促进商品与货币自由流动为导向对数个拉美国家银行业与金融业作结构性调整。华盛顿认为，拉丁美洲和整个殖民世界的经济发展对美国战后繁荣至关重要。正如高级顾问所解释的，从长远上看，通过为美国商品培育新市场，"巴尔干的农民、次大陆的印度教徒和穆斯林（以及）中国人的经济进步将有助于美国的经济与政治安全"。[1]许多第三世界领导人都相信这一愿景，并与华盛顿保持合作，为国家主导的关键工业化项目寻求美国的贷款。

美国确保了这些来自第三世界的观点在布雷顿森林会议上得到表达，一个重要原因是它们有助于削弱英法所捍卫的旧帝国体系。中国派出了人数第二多的代表团，44个与会国中有19个来自拉丁美洲。这些代表为华盛顿提供了一个可靠的投票集团，并帮助创建了国际复兴开发银行

（IBRD），这是在布雷顿森林会议上构想的第二个主要机构，也是未来新建立的世界银行的重要机构。同样，国际复兴开发银行主要由美国注资和控制。该行业务最初是面向欧洲重建——第一笔大型贷款给了法国——不久后其业务就转向了第三世界的基础设施建设。这一转变将美国官员、银行家和商人与重大现代化项目联系在一起，凸显了美国的国际主义主张，即为了全世界经济发展利益而行动。事实上，世界银行贷款的附加条件给了华盛顿相当大的政治影响力，如1947年的法国贷款是以共产党部长退出政府为条件的。

布雷顿森林会议结束后，在外交官威廉·卡尔伯森（William Culbertson）的率领下，一个特殊的美国贸易代表团穿梭访问了地中海和中东地区。代表团审查了美国在这些关键地区的贸易情况，并为其战后发展提出建议。卡尔伯森得出结论，北非经济委员会和中东供应中心已经失去作用，应予解散，以迅速恢复"正常"的商业活动。卡尔伯森强调，他支持自由贸易的结论既适用于意大利和法国，也适用于该地区的各个殖民地和独立国家。由于美国商人渴望进入这些市场，美国国务院很快同意了卡尔伯森的报告，表态支持结束受战时管制贸易。

继布雷顿森林会议之后，1944年11月，国际民用航空大会在芝加哥召开。在会议上，美国同样利用其战时优势来确保战后自由贸易的实现。美国代表认为，民用航空器在世界范围内运送货物和乘客时，应有权飞越任何国家的领空。美国外交官以国际主义腔调提出了"开放天空"政策，辩称天空是"大自然赋予全体人类的高速公路"。[2]在这种全球主义论调的背后，美国是唯一拥有运营经验、运输机、训练有素的飞行员和利用"开放天空"所必需的基地网络的国家。英国人没有忽略这一事实，他们将"开放天空"视为"美国主导天空"的委婉说法，并试图保护本国主要航空公司，使其免受来自美国的竞争。在已经融入美国航空运输网络的拉美国家以及澳大利亚、加拿大和新西兰的支持下，美国轻松挫败了英国的挑战。在冷战的紧张岁月里，华盛顿政府抛弃了《芝加哥公约》中冠冕堂皇的全球主义，但彼时美国民航的主导地位早已牢固确立。

雅尔塔会议

苏联代表团参加了布雷顿森林会议，莫斯科希望在那里建立的多边经济机构能为资本主义世界经济和苏联社会主义经济建立持续的联系。苏联特别希望美国为其战后重建提供贷款。美国首席谈判代表哈里·德克斯特·怀特（Harry Dexter White）向苏联提供了有关美国方案的信息，这更坚定了莫斯科的期待。怀特不是共产主义者，但他设想的战后秩序建立在美苏持续合作的基础上。尽管怀特和其他新政自由主义者抱有幻想，但华盛顿与一个私人资本被废除的国家长期"和平共处"毫无兴趣，随着战争走向结束，许多美国政策制定者对苏联以及苏联势力向东欧扩张的敌意与日俱增。

1945年2月，丘吉尔、罗斯福和斯大林在克里米亚度假胜地雅尔塔会晤，苏联的军事力量影响到了有关战后政治格局安排的讨论。除了希望与美国继续和平共处外，苏联政府还希望通过主导东欧来加强其防御地位。1945年初的战场局势增加了莫斯科的谈判筹码，朱可夫元帅的军队在柏林城外50英里的地方蓄势待发，而英美军队仍在突出部战役中疲于奔命。这种有利的军事倾斜增加了莫斯科政治提议的权重，特别是那些与波兰有关的提议。会议一致认为，波兰应该整体西移，将波兰东部的领土转给苏联，同时以德国的一大块领土弥补。盟军领袖还同意，将以苏联支持的卢布林委员会为基础成立波兰新政府，唯一条件是它需要得到大选的认可。

盟国有关德国的长期计划仍然相当模糊，但在建立一个弱小、去军事化、至少部分去工业化的德国这一问题上达成了广泛的共识。会议同意，短期内将德国分为四个占领区，分别由美国、英国、法国和苏联占领当局管理，其中法国占领区是从最初分配给英美的领土上分割出来的。位于苏联占领区腹地的柏林城同样被一分为四。会议还设立了四国管制委员会，以监督对德军事占领、起诉纳粹高层，而盟国赔偿委员会（Allied Reparations Committee）将决定德国对战时破坏的赔偿事宜。关于亚洲事务，苏联领导人重申，他们将在欧战胜利三个月后[1]加入对日作战的承诺；作为交换，他们要求领土和经济上的权益，并写入新的中苏条约。在更广泛的国际问题上，三巨头批准了一项计划，商定1945年4月在旧金山举行新的联合国组织成立大会。

莫斯科在雅尔塔会议上实现了其主要目标，确保了英美认同苏联在波兰和东欧的主导地位，以及建立一个虚弱的（如果最终统一的话）德国。罗斯福在整个会议期间一直疾病缠身，不久后就去世了。战后，罗斯福总统被指控向苏联"投降"。事实上，罗斯福在雅尔塔对斯大林的"绥靖"只是反映了欧洲大陆的军事局势，更广泛地说，这是地缘政治的结果，即在华盛顿的运筹下，这场战争的绝大部分实际战斗是由苏联承担的。1945年初，美英军队并没有机会为波兰或东欧奉上一个更亲西方的方案。

从雅尔塔返回的途中，罗斯福会见了沙特阿拉伯国王伊本·沙特（Ibn Saud）。沙特阿拉伯于1932年作为一个民族国家脱颖而出。美国工程

---

[1] 原文如此，应为欧战胜利后三个月内。——译者注

师很快就发现它坐拥海量石油储备。1933年，在美国政府的支持下，加州标准石油公司（SoCal）——战后沙特阿美石油公司（ARAMCO）的关键成员——获得了沙特石油的独家开采权。战争期间，美国主要依靠国产石油，但美国石油商人早就盯上了全世界的石油生产主导权。为此，石油资源丰富的中东地区首次在美国地缘政治思维中占据了重要地位，发展与沙特的关系成为美国在该地区的中心议题。

1943年，利雅得政府被宣布有资格获得租借物资，这是华盛顿利用军事援助获取政治影响力的又一例证。罗斯福与伊本·沙特的会晤巩固了两国不断深化的关系，为美国在该地区扩大军事力量奠定了基础。利用沙特阿拉伯，资金雄厚的美国公司将能够挑战英国对伊拉克和科威特油田的控制。这种对英国中东权力的威胁已经成为英美关系紧张的主要根源之一，1944年的《美英石油协定》（Anglo-American Petroleum Agreement）只是暂时缓解了这种威胁。罗斯福开玩笑地向丘吉尔保证，美国不会"眼红伊拉克或伊朗的油田"，但这无法消除英国的担忧。在中东，如同其他地方一样，英国的经济利益被那些强大且得到政府支持的美国公司所侵占。[3]

欧洲战事的结束

雅尔塔会议后数周，欧洲的军事局势发生了巨大变化。3月7日，美军冲过一座德军未能及时摧毁的莱茵河大桥，美国装甲部队很快就长驱直入，挺进德国腹地。在北部，英国和加拿大军推进到荷兰和北德地区。4月，美军以雷霆之势合围鲁尔工业区，俘获30多万德军。随着盟军的推进，战略轰炸行动仍在继续，以英国和意大利南部为基地的轰炸机在第三帝国上空自由飞行，轰炸石油供应线和交通枢纽。在这次打击下，德国社会经济和社会结构开始瓦解，为躲避轰炸和前进的盟军，德国各地的道路被难民塞得水泄不通。2月，盟军轰炸了历史名城德累斯顿，包括当地居民和战俘在内，数千人当场死亡，据估计，另有2.5万人死于轰炸引发的大火。

当盟军推进到德国中心地带，并南下奥地利和捷克斯洛伐克时，德国军队丧失了组织大规模抵抗的能力。除了一些部队，特别是精锐的党卫军编队仍在负隅顽抗外，其他军队在盟军到来时便迅速投降。绝望的指挥官们把老人和男孩编入民防组织国民突击队（Volkssturm），推到前线，不出意外，他们死伤惨重。眼看战争即将结束，美军指挥官不愿再冒遭受严重伤亡的风险，他们经常以猛烈的炮火和空袭来回应当地居民的轻微抵抗，从而无谓增加了物质的破坏和平民的死伤。

在两支波兰军队的协助下，红军于4月中旬向柏林发起了新的攻势。1939年波兰战争期间，一些波兰人被红军俘虏。在随后的对德战争中，他们加入了红军的队伍。经过激战，他们撕开了德军在奥得河的防线，向柏林推进，现在这座城市正承受着盟军的狂轰滥炸。4月底，柏林被合围。4月30日，在苏军奋力破城时，希特勒指定海军上将卡尔·邓尼茨接任国家元首，随后自杀。两天后，苏联士兵在满目疮痍的国会大厦上扬起了红旗。邓尼茨最后一次尝试与西方盟国单独媾和，于5月7日向艾森豪威尔投降，第二天又向三大盟国投降。4月25日，美军和苏军已在易北河上的托尔高（Torgau）胜利会师；他们历史性的握手象征着德国的军事失败，也预示了即将到来的分裂。

大多数德国军队很快就放下了武器，但在捷克斯洛伐克和克罗地亚与苏联作战的一些德军仍在反抗，他们希望向美军投降。在德国中部的部分地区，美军越过雅尔塔确定的分界线达 200 英里，其中一些军队在驻防几个月后才将领土移交给苏军。在挪威，英国一支小型空降部队携挪威国王与流亡政府来到奥斯陆，接受了 40 万德国精锐守军的投降。在遥远的北方，撤退的德军摧毁了乡村，红军短暂进入挪威并与当地抵抗力量会合，随后在 1945 年 9 月撤离。

第三帝国在行将咽气之时仍然目睹了一些最为惨烈的战斗。8 万多名苏联和波兰士兵在对柏林的最后一击中死亡。受到官方宣传的鼓动，红军士兵为苏联人民所受的苦难而报复：已经投降的德国士兵经常被射杀，大规模的抢劫司空见惯，成千上万的德国女性被强奸。莫斯科没有尝试推动工人阶级发动反纳粹起义。相反，从位居苏联政策核心的俄罗斯民族主义出发，莫斯科强调的是不分青红皂白的"反希特勒主义"（anti-Hitlerite）意识形态，将所有德国人都视为纳粹。因此，出现在德国的红军不是解放者，而是兼具复仇与反女性的可怕的暴力工具。

弥留之际的第三帝国进行了最后一次野蛮的大屠杀，柏林将军事灾难和盟军的"恐怖轰炸"归咎于世界范围内的犹太人阴谋。在"清空"了波兰总督府的犹太区之后，反犹太暴力活动向新的方向蔓延，新成立的箭十字（Arrow-Cross）政府把近 50 万匈牙利犹太人驱逐到奥斯威辛。在维希民兵组织的热情支持下，法国犹太人从 1942 年夏天开始被送往奥斯威辛，并同样是在 1943 年到 1944 年加快速度。到 1944 年 7 月最后一列火车离开法国时，已有 7.5 万名犹太人被送至生命的终点。1944 年夏，随着苏军占领波兰东部的马伊达内克灭绝集中营，纳粹的大规模种族灭绝系统才开始解体。自此，盟军解放了一个又一个恐怖的集中营。美国、英国和苏联军队的到来，以及随之而来的新闻媒体，第一次将大屠杀的恐怖面貌全面展现在国际社会面前。但这还没有结束。随着盟军的前进，集中营警卫通过残酷的强迫行军疏散囚犯，这通常发生在恶劣的天气下，也没有食物或避难所。在战争的最后几个月里，至少有 25 万犹太人和数以万计的战俘倒在了这些死亡行军中。

1945 年春，盟军终于突破哥德防线，进入意大利北部，在那里，反法西斯游击队和墨索里尼的意大利社会共和国民兵之间的内战正在激烈进行。随着盟军的推进，他们发现游击队起义和大规模罢工已经将德国人赶出了博洛尼亚、都灵、米兰和其他工业城市。随着德国占领的瓦解，在共产党和其他激进势力的领导下，各地纷纷成立了人民政府。显然，博诺米的反法西斯政府对盟军有益无害。1944 年 12 月，罗马说服游击队接受盟军的指挥，现在，随着盟军抵达，在一系列精心安排的仪式上，游击队将武器以及大部分政治权力移交给盟军官员（图 9.1）。正如在德黑兰所承诺

图 9.1 1945 年 4 月 25 日，在维罗纳的罗马圆形剧场举行的一个精心设计的仪式上，意大利游击队员将武器移交给盟国占领军。在这里，全副武装的游击队员行进到体育场，高声宣告他们的家乡和村庄后，把枪支扔进美国军用卡车。（资料来源：James C. Hare）

的那样，苏联利用其影响力确保了共产党领导下的意大利北部革命热潮不会影响到盟军的前进。

的里雅斯特危机和波茨坦会议

在战争的最后几日，为在亚得里亚海滨之城的里雅斯特（Trieste）建立一个亲西方的军事政权，驻意盟军指挥官派新西兰军队进攻该城。自1918年哈布斯堡帝国解体以来，意大利和南斯拉夫就为争夺该城冲突不断。4月30日，意大利和斯洛文尼亚的反法西斯主义者发动反德起义，第二天南斯拉夫游击队就进入了的里雅斯特市。新西兰军于5月2日抵达并接受了德国驻军的投降，他们和游击队实施的联合占领并不和谐。此前英国政府曾同意的里雅斯特归属南斯拉夫，但如今伦敦和华盛顿都不想让它落入铁托手中。经过40天的对峙，南斯拉夫军队于6月初撤出该城。这不是铁托的本意，但斯大林明确表示，他不可能因支持南斯拉夫以武力对抗盟军来"开启第三次世界大战"。[4]离开苏联的支持，铁托别无选择，只能让步。南斯拉夫的确获得了的里雅斯特城垣之外朱利安（Julian March）的一部分，但的里雅斯特仍置于盟军的军事统治下，直到1954年被移交给意大利。

的里雅斯特危机促成了7月16日至8月2日在柏林郊区波茨坦举行的最后一次战时首脑峰会。的里雅斯特危机的启示是，莫斯科希望继续与西方合作，这意味着在面对坚决反对时，莫斯科会退让而不是冒发生冲突的风险。这启发了杜鲁门政府。4月12日罗斯福去世后，杜鲁门继任为总统。他热衷于抵制苏联在东欧扩大影响力的行动，雅尔塔会议后五个月军事局势的逆转强化了这一新的对抗方式。在这段时期，红军攻入柏林，控制了匈牙利和捷克斯洛伐克，但盟军也全速冲到德国中部腹地及西奥地利地区。就在罗斯福去世前六天，他告诉丘吉尔，这些进展将能使盟国采取更强硬的方式对付斯大林。[5]

如果罗斯福活得更久，他对苏联的态度会如何变化，这一点无从考证。但"更强硬"的立场则与他的许多主要顾问一致。因莫斯科未能在波兰组织选举，杜鲁门严厉斥责了苏联外长维亚切斯拉夫·莫洛托夫，这为他的总统任期定下了基调。在波茨坦，因7月16日首次核武器试验在新墨西哥州洛斯阿拉莫斯成功实施，杜鲁门的立场变得更加强硬。当杜鲁门告诉斯大林，美国现在拥有一种威力空前的武器时，这位苏联领导人敦促美国立即将其应用于对日作战中。尽管如此，这颗新炸弹对两国关系的潜在影响是显而易见的。

鉴于美苏对抗的日益激烈，除了批准波兰的新边界和已在雅尔塔会议上原则达成一致的对德分区占领外，波茨坦会议几乎没有取得任何成果。会议决定成立外长委员会（Council of Foreign Ministers），由三国及中法两国代表组成，负责起草与前轴心国的和约。波茨坦会议不仅凸显了美苏间日益加剧的紧张关系，还见证了英国影响力的下降，以至于有人将其描述为"两个半大国"的会议。美国人决定欧战结束即停止租借，令英国领导人难以置信。进一步地，美国又拒绝了英国在太平洋盟军战略方向上扩大发言权的尝试，进一步凸显了英国的二等国地位。

在波茨坦，毫无魅力的工党领袖克莱门特·艾德礼（Clement Attlee）取代了老练的战时领袖温斯顿·丘吉尔，这标志着英国地位的变化。英国大选没有遵循固定的时间表，1945年初工党退出战时联盟后，丘吉尔解散了政府①，并举行了一场遵循党派路线的大选。虽然英国工人阶级大多尊

---

① 原文如此。此处应为解散议会，英国执政党必须为议会多数，这一点与美国不同。——译者注

重丘吉尔的战时领导，但他们也没有忘了丘吉尔20世纪20年代强硬的反工会立场，并不相信他能带来和平。英国工人和整个欧洲的工人一样，希望对纳粹的胜利能带来一个更为公正的世界。工党支持率的上升，是意大利和法国工人阶级大规模反抗在英国的温和折射。艾德礼领导下的工党迎合了这些平等主义的愿望，承诺实行社会化医疗，扩大公共教育和住房建设，实施关键产业的国有化。其中一些措施已经包含在英国政府1942年的《贝弗里奇报告》和1944年的《教育法》之中，但许多人不相信丘吉尔的保守党能够将之付诸实施。

现役士兵给予工党以强有力的支持，他们在世界各地的兵营中投票。战时经历使他们中许多人相信有必要进行彻底的社会改革，其中一些人参加了政治讨论小组和在多个海外基地举行的"部队议会"。在开罗的一家夜总会，500名士兵挤得满满当当，召开他们的"议会"。在被高层封杀之前，他们投票决定国有化银行，并为劳动人民建造400万套住房。工党在7月5日的选举中取得了压倒性胜利，波茨坦会议期间，艾德礼接替震惊不已的丘吉尔成为首相。

盟军战略轰炸与太平洋战争

在波茨坦，斯大林通知他的西方盟友，日本政府内部希望和谈的势力已经要求莫斯科充当中间人。作为回应，美国、英国和中国政府发表了一份措辞强硬的声明，重申他们要求日本无条件投降。《波茨坦宣言》没有提到原子弹，但它威胁说，除非日本投降，否则它将面临"迅速和彻底的毁灭"。[6]声明还指出，日本将由盟军占领，剥夺殖民地，并实施全面的经济和政治改革。

由于未能从中国的基地起飞对日本实施连续的战略轰炸，1944年底，第20航空队的大部分B-29轰炸机转移到马里亚纳群岛的新机场。从那儿出发，轰炸机可以打击日本境内的任何目标，但他们最初尝试的高空精确轰炸受到恶劣天气和大风的干扰，以致造成的损失微乎其微。这个结果无法证明B-29项目巨大投入的合理性，着急的柯蒂斯·李梅将军采纳了新的战术，即给这些大飞机装满燃烧弹，对日本极易失火的城市展开低空夜袭。结果是毁灭性的。3月9日至10日夜间，334架B-29轰炸机向东京豪掷了1 665吨燃烧弹，引发了一场弥漫全城的赤焰风暴，8万多人丧生，25万间房屋和22家大工厂被摧毁。很难理解这场屠杀的规模有多大：不过是对一座城做了一夜的轰炸，结果就有8万人死亡。在东京之后，李梅的轰炸机开始系统地轰炸日本的主要工业中心。

到3月底，轰炸机就耗尽了所有可用的燃烧弹，但日本防空能力的瓦解使美军能够在白天用高爆炸药发动攻击。67个日本城市遭到轰炸，包括名古屋、大阪和神户在内，许多城市一半以上的城区被摧毁。有些城市如铝业城富山在地图上被抹掉。超过30万日本平民在轰炸中丧生，虽然总体伤亡人数少于德国，但造成伤亡的时间则要短得多。数百万平民，其中许多是儿童，被疏散到乡下，其他人则没有等到官方批准就逃走了。仅仅五个月，美国的轰炸就使日本的工业经济完全瘫痪。与此同时，在日本海上贸易航线上活动的美国潜艇阻止了该国关键原材料的进口。日本已无力发动一场现代工业化战争。

当重型轰炸机轰炸日本的城市时，美国海军正在向日本本土推进。2月中旬，海军陆战队发起了长达一个月的血腥战役，夺取了硫磺岛；从4月到6月，陆军与海军陆战队联合特遣队征服了距离日本南部仅350英里的冲绳岛，冲绳10余万名平民在战斗中被杀。在这两场战役中，美军都部署了压倒性的火力,在冲绳的美军舰队包括 40 艘航空母舰与数百艘护卫舰和支援舰。尽管美军攻击声势巨大,但防御严密的日军还是给他们造成了重大伤亡。在冲绳,神风特攻队(kamikaze)自杀式飞机击沉了 36 艘美国军舰,击伤了 360 多艘。从长远来看,神风特攻队的作战方式显然是不可持续的,但它们提供了一种有效的方式,可以利用训练不足但勇于献身的飞行员,并且让盟军的参谋人员和海军船员感到恐惧。

美国工兵迅速将冲绳变成一个巨大的建筑工地,他们建造空军基地和补给站,为进攻日本做准备。美国计划分为两个阶段,首先于 1945 年 11 月在南部的九州岛登陆,然后在 1946 年 3 月攻击包括东京在内的本州岛。这些大规模行动涉及从欧洲调来的部队、装备和飞机,美国指挥官勉强同意将英国领导的英联邦军团和英帝国军的远程轰炸机部队纳入其中。然而,硫磺岛和冲绳岛的经验使一些美国指挥官相信,登陆日本将给美军造成重大伤亡。他们估计的伤亡数字经常被用来为对日使用原子武器辩护。事实上,使用原子弹的主要动机系出于战略和地缘政治方面的考虑,避免美军的伤亡问题并非主要考虑因素。

亚洲的地缘政治和原子弹轰炸日本

在亚洲,美国地缘政治利益的中心不是日本,而是中国。本质而言,打败日本是美国在亚洲大陆和广阔的中国市场占据主导地位的一步。然而,随着日本濒临战败,不言而喻,到战争结束时,中国仍会有近 200 万未被击败的日军,大片土地处于共产党的控制之下。在史迪威被召回以后,美国与蒋介石的关系有所改善,但国民党政府仍面临着重大的政治和军事挑战。与欧洲相比,强大的英美军队占领了德国大片地区,而美国在华军队数量稀少,这一弱点限制了其政治影响力的发挥。而且,正如在波茨坦所承诺的那样,苏联在欧战胜利三个月后[①],就准备参加亚洲战争。

1945 年,盟军在亚洲大陆取得的唯一重大进展是英帝国军对缅甸的进攻,这是在日本向印度的最后一击被挫败后于 1944 年底发起的。威廉·斯利姆将军的第 14 军有 13 个步兵师,其中 8 个来自印度,2 个来自英属西非,1 个来自英属东非,只有 2 个来自英国本土。这支多国部队得到了 6 个中国师和昂山(Aung San)领导的缅甸国民军的支持。英帝国军训练有素,善于丛林作战,拥有压倒性空中力量的支持,并以先进的后勤系统为后盾,利用新建的简易机场进行空中补给和撤退伤员。相比之下,日本的缅甸方面军则饥肠辘辘、疲惫不堪、装备简陋。1945 年 3 月,第 14 军占领了缅甸中部的曼德勒,并于 5 月攻入首都仰光。与此同时,一支澳大利亚军队在婆罗洲登陆,在那里它与民族主义游击队会合,这些游击队既反对日本的统治,也不赞成前殖民者英国和荷兰主子的回归。

尽管这些进展意义重大,但它们并没有直接撼动日本对中国的控制。魏德迈将军接替史迪威担任蒋介石的参谋长,1945 年春,他准备从缅甸向华南地区发动大规模进攻,但战争还没发动就结束了。与他的前辈史迪威一样,魏德迈敦促华盛顿斡旋国共两党实现和解。他的提议反映了中共日渐壮大的实力得到了美国的认可。将毛泽东纳入联合政府,可实现对他的控制,这得到了苏联的支持。包括赫尔利大使在内的其他美国官员不同意魏德迈的观点,他们拒绝与共产党结盟,并主张美国加大力度巩固国民党政权。尽管如此,与欧洲不同的是,美国在欧洲强大的军事力量使其能够有效反击苏联,但它在中国却没有这样的影响力。美国强大的海军对于

---

① 原文如此,应为欧战胜利三个月内。——译者注

战胜日本至关重要,但在中国广袤的土地上却作用有限。

当苏联准备履行它一再作出的承诺而对日作战时,美国在中国本就困难的处境则雪上加霜。在雅尔塔,斯大林取得有关中国领土与经济让步的承诺,作为苏联加入对日战争的回报。他向罗斯福保证,苏联军队不会支持中共反对国民党,在1945年8月签订的《中苏友好同盟条约》中,苏联承认国民党政权是中国的合法政府。这种做法反映了莫斯科对确保战后与美国"和平共处"的重视,即使这意味着遏制中共也在所不惜。然而,在欧洲紧张局势加剧的背景下,莫斯科的承诺并没有让美国的政策制定者放心,华盛顿决定通过使用新型原子弹迫使东京投降,从而迅速结束太平洋战争。

关于启用原子弹的"决定",已有论述可谓汗牛充栋,但当时唯一真正讨论的是何时何地使用这种新型武器,而不是使用与否。在美国高层指挥官中,只有参谋长联席会议的非正式负责人威廉·李海(William Leahy)海军上将对使用原子弹表示严重怀疑,他坚信海上封锁和轰炸已经让日本屈服。更多的则是,现在一架飞机就能完成过去数百架飞机的工作,原子弹有效扩大了对日本城市的打击;从平民受害者的角度来看,常规轰炸和核轰炸之间并无任何显著的道德差异。一些评论家声称,原子弹不会被用来对付德国人,用来对付日本人是受种族主义态度的驱使。当然,美国在宣传中确实利用了种族主义形象来助长历史学家约翰·道尔(John Dower)所描述的"毫不留情的战争",但没有证据表明,如果美国早就拥有原子弹,会藏起来不对德国使用。

1945年8月6日,一架以飞行员母亲命名为艾诺拉·盖伊(Enola Gay)的B-29轰炸机向工业城市广岛投下了一颗原子弹。约有10万人死于爆炸和随之而来的大火,广岛约70%的面积被夷为平地。

三天后，苏联对日宣战。150多万苏联士兵和5 500辆坦克涌入中国东北。在一次大围剿行动中，红军的外贝加尔方面军穿过蒙古沙漠，翻越大兴安岭，向前推进。日本关东军精锐早就被调往太平洋，增援当地日军，残余力量在苏联的强攻下马上土崩瓦解。8月20日，当进攻停止时，日本扶植的傀儡政权伪满洲国和伪蒙疆（内蒙古）已彻底覆灭，红军完全控制了中国东北地区。尽管遭到了当地中国共产党人的抗议，但苏军在中国东北的野蛮行为与在德国几乎没有什么两样，苏联工程师迅速开始拆除中国东北的工厂。8月底，苏军冲入日据朝鲜的北部，最终按照华盛顿提出的半岛划分提议，在三八线停了下来。两个大国都没有征求过朝鲜人的意见。

就在红军进攻中国东北几个小时后，一架美国轰炸机向港口城市长崎投下了第二颗原子弹，据估约4万人死亡。与广岛一样，长崎由于存在大量来自朝鲜和"共荣圈"区域的强迫劳工，他们很少登记在册，因此无法给出准确的伤亡数字。在第二次原子弹爆炸后，随着苏联以惊人的速度侵入中国东北，日本政府内部倾向于投降的派别渐渐成势。经过长时间的讨论，裕仁天皇介入，支持那些寻求和平的人，唯一条件是保留其作为日本国首脑的地位。像在意大利一样，君主在迫使政治和军事精英承认他们已经输掉了战争的过程中发挥了关键作用。美国领导人作出了积极回应，同意保留天皇，但坚持要求他服从于美国占领军最高司令官道格拉斯·麦克阿瑟将军。在挫败了一次主战派的政变阴谋后，东京于8月15日同意了这些条件。

1945年9月2日，在密苏里号战列舰的巨炮下，日本正式投降，彼时东京湾还同时停泊着其他美国战舰。美国海军准将马修·佩里（Matthew Perry）的旗舰于1853年进入东京湾时所悬挂的美国国旗此时也得到展示，强调了对日本的羞辱。然而，尽管当代人大肆吹嘘，历史学家也在不断重复，但是密苏里号甲板上发生的一切并非无条件投降。事实上，尽管裕仁天皇直接参与了有关战争的所有重大战略决策，但美国领导人还是同意了东京"维持君主制"这一关键条件。保留君主制当然具有象征与宗教意义，但它也提供了一个关键的凝聚点，使新的政治秩序得以围绕它而建立。最后，与意大利的情况一样，一个有条件的投降对双方都有利。

亚洲战事止而不休

密苏里舰上的仪式结束后数周，前"共荣圈"各地的日军纷纷向盟国代表投降。在中国，麦克阿瑟坚持要求日本士兵只向国民党投降，当国民党官员招募他们对抗共产党时，许多日本士兵仍未解除武装。他们的经验被复制到东南亚各地，盟军雇佣了成千上万的"日本投降人员"（Japanese Surrendered Personnel）——一个专门为规避国际上禁止在军事行动中使用战俘而发明的名词类别——与民族主义反抗者作战。在马来亚、新加坡、荷属东印度群岛和香港，由英国分遣队接受日本投降，并恢复殖民统治。在许多地方，美军和英帝国军面临着《纽约时报》所说的"民族主义之火"。该报承认，盟国对于民族自决在名义上的支持与现实中的反对之间形成了一种令人不安的"悖论"。[7]正如我们将在下一章看到的，美国政策制定者倾向于将共产主义和人民民族主义一视同仁，并且给予强烈反击。

亚洲战争结束时的糟糕状况与欧洲战争结束时的情况形成了鲜明的对比。在欧洲，大部分空间被一支或几支盟军直接占领；而在亚洲和太平洋，超过350万未被击败的日军仍然控制着大片领土。在欧洲（希腊除外），德黑兰会议确定的分治原则，在实施时得到各国共产党的帮助，避免了盟军与当地抵抗运动之间的重大冲突。苏联对亚洲民族主义运动的影响较弱，反殖激进分子往往不愿将他们的诉求置于莫斯科寻求战后与美国共处的目标之下。这些因素导致政治和军事形势的持续变幻，因为人民民族主义力量——经常援引《大西洋宪章》——抓住时机要求本民族的完全独立。与此同时，国民党政权的软弱使得因土地改革而声望大增的中共加强了其地位。

华盛顿控制中国局势的努力受到美国相对不足的"地面部队"的制约。战争结束时，在华美军约有6万人，许多人只是负责运输与后勤任务。华盛顿派遣两个海军陆战师（约5万人）紧急前往华北地区。他们的任务是占领关键城市和交通枢纽，等待南方的国民党军队乘坐美国运输机抵达。但是，正如日本人已然经历的那样，控制"点和线"并不能抓住广大的农村地区，而农村正是共产党的根据地。这将需要更多的人，但作为战争中最引人注目的篇章之一——华盛顿尝试增加驻华美军的努力，被美军自己打断了。

从1945年年末到1946年年初，美国位于太平洋的军事基地出现了大规模的示威与抗议集会，士兵们无论男女，群起抗议将他们派驻中国和东南亚的计划，并要求立即复员（图9.2）。在马尼拉，超过1.2万士兵挤在被炸毁的国会大厅，聆听演讲者谴责美国对中国和印度尼西亚的侵略，驻关岛士兵干脆发起绝食抗议。在一场全球连通与团结的展示中，世界各地的美军士兵声援太平洋地区的抗议者，而他们在国内的朋友和家人则用信件和电报轰炸国会。在巴黎，士兵们起草了一份《士兵大宪章》，要求结束军队中的阶级分化。这些士兵当年多是工会激进分子，出现在20世纪30年代的历次大罢工中，他们的领导者通常是有工会管理经验的士官。

图 9.2 1946 年 1 月 6 日，美国士兵在位于马尼拉的西太平洋武装部队司令部前游行，要求立即复员。资料来源：美国国家档案和记录管理局，大学公园市。图片来源：RG319-CE-124-SC（菲律宾）

结果是戏剧性的。抗议加速了复员，军人数量从 1945 年的 1 200 万急降到 1946 年夏天的 300 万，再到 1947 年的 150 万。这种复员有效排除了战后初期美国进行任何大规模军事行动的可能性。虽然大多数士兵只是觉得他们已经完成了任务，应该让他们回家，但也有不少人出于反对美国干预的动机，一部分人仍然视共产党和反殖抵抗的战士为英勇的盟友，而不是致命的敌人。

由于没有可行的军事选项，美国决策者试图通过推动建立国共联合政府来削弱共产党。杜鲁门将这一关键的外交任务委托给了大战略巨擘乔治·马歇尔将军。马歇尔于 1945 年 12 月抵达中国，迅速切入有关联合政府的谈判之中。在莫斯科的推动下，中共领导人同意参加，并称赞联合政府是"中国民主革命的伟大胜利"[8]。协议也激发了那些寻求社会变革的国民党领导人——讨论了英国《贝弗里奇报告》的中国版——华盛顿希望联合政府驯服共产党的同时让国民党自由化。就毛泽东而言，他已经准备好在统一的资本主义民族国家内进行长期的"非军事大众工作"。然而，在实践中，中国共产党倡导的以农民为基础的土地改革与以国民党为代表的地主精英的利益是无法调和的。1946年3月，蒋介石的国民党军队抓住红军从中国东北撤退的机会，向共产党领导的军队发动进攻，虚假的联盟开始瓦解。又一场中国内战开始了。

第十章
从战争到战后，1945—1953 年

人口损失

德国投降当天，5 000 名阿拉伯人和柏柏尔人走上塞提夫（Sétif）的街头庆祝。在这个法属阿尔及利亚的小镇上，有许多法军退伍士兵，其中有一些刚从欧洲返回，他们举着盟军的胜利旗帜，有的还高举横幅，要求阿尔及利亚独立，释放被法国当局囚禁的民族主义领导人。当殖民地警察试图没收这些横幅时，引发了一场骚乱，导致 100 多名法国黑脚人（pieds-noirs）①丧生。法国的反应既迅速又残酷。警察和法国黑脚人治安委员会杀害了数千名阿拉伯和柏柏尔平民，法国飞机还轰炸了偏远的定居点，一艘军舰炮轰了沿海村庄。塞提夫大屠杀让许多阿尔及利亚人明白，尽管他们为法国的战争作出了贡献，尽管戴高乐在布拉柴维尔作出了承诺，但法国无意平等对待殖民地人民。虽然阿尔及利亚反殖大起义直到 1954 年才爆发，但其根源是在第二次世界大战。法国虽是胜利的一方，但战争动摇了法兰西帝国的根基。

第二次世界大战造成的人员伤亡无法进行全面统计，已有伤亡数据

---

① 黑脚（Pied-Noir）一词，是指生活在法属阿尔及利亚的法国或欧洲公民及其后裔，也可以指 1956 年前生活在法属突尼斯和摩洛哥的法国公民。——译者注

是出了名的不靠谱。在广阔杂乱的战场上作准确的记录显然面临着许多困难，此外，伤亡统计数据常常受到政治原因的摆布。例如，苏联解体后，俄国学者将苏联的伤亡估算上调至2 700万，其中1 700万是平民。尽管存在种种困难，但人们普遍认为全球死亡人数约为6 000万。其中，约2 100万是士兵（包括500万再未回家的战俘），其余都是平民，涵盖了军事镇压和种族灭绝受害者。600万犹太人死于大屠杀，约占战前欧洲犹太人口的三分之二，全世界有200万平民被炸死在家中。即使是这种难以想象的屠杀也远非真正的死亡人数上限。如果把战争引发的饥荒和疾病包括在内（必须如此），那么印度、中国和其他地方还要增加数以百万计的受害者，总数将达到8 000万左右，占战前世界人口的近4%。在第一次世界大战中，1 700万死者中大部分是士兵，而在第二次世界大战中，平民死亡占多数，这说明长期以来士兵和平民之间的泾渭之别已被抹平，也说明了战争的"总体性"特征。

死亡只是一个开始。仅在欧洲，就有5 000万人被迫离开家园，其中1 600万人成为"流离失所者"（DPs）。这是难民、强迫劳工和集中营囚犯的官腔名词，战争结束时他们远离家园。在中国，超过9 000万人在其国内成为难民；在日本，300万人逃到农村，以躲避城市中如倾盆大雨一般倾泻的燃烧弹。一些难民后来返回家乡，在挣扎中重拾破碎的生活和重建被炸毁的房屋。其他人则试图在外地开始新的生活。成千上万的欧洲犹太人踏上了前往巴勒斯坦的道路，这是英国政府承诺给他们的"民族家园"，但现在却拒绝他们进入。

各地的难民都在与他们无法对抗的强大政治力量作斗争。盟军将数百万流离失所者监禁在破烂不堪的营地中，其中许多营地是由联合国善后救济总署管理的。有些人在那里一待多年。英美官员将纳粹俘获的200多万苏联战俘遣送回国，多疑的苏联官员将其中许多人送到古拉格劳改营，其中一些人再未能出来。在苏联，未获莫斯科信任的民族受到了特别严苛的对待，23万克里米亚鞑靼人被迫从家乡迁徙到东部的加盟共和国。英国官员还将4.5万哥萨克人遣回苏联，任凭他们直面自己的命运，其中许多人曾为德国而战。超过10万曾在意大利与英帝国军队并肩作战的波兰士兵选择在英国定居，而不愿回到苏联控制下的波兰。与此同时，根据波茨坦会议确定的欧洲划分方案，1 200万德国人被逐出苏联统治下的东欧，重新安置在德国。由于这些德国侨民是失败的一方，他们的强迁之路和伴随的苦难往往被忽视，但它们是真实存在的。

这些可怕的数据记录了世界历史上发生的有关死亡、毁灭和掠夺的最致命的一次痉挛。但是，这些苦难以及与之相伴随的家园、工厂、农场和基础设施的破坏，没有也不可能平均分布。战前，波兰有3 400万居民，在战斗、分割以及反犹太人和反斯拉夫人的狂暴浪潮平息时，有600万人死亡，1 000万人被驱逐或逃离。在苏联，战时死亡总人数占战前人口的近14%。相比之下，美国仅有40.7万余人的战地伤亡和超过1.2万名平民死亡，后者大部分是在北大西洋失踪的商船船员。此外，在俄勒冈州山区，一枚日本气球炸弹炸死了6名不幸的野餐者，他们是整个战争期间美国大陆唯一的平民伤亡者。还有8.6万美国人死于工业事故，其中很多是由于加快生产速度和降低安全标准造成的。然而，这些伤亡人口加在一起仅占美国战前人口的0.32%。上述数据并没有贬低这些死亡给其家庭和社区造成的损失，但确实有助于我们从全球角度看待这些死亡。

除了人类付出的代价，这场战争还带来了大规模的环境破坏。战斗和轰炸摧毁了农场，毁灭了城市。战斗最激烈的地方，破坏一层接着一层。苏联城市哈尔科夫四次被占领又四次被夺回。柏林在被苏军炮火捣毁之前已被飞机炸得满目疮痍。在德国许多城市，碎石被堆积成人造假山（Schuttberge）。世界各地的城市数十年来都带着战争的伤痕。除了破坏之外，战时建设同样对环境造成了重大影响，大功率推土机和强迫劳工群体穿过丛林，走过沙漠，公路和铁路随其不断延伸；从北冰洋到加拉帕戈斯群岛，一座座基地拔地而起，珊瑚礁变成了机场。因急于获取原料，从智利铜矿到比属刚果的铀床，采矿场的机器彻夜轰鸣。这些情况与广泛的农业变革同时发生。在美国，前所未有的机械化、化肥及杀虫剂的大规模使用提高了生产力，而在非洲的部分殖民地，农民的自由耕作让位于国家支持的单一作物种植。

盟国因何而胜

在某种程度上，我们很容易解释盟军的胜利：轴心国只是被盟军战争资源的海啸所淹没。1945 年，盟国国内生产总值约为轴心国的五倍——这一惊人的数字既反映了盟国尤其是美国生产的增长，也反映出轴心国在盟军轰炸和军事失败重压之下经济崩溃的现实。为了取得成效，必须将物资从工厂运到战斗前线，盟国在这方面表现出色。工程师和建筑工人建立了全球供应链，空海网络、铁轨和补给基地将美国中西部的农场和工厂与库尔斯克、重庆和太平洋环礁上的作战士兵连接起来。这一切都需要计划、组织和大量资源的投入。而盟国的后勤"尾巴"（非战斗支援部队）总是远远大于他们的轴心国对手。

但是，胜利并不是把最多的东西堆到对的地方就能赢得的，物质优势往往是战争胜利的基础，但却非决定因素。战斗力——一种难以捉摸的领导力、训练、经验和好装备的组合也是必要的，而在这方面，盟军的优势就不那么明显了。战争初期，德军和日军的战斗力明显占优，他们在中国、东南亚、波兰和法国对看似强大的对手所取得的巨大胜利就证明了这一点。轴心国的战略是以其卓越的战斗力之长克服薄弱的物质条件之短，这就需要快速取得决定性的胜利。随着时间的推移和经验的积累，盟军的战斗力不断提高，到战争结束时，红军可以进行大规模闪电战式的"纵深作战"，而美国海军几乎从零开始发展了海空一体作战技术。轴心国往往以干劲和胆识取代周密的后勤准备，相比之下，盟军战斗力的提升则有赖于将补给和后勤纳入作战计划：美国供应的卡车是红军机动作战的关键；如果没有其后勤舰队的支援，太平洋舰队的作战行动将不可能实现。

战斗力与一种更抽象的力量交织在一起，也许用"意志"（will）来形容最为恰当。这种无形的因素将高层政治和军事领导力同更广泛的因素结合起来，包括对民众的政治承诺、民族主义、坚韧不拔的精神和对失败的恐惧。苏联在巴巴罗萨行动中遭遇惨败，但人民仍决心继续战斗；英国人民在敦刻尔克大撤退后面对大规模轰炸愿意挺身而出，均体现了集体意志。意志很容易被神化为民族例外论，但这并不意味着它应该被贬低。意志缺失所造成的影响——如1940年的法国、1942年的英属东南亚和1943年的意大利——都凸显了它的重要性。当然，意志不是盟军所独有的。在德国，1943年夏盟军加强了"恐怖轰炸"后，反犹太宣传激发了民众继续战斗的决心。在日本和德国，当其失败已是必然时，战争仍拖延了很久。

经济决定论与包括战斗力和意志在内的权变因素（contingent factors）间复杂的相互作用决定了"二战"的结果。在这一交叉结构中，人的作用，通常表现为误判、过度预测和有缺陷的战略计划——也发挥着重要作用，如单个战役或战斗的结果一样。即使是重大战役也很少具有真正的决定性，但它们可能意味着关键临界点的到来，标志着战略主动权和大势从一方转移到另一方。

战争以德国和日本在欧亚大陆东西两端自给自足殖民计划的彻底失败，及其对手苏联和中国的生存与壮大而结束。早在这些殖民行动被挫败之前，意大利在地中海沿岸建立新罗马帝国的希望就已灰飞烟灭。大量的战斗和死亡都是发生在这些所谓的殖民空间内，在东欧、苏联、中国以及巴尔干半岛和东南亚进行的陆地决战对"二战"的整体结果至关重要。同时，无论是向欧亚大陆的战斗人员提供补给，还是在西欧、地中海和太平洋地区开辟更多战线，帮助取得这些胜利的大部分物质力量都产生于欧亚大陆之外，来自英国和法国的非洲殖民地，来自英属印度，来自美国主导的拉丁美洲，来自澳大利亚、加拿大、新西兰和南非等白人自治领，尤其是美国。其中几个国家确实参与了大规模的陆地战争，但他们主要从事的是海空作战，是原料萃取、粮食生产、工业制造和运输的战争。

除了法国沦陷后的一个短暂时期外，轴心国集团的总产出从未能对美英在关键经济领域的主导地位形成挑战。美英联盟还通过战略轰炸取得制空权。而且，在中途岛战役及1943年大西洋与地中海的一连串胜利之后，盟国对世界主要航道的控制日益牢固。鉴于英美在这些领域的优势地位，人们很容易将它们视为赢得"战争"的决定性因素。但它也引出了这到底是哪场战争的问题。美国虽以前所未有的全球主导地位结束了战争，但其影响力并未深入欧亚大陆，在那里，战争是通过大规模且残酷的地面战斗赢得的。

美国的有限胜利

美国是伤亡最少、国内破坏最小的主要参战国，是这场战争唯一的大赢家。与轴心国相比的确如此，三国均被打败，且受到军事占领；与老牌帝国主义列强英法等相比，美国的胜利同样显而易见。英国和美国在战争中结为联盟，其统一的指挥结构领导了一个真正且独特的一体化军事行动。然而，在战争过程中，两国关系发生了有利于美国的决定性转变。这种力量对比的变化是另一场看不到硝烟的战争的产物。尽管丘吉尔口口声声说"讲英语的民族"之间有特殊纽带，但美英联盟却是使英国屈从于新的全球霸主的无情枷锁。美国利用战争危机边缘化它在拉丁美洲市场的关键对手德国和英国的能力，同样是胜利的一个重要原因，然而，这一点经常被忽视。

尽管取得了显赫的成就，但美国的胜利也不是绝对的。相反，美国的新霸权在三个方面受到挑战：第一，苏联实力出乎意料的增长；第二，中国的危机持续存在；第三，非洲、中东和亚洲的旧帝国秩序削弱后出现了难以预料的后果。

1941年6月，巴巴罗萨行动开始时，许多观察家预计德国与苏联的战争很快就会结束。事实上，苏联不仅在德军的猛烈进攻中幸存下来，而且在对德陆战中一马当先，成为大联盟的关键一员。苏联希望盟国在战后年代继续"和平共处"。一些美国领导人确实相信——尽管完全缺乏证据——莫斯科铁了心要在全世界传播共产主义，但美国统治者面临的根本问题是，苏联的社会主义经济并不是一个美国人可以投资、销售产品和赚钱的所在。尽管巴顿将军等少数急性子极力怂恿，但无论是政治上还是军事上，1945年的美国均无法直接对抗苏联，所以华盛顿开始了一场旷日持久的军事对峙，希望随着时间的流逝削弱苏联。这种"遏制"（containment）政策塑造了全球冷战的架构，直到20世纪80年代末。

尽管取得了对日本的压倒性胜利，但华盛顿在中国也面临着重大挑战。美国在华军事力量的薄弱迫使华盛顿尝试斡旋，以促成国共联合政府的建立。这始终是一项脆弱的提议，主要原因是蒋介石坚决反对任何实质性的权力分享。与此同时，大战瓦解了大部分殖民地的帝国主义统治。日军的入侵使欧洲在东南亚的殖民统治陷于崩溃，印度实际上已取得英国在独立问题上的承诺；在撒哈拉以南的非洲，战时动员已经铸就了现代民族国家的基石。在每一片殖民地，帝国主义的直接统治都摇摇欲坠。在某种程度上，这对美国的政策制定者来说都不是问题，他们希望美国取代旧的帝国势力与殖民地建立经济联系，但对于反殖运动将为民族独立与社会变革开辟革命道路这一可能性，华盛顿始终保持着警觉。

华盛顿组织其霸权

在战争的最后阶段，美国开始为其全球经济、军事和政治主导地位搭建框架。与老牌殖民国家不同的是，华盛顿将被征服的敌人和附属盟友组织到一个松散的联盟内，形成所谓的"非正式帝国"（informal empire）。这个非正式帝国摆脱了直接殖民统治的恶名，并以美国主导下的世界经济为依托，表现出强大的实力和巨大的灵活性，在某种程度上现在依然如此。

《布雷顿森林协定》建立了基于自由市场和美元金本位的世界资本主义经济的制度框架。由于经济上的竞争对手饱受战争摧残，美国制造商生产的消费品、工业设备和资本投资几乎有了无限的市场，美国迎来史无前例的经济增长期，美利坚"帝国"由此被历史学家维多利亚·德·格拉齐亚（Victoria de Grazia）戏称为"大百货商店"（emporium）。[1]与此同时，随着战时配给制的结束，数百万复员士兵利用1944年《退伍军人权利法案》(GI Bill)提供的廉价贷款,推动国内需求不断扩大。美国制造商从生产战争物资转变为生产汽车和洗衣机、冰箱及吸尘器等"耐用消费品"。成立于大萧条时期的强大工会确保了资本主义的扩张伴随着工人阶级的稳定与高薪岗位的增加。长期的经济增长把美国变成了一个"富裕社会"以及一个史无前例的繁荣之地,尽管分布并不均匀。

部分是出于对士兵抗议行动的回应,美国军队迅速复员。在另一种形式的跨国移民中,成千上万的"战争新娘"和她们的军人新郎一起来到美国生活。虽然1945年12月的《战争新娘法》(War Brides Act)缓解了他们的移民问题,但结婚需要得到军官的批准,而非洲裔军人与白人女性的结婚请求一般都会被拒。确切的数字很难确定,大约有4.5万名女性来自英国,1.5万名来自澳大利亚,还有相当一部分人来自加拿大。战后初期,成千上万的德国、奥地利、日本和菲律宾女性也加入了她们的行列。虽然白人士兵与意大利女性之间的关系往往得不到军官的认可,但还是产生了约1万对婚姻。最终大约10万女性根据《战争新娘法》进入美国,但更多的女性在抵达时没有享受到《移民法》的特殊豁免。

战时征兵制度于1947年到期,尽管第二年延长了选征兵役制,但实际应征入伍的人数很少。尽管如此,军队瘦身的同时依然保持了强大的力量。军事参谋认为,美国在许多年内仍将是唯一拥有核武器的国家,他们制定的全球战略,建立在"核垄断"预期基础上,依赖于新的战略空军司令部的远程轰炸机。与此同时,美国海军以若干航空母舰打击群为中心进行了重整,每一艘航母都能将军事力量投射到世界各地的海洋及附近的陆地上,而大型舰队——地中海第6舰队,西太平洋第7舰队——则永久部署在海外。美国陆军虽然大幅萎缩,但仍保持着强大的海外存在,特别是在被占领的德国、意大利和日本。20世纪50年代初,当军事占领最终结束时，美军仍根据经谈判达成的防御条约驻扎在那里。

美国的全球军事存在依赖于由军事基地、机场和港口组成的庞大网络。"基地帝国"（empire of bases）的计划早在战争期间就开始筹划，1943年，参谋长联席会议认为，建立一个"足够的"永久海外基地体系是"首要战争目标"。[2]战前，美国有一些海外基地，但大部分在美国统治的土地上；1945年，它已在世界各地拥有数千个军事前哨。虽然海外据点随着战后复员有所减少，但是许多据点被合并为大型区域性基地，用于长期占领。主体设施遍布冰岛、格陵兰岛和亚速尔群岛、摩洛哥和利比亚以及整个拉丁美洲，基地则遍布日本（3 800处设施！）、德国、意大利和英国。在太平洋地区，冲绳、关岛和夏威夷的设施与从日本手中夺取的密克罗尼西亚群岛上的前哨站一起，由美国在联合国授权托管下管理。美国需要与"东道国"政府谈判，以确定其在外国领土上军事存在的细节，此类谈判往往会给当地带来经济援助等一揽子计划的甜头，并与不断深化的外交和商业关系交织在一起。

意识形态优势——有时被称为"软实力"——是一个模糊的概念，缺乏类似经济和军事力量那样的物理存在感，但它同样真实。美国在1941年《大西洋宪章》自由国际主义的旗帜下进行了这场战争，包括支持民族自决、开放市场、国际合作、宗教自由和战后裁军。其中大部分内容此前已体现在威尔逊的十四点计划中，它将美国的自身利益与冠冕堂皇的普遍原则巧妙地结合在一起。显然，自由贸易非常符合美国的利益。同样明显的是，美国的政策制定者并不打算在大多数殖民地国家马上实行民族自决权。1942年，华盛顿决定支持法国维持其北非殖民统治，这凸显了美国对民族自决权的实际拒绝态度。尽管现实如此严峻，塑造了美国全球领导地位的自由主义思想——在1941年亨利·卢斯《美国世纪》社论中得到清晰阐发——在世界范围内仍具有相当重要的影响力。

美国所谓的"以规则为基础"（rules-based）的自由国际主义允许其他国家的统治精英将自己置于美国主导的世界秩序中，而不必直接服从于一个帝国主子。通过将第二次世界大战简单界定为自由与奴役的两极斗争，美国的宣传家和舆论制造者创造了一种解释机制，它很容易被重新塑造，从而适应冷战的新要求。随着与苏联紧张关系的加深，苏联取代了德日而成为主要的敌人。道德优越感是美国战时自由主义的核心，它使武装干涉"失败"国家的内部事务正当化。1947年3月，杜鲁门主义宣布，美国必须"支持自由国家的人民，他们正在反抗企图征服他们的武装少数派或外部压力"。[3]所谓"支持"包括赤裸裸的武力干涉，比如希腊正在肆虐的内战。当然，谁是"自由人民"，谁是"武装少数派"，华盛顿说了算。

这种理想主义和实用主义相混合的美国特色也塑造了联合国的构建，使之成为华盛顿行使全球政治领导权的论坛。罗斯福最初的愿景以"四大警察"——英国、中国、苏联和美国——为中心，他们各自监管一个地区。到战争结束时，美国的政策制定者已将这一概念抛诸脑后，不再支持一个分裂为帝国集团或地区集团的世界，转而支持一个世界机构，它以民族国家名义上的平等为基础。同时，美国却无意放弃自己在拉丁美洲事实存在的区域集团，其经济、军事和外交基础在战时得到全面加强。华盛顿鼓励其拉美盟友及时参战，好在1945年4月的旧金山联合国制宪大会上占据一席之地。他们的出席为美国提供了一个投票集团，在最初50个创始会员国中，有20个是属于这个集团的。

尽管新组织的主要框架是由几个大国确定，这发生于1944年8月至10月在华盛顿举行的敦巴顿橡树园会议上，但旧金山会议是由小国帮助塑造的，如同布雷顿森林会议那样。新世界组织的最终结构反映了大会和安理会之间令人不安的妥协。所有会员国在大会上享有平等的代表权,而安全理事会的五大常任理事国(罗斯福的"四大警察"加上法国)均可否决他们不同意的提案。由于其最亲密的盟国在安理会中占据主导地位,加上它还在大会上领导着一个强有力的集团,美国通常能够如愿以偿,将联合国总部设在纽约市的决定就反映了这一点。然而,尽管《联合国宪章》和1948年《世界人权宣言》为美国的行动披上了正义和国际合作的外衣,但在美国的领导下,联合国常常是在走平衡、和稀泥。例如,面对不断高涨的非殖民化运动,联合国一方面承诺满足殖民地人民的民族愿望,另一方面又以殖民地尚未"准备好"完全独立为由,维护美国主要盟国的帝国利益。

帝国在东南亚的终结

1945年底,印度尼西亚革命家陈马六甲(Tan Malaka)"百分百自由(Merdeka)!"的呐喊,回荡在那些反对欧洲殖民统治卷土重来的民族主义者之间,使东南亚成为一道"彼此联结的抗议之弧"(connected arc of protest)。[4]

在年轻的激进分子的督促下,苏加诺利用日本投降和英军尚未到来之间的短暂窗口期,于8月17日发布了正式的独立宣言。英帝国军紧接着这一"反叛行动"登陆,为恢复荷兰统治做准备。在3.5万名日本投降人员的支持下,英帝国军与民族主义青年游击队的战斗日趋激烈,并在11月的泗水(Surabaya)之战中达到顶峰。英帝国军全副武装,而本地青年战士则以自制武器为主,约1.5万印尼人战死于冲突之中。尽管泗水最终陷落,但这场英勇的斗争还是在整个印尼群岛为民族主义事业赢得了支持。随着英帝国军的撤退,荷兰投入大规模的地面部队,以重建殖民统治。他们违反了承认印尼独立的初步协议,企图按照种族路线分而治之,削弱民族主义者。与此同时,苏加诺击败了印尼共产党的武装挑战,赢得了华盛顿的尊重。在联合国的压力下,1949年,荷兰最终承认印尼独立。

1944年10月,美军登陆菲律宾,开启了与日本占领军的激烈战争,这场仗一直打到了日本投降之时。与此同时,美军和菲律宾警察部队开始联手镇压共产党领导的虎克军。起初,虎克军领导人路易斯·塔鲁克(Luis Taruc)欢迎美军的到来,并尝试与麦克阿瑟将军建立工作关系,但美军解除他们武装的做法很快引发了激烈的冲突。1945年2月,100多名游击队员遭到美菲军的屠杀。由于与日本人合作过的菲律宾地主豪强重新支持新近返回的流亡政府,紧张局势进一步加剧。当1946年华盛顿授权菲律宾独立时,被美国战略情报局称为"无罪的通敌者"(exonerated collaborator)的政客曼努埃尔·罗哈斯(Manuel Roxas)成为菲律宾第三共和国首任总统。[5]随着马尼拉的亲美政府逐渐巩固统治,对虎克战士及其农民支持者的镇压随之加强。

1945年,英帝国军再次占领了缅甸的大部分地区,重建了殖民统治结构,战前总督雷金纳德·多尔曼·史密斯(Reginald Dorman Smith)爵士重返仰光。但让时光倒流并非易事。战时,昂山领导的反法西斯人民自由联盟(AFPFL)发动了起义,协助英军向前推进,但缅甸战士在经历了日本统治下的半独立状态后,很少有人支持英国恢复统治。印度正在爆发的危机,使英国无法使用印度军队。随着反法西斯人民自由联盟不断巩固在农村的地盘,英国工党新政府被迫承认缅甸独立。1948年1月4日,缅甸联邦共和国宣告成立。和印度的情况一样,英国人并没有悄然离开。

殖民者充分利用缅甸民族主义者内部的派系斗争，在少数民族掸族、克钦族、克伦族和钦族等担心他们在新国家中将遭遇歧视等情境中寻求机会。左翼方面，激进的共产党人批评昂山与英国人的交易，新政府则报之以血腥镇压，最终在1962年建立了军事独裁统治。

在马来亚，1944年初，共产党领导的马来抗日人民军（MPAJA）同意服从英国领导的东南亚司令部，作为回报，他们获得了武器和炸药。1945年9月，马来抗日人民军欢迎英帝国军的到来，英国军事当局也承认了他们在该国广大地区的权力。马来抗日人民军承诺向英国人交出枪支，但在斗争迫在眉睫的情况下，很多枪支被偷藏起来。1948年2月，伦敦促成了马来亚联邦的成立，欲借机保存其在该地的影响力。此后双方关系迅速恶化。当英国人竭力镇压由橡胶种植园工人和锡矿工人领导的罢工和大规模抗议浪潮时，一场被英国人称为"紧急状态"的武装起义爆发了。英国人坚持平叛，最终将之镇压，但他们再也无法重建稳定的殖民统治，马来亚在1957年成为英联邦的独立成员。

在朝鲜和印度支那，盟军与当地民族主义者之间的冲突尤为尖锐。1945年夏，当美苏军队进入朝鲜后，他们发现，民族主义者、左翼分子和基督徒活动家在全国范围内组织了朝鲜建国筹备委员会（CPKI）。1945年9月，委员会代表在首尔召开会议，建立朝鲜人民共和国，并通过了一项激进的计划，包括土地改革、关键工业的国有化和涵盖妇女选举权的民主权利。在三八线以南的美国占领区，美国军政府迅速废除了朝鲜人民共和国，但在北部，苏联一开始承认了该政府及其领导人——基督教民族主义者曹晚植。然而，到12月，苏联就转而接受了美国的提议，在朝鲜独立前对半岛实施为期五年的托管。曹晚植和其他领导人无法接受这种否定朝鲜主权的做法，于是他们遭到清洗，由忠于莫斯科的朝鲜共产党人取而代之。1946年初，朝鲜人民共和国被彻底推翻，取而代之的是三八线两边得到巩固的傀儡政权。在南方，美国主导建立了由受过美国教育的反共强人李承晚领导的大韩民国。而在北方，苏联则扶植抗日游击队领导人金日成作为新的朝鲜民主主义人民共和国的领导人。

战争的正式结束同样触发了印度支那的政治危机。在战争的大部分时间里，美国一直反对恢复法国在印度支那的殖民统治，这反映了他们对重建一个强大的法国的普遍敌意。在印度支那，胡志明及共产党领导下的越盟积极反抗日本占领，得到美国战略情报局特工的支持。1945年初，随着与苏联紧张关系的加剧，罗斯福改变了路线，同意支持法国重建殖民统治。在波茨坦，盟国同意中国军队进入印度支那北部，接受日本军队的投降，而英国军队则帮助法国恢复在南部的统治。越盟则有不同的想法，他们在太平洋战争结束后发动了全国性起义，史称"八月革命"（August Revolution）。9月2日，胡志明在河内向大批热情的民众宣布建立越南民主共和国。

越南对其主权的强硬表达没能阻止英国和中国的进入，但确实阻止了国民党支持法国在其北方重建统治。当越南民主共和国在南部被英国领导的军队推翻时，它继续在北方发挥作用。那里的革命政府深得民心，而且根深蒂固。1945年末，一名美国战略情报局特工在越南北方省份报告称，"每个村庄都悬挂着越盟的旗帜"，负责保护它们的是当地组织严密的民兵，其中包括妇女和儿童。[6] 他的结论是，越南人"已准备好作长久的斗争"。1946年3月，胡志明与巴黎达成一项协议。根据协议，越南民主共和国将成为法兰西共同体内的"自由国家"，共同体是法兰西帝国的新面貌。但没有持续多久，协议的破裂引发了越南与法国及美国的长期战争，这场战争直到1975年才告结束。

印度独立和非洲的反殖主义

在印度，战时工业化加强了商业精英的力量，他们与国大党关系密切。英国对印度人的战争动员意外推动了后者对印度独立的追逐。钱德拉·鲍斯的印度国民军得到民众大量支持，表明战争结束时人民支持独立的情绪十分高涨。英国是幸运的，8月18日，载着鲍斯流亡的日本飞机坠毁于台湾，鲍斯未能幸免。不过，1945年11月，当三名国大党官员[①]因"对（联合王国）国王兼（印度）皇帝发动战争"而遭审判时，他们被印度人普遍视为爱国者。国大党和穆盟为寻求释放他们竞相奔走，1万名印度海军水手参加罢工和兵变，抗议船上的恶劣生活条件和支持三名印度国民军被告，印军还爆发了许多小规模的叛乱和抗议活动。在印军的离经叛道愈演愈烈之时，英国5万名驻印空军举行示威游行，要求立即复员。英国当局对此感到震惊。虽然三名国民军军官被判有罪并被驱逐出境，但持续的抗议迫使英国当局立即释放了他们。

在这种情况下，英国工党新政府决定快刀斩乱麻，结束在印度的殖民统治。然而，他们希望沿着宗教分界线分割次大陆，以限制这个新国家的实力和权力。长期以来，英国人一直支持印度的穆斯林少数民族，他们为印度军队提供了大部分职业军人。战争期间，英国官员利用人们对印度教主导印度的恐惧，支持另建一个穆斯林国家。英国对种族和宗教分裂的利用，是其长期以来"分而治之"做法的一部分。这种做法导致1946年8月现代印度首次爆发大规模种族清洗，使独立必然伴随着分裂。主权为印

[①] 原文如此。经与作者沟通并确认，此处应为印度国民军军官。——译者注

度和巴基斯坦两国继承，种族地理因素导致巴基斯坦一分为二，东巴基斯坦后来成为孟加拉。分治过程充满了暴乱和大屠杀，以前相互融合的人们现在被暴力拆散。大约 1 450 万人被迫或自愿迁移，其中穆斯林迁往巴基斯坦，而印度与锡克教徒则迁入印度。英国的政策确保了国家独立为同族分裂所中和，其后果至今仍在影响着人们。

战争期间，帝国行政高层将其非洲殖民地统治架构转变为类似于民族国家的中央集权政体，当然，主权和独立是没有的。战后，这一转变的政治后果显而易见：民族独立和非殖民化运动相继涌现并最终取得胜利。与亚洲相比，这一过程较为缓慢，因为亚洲的战争直接推翻了殖民统治，但非洲的反抗也是战争的直接产物。起初，殖民地官员希望振兴殖民地，以加强母国经济。在英属尼日利亚和黄金海岸（加纳），新宪法降低了选举资格，推动了受过教育的非洲精英阶层的壮大。法国甚至走得更远，其 1946 年宪法废除了帝国，以一个多种族的法兰西共同体取而代之。理论上，所有公民都享有平等权利。在实践中，这套说辞并不能掩盖殖民主义基本结构的不平等，但它们的确强调了这样一个事实，即被战争削弱的帝国主义列强无法轻易控制战争带来的新的社会和政治现实。

20 世纪 40 年代末，为争取更高的工资、更好的工作环境和更大的政治权利，由工人、中产职业人士和农民发动的罢工与示威活动席卷了整个非洲。1947 年，法属西非达喀尔-尼日尔铁路工人成功进行了为期 7 个月的罢工，要求与法国工人享有平等权利。整个非洲大陆的活动人士将反对恶劣经济条件的民众抗议与对民族独立的政治追求联系在一起，在摩洛哥和其他地方，许多人用《大西洋宪章》的条文包装他们的要求。退伍军人的观念因其海外服役得到重塑，他们经常帮助组织抗议活动，并助推反殖运动与政党的出现。

对此，殖民地当局加强了镇压力度。在摩洛哥，独立党（Istiqlal Party）领导人被诬陷为德国特工，数千名支持者被捕。在马达加斯加，1947年到1948年反抗法国统治的起义被镇压，4万人丧生。后来，英国肆无忌惮地残酷镇压了肯尼亚"茅茅"运动（Mau-Mau rebellion，1952—1960），而法国对阿尔及利亚民族解放阵线发动了野蛮的战争（1954—1962）。尽管不计代价，但旧式殖民统治显然无法维持了，殖民当局开始与温和的民族主义精英合作，以确保殖民地走向独立后，仍以初级商品生产者的身份留在世界市场。

战争同样改变了南非。非洲工人纷纷迁入该国，就业于矿山或蓬勃发展的战争工业。南非国民党在1948年大选中胜出，反映了白人少数群体的决心，他们极力压制人口占多数的非洲人不断膨胀的愿望，在以种族隔离为核心的法律体系中巩固种族主义和白人特权。种族隔离得到了伦敦和华盛顿的支持，在一个日益动荡的区域内，他们将白人统治的南非视为亲西方的重要堡垒。

中东民族主义、石油和帝国主义

战争破坏了贯穿中东与北非的政治经济关系。在利比亚，英帝国军在阿拉曼战役之后继续前进，推翻了意大利的殖民统治，建立了英国军政府。不出意外，美国拒绝了意大利或苏联战后托管利比亚的计划，1952年1月，利比亚在伊德里斯·赛努西（Senussi）国王的领导下成为一个独立的君主制国家。美国外交官早就针对"驻军地位协议"（Status of Force Agreement）与之展开谈判，该协议允许他们重启战时在惠勒斯机场（Wheelus Field）的空军基地，这是华盛顿遏制所谓的苏联在地中海东部扩张主义行动的一部分。和其他地方一样，美国从利比亚主权中分得"一杯羹"，对"东道国"来说，美国的经济援助使这一过程没有那么痛苦。惠勒斯机场也成了这个贫困地区的一个重要经济活动中心。[7]这对华盛顿来说是双赢，在加强了对于阿拉伯世界经济和政治影响力的同时，它还获得了一个重要的军事前哨站。

战争期间，开罗中东供应中心的美国官员促进了整个中东地区的工业发展。在埃及，战时工业化加强了当地精英阶层的力量，并加剧了对英国监管的反抗。伦敦仍希望保持它在该地区的经济优势地位，但美国商人已经在化肥生产和发电等关键领域把英国竞争对手挤到一边。美国石油公司也准备深入中东地区。在美国国务院的支持下，他们在1946年撕毁了限制开采伊拉克石油的红线协议，到1948年，在华盛顿豁免反垄断法后成立的沙特阿美石油公司财团迅速主导了中东的石油生产。

虽然这些进展有利于美国商人及其本地合作者，但战争也加强了反殖与泛阿拉伯民族主义的力量。民众抗议活动将对社会和经济正义的要求与对民族独立的呼声融合在一起。在北非，类似于1944年摩洛哥和次年塞提夫的民族主义抗议活动对法国的统治构成了持续的挑战。而在开罗，罢工工人和罢课学生走上街头，要求脱离英国取得完全独立。起初，叙利亚民族主义政府舒克里·库阿特利（Shukri al-Quwatli）同时得到了伦敦和华盛顿的支持。尽管原因不同，但两国领导人都热衷于限制法国的影响。1945年6月，英国的军事入侵实际结束了法国的统治。到1949年，库阿特利因领导阿拉伯联盟攻击以色列并阻止修建跨阿拉伯输油管道（Tapline）而失宠于美国，他被中央情报局所支持的政变赶下台。

伊朗北部也发生了革命性的变化。民族主义者在伊朗阿塞拜疆省和邻近的库尔德马哈巴德地区发动起义，分别建立了新的国家。自1941年苏英入侵以来，这两个地区一直被红军占领，莫斯科希望利用这些起义向德黑兰施压，以缔结有利的石油合同。然而，这两场起义都是真正的人民革命，它们将经济和社会改革与文化和语言复兴联系在一起。在英美施压迫使红军撤出后，两国政府在1946年底被伊朗军队推翻。尽管革命失败了，但激进主义仍然流行（部分目的是夺取英伊石油公司的控制权），一直到1953年美国支持的军事政变推翻了穆罕默德·摩萨台（Mohammed Mossadegh）的民选政府为止。

英属巴勒斯坦的危机是上述事态演变不可缺少的一部分。自19世纪末以来，欧洲犹太复国主义者一直呼吁建立一个独立的犹太国家，在1917年《贝尔福宣言》（Balfour Declaration）中，英国同意在巴勒斯坦建立一个犹太人的"民族家园"，以帮助推翻奥斯曼帝国的统治。到1939年，几波移民浪潮使巴勒斯坦的犹太人增加到32.5万人，占总人口的3%。在镇压了1936年到1939年的阿拉伯人起义后，英国担心不断增长的犹太人会进一步动摇其统治，于1939年实际禁止了移民。1945年以后，成千上万犹太"流离失所者"纷纷前往巴勒斯坦，"非法"犹太移民激增，其中许多是大屠杀的幸存者。在踏上行程的10万人中，有一半以上被英国当局拒之门外。

战后，英国在巴勒斯坦的统治同时面临着阿拉伯人和犹太人日益增长的反对。1946年7月，犹太恐怖组织伊尔贡（Irgun）炸毁了位于耶路撒冷大卫王饭店的英国军事总部。随着巴勒斯坦逐渐滑向内战，伦敦将其统治权移交给了一个联合国委员会。在华盛顿的精心策划下，联合国提议将巴勒斯坦划分为两个民族—宗教国家。这一建议促成了1948年5月以色列国的建立。华盛顿迅速予以承认。人们在解释杜鲁门总统对以色列的支持时，通常其归因于他希望赢得犹太人的选票。但这不过是一个有用的副产品，美国支持以色列的动机是希望在这一新近重要的区域培育一个可靠的盟友。讽刺的是，斯大林也希望以色列成为盟友，并很快承认了这个新国家。

以色列的建立引发了阿拉伯国家的联合进攻，许多阿拉伯国家领导人认为反犹太复国主义是一种有用的手段，可以将民众的注意力从国内的经济困难和政治腐败上移开。在1948年到1949年的阿以战争[①]中，新成立的以色列国防军击败了入侵者，并占领了联合国分配给巴勒斯坦阿拉伯人的许多领土。在这场浩劫（Al-Nakba）中，超过70万巴勒斯坦阿拉伯人被迫背井离乡。他们与英国强加的印度次大陆分治的受害者一样，成为第二次世界大战带来的最后一波大规模强迫迁徙的受害者。在巴勒斯坦和印度，就像在朝鲜和后来的越南一样，外部强加的分裂削弱了为社会变革锻造统一行动，并弥合种族和宗教分歧的可能性。

欧洲的分裂

战争使德国与东欧大部分地区沦为废墟。城市被毁，农田荒芜，工业停滞。数百万人被迫迁移，更多的人在挨饿。在德国，成千上万的"瓦砾女工"（Trümmerfrauen）用双手清理了数百万吨废墟。胜利者也深受其害。法国北部大部分地区两度成为战场；直到20世纪60年代，英国许多城市仍然遍布满是瓦砾的"弹坑"。英国经济靠美国贷款续命，茶、糖和鸡蛋等基本食品的配给制一直实施到20世纪50年代。为了帮助解决战后劳工荒问题，英国官员鼓励加勒比与南亚殖民地居民到"母国"工作。这

[①] 即第一次中东战争。——译者注

些由战争引发的移民开始将英国转变为一个多种族的社会。今天，所谓的"疾风一代"（Windrush generation）——因他们中的第一批次乘坐"帝国疾风号"赴英而得名——的孩子们，仍在与英国政府的歧视政策作斗争。

在德黑兰、雅尔塔和波茨坦会议上确立的欧洲分治的政治框架内，遍布整个大陆的混乱局面逐渐得到解决。美国在英国保持了大量驻军，对意大利和德国的军事占领分别持续到1947年和1955年。类似地，苏联在东欧也驻扎了大量军队。美苏关系日益紧张，导致凡尔赛式的全面和会无法召开，华盛顿将其归咎为"遏制"苏联扩张主义行动的结果。随着美国和苏联巩固了各自的欧洲势力范围，1947年，他们与德国的轴心盟友分别签署了和平条约。德国的分裂是这一进程的核心。起初，盟国管制委员会负责"去纳粹化"工作，于1945年底在纽伦堡审判了知名纳粹领导人。尽管存在一些明显的法律难题——被告被指控的罪行在犯罪时尚未得到界定，还是有11名高层纳粹分子被定罪并处决。一些人长期服刑，还有几个人自杀了。成千上万的低级别纳粹官员被禁止担任公职，纳粹出版物被宣布为非法，纳粹符号被从公共场所中清理，许多德国人被组织观看那些突出大屠杀恐怖的电影。

1946年，去纳粹化的行动失去了动力。战前德国几乎所有的行政官员都是纳粹党员，无论盟国还是苏联都需要他们保持国家的运转。与此同时，战时盟国之间日益加剧的紧张关系导致了盟国管制委员会的崩溃，占领国在其控制区各行其是。在德国东部，苏联实施工业国有化，将从容克地主那里没收的土地分配给农民，推进了该地区与苏联计划经济的结构同化。莫斯科同时压制了德国东西两大占领区的劳工激进主义，利用在西部复兴的德国共产党平息民众对苏联拆除工业厂房和在政府中继续留用前纳粹分子的抗议。

英国人和美国人逐渐将他们的占领区作为一个整体来管理，称为双占区。1949年5月，双占区与法国占领区合并，建立了一个新的"西德"国家（德意志联邦共和国），拥有了自己的政府和货币，1955年后建立了武装部队。莫斯科试图通过封锁通往西柏林的陆路通道来破坏这一进程，从1948年6月到1949年5月，美国领导了为期11个月的柏林空运，为西柏林盟军和德国平民运输粮食和燃料。莫斯科的想法由此破灭，苏联被迫接受两德分裂的局面，于1949年10月成立了德意志民主共和国（或称"东德"）。新政权以苏联模式为蓝本。1953年，苏联军队出动，在东德全境帮助该国镇压工人阶级抗议增加工作量的运动。

随着欧洲分裂的强化，战争结束阶段广泛存在的大众激进主义被引向选举政治。正如斯大林所承诺的那样，法国和意大利的共产党人确保了那不勒斯、马赛、巴黎和意大利北部城镇的起义不会演变成对资本主义的全面攻击，两国从而顺利组建了亲西方的政权。因此，1944—1946年没有重演1917—1919年的革命。对美国决策者来说，这一可喜发展的不利之处在于，它让共产党领导人在法国和意大利政府中占据了席位。1947年5月，华盛顿策划驱逐了两国的共产党部长。第二年，美国官员发动了一场秘密的"政治战争"，以确保阿尔契德·德·加斯贝利（Alcide De Gasperi）领导的基督教民主党在意大利大选中战胜共产党。这一成功激发了美国对其他地方的秘密政治干预，在伊朗（1953年）和危地马拉（1954年），新成立的中央情报局支持的军事政变推翻了具有改革思想的政府。

1947年的杜鲁门主义准许美国从军事层面干预希腊内战，这场君主主义者和共产主义者之间的战争开始于1946年。由于失去了苏联的支持——斯大林始终认为希腊叛乱是对欧洲分治协议的危险挑战，共产党领导的部队在 1949 年被击败。三年后，希腊加入了北大西洋公约组织。希腊危机引发了莫斯科和贝尔格莱德间的痛苦分裂，后者敦促苏联支持希腊共产党。铁托从来不愿意使南斯拉夫的利益服从于苏联外交需要。由于冷战对峙局面的强化，莫斯科无法容忍铁托毫不避讳的独立。铁托被驱逐出苏联集团，成为美国欣赏的共产主义者，接受了美国的大量援助，他还在后殖民国家新兴的不结盟运动中发挥了领导作用。

经济方面，1948 年的"欧洲复兴计划"，即人们熟知的马歇尔计划，加强了西欧资本主义的经济基础，进一步推动了欧洲大陆的分裂。根据该计划，华盛顿提供 130 亿美元帮助重建破碎的欧洲经济。美国政策制定者认为，一个稳定和繁荣的西欧是抵制苏联扩张主义的必要条件。但他们同样没有忽视这样一个事实，即它为美国出口创造了一个主要市场。马歇尔计划还促进了西欧经济的进一步融合，最终在 1951 年建立了欧洲煤钢共同体（European Coal and Steel Community）——今天欧盟的前身。在奥地利，马歇尔计划的资金促进了全国的经济复苏，并帮助防止了德国式分裂局面的出现。作为回应，苏联坚持利用 1955 年的国家条约将奥地利确定为一个中立国家。美国还向苏联势力范围内的国家提供资金，但融入美国主导的市场的潜在政治后果是苏联无法接受的。作为替代，苏联于 1949 年成立了经济互助委员会，开始铲除东欧的私人资本主义，推进该地区的结构同化，促其融入苏联经济体系。

这些事态的发展产生了一系列的政治后果。1948 年 2 月，捷克共产党成功发动人民斗争，结束了多党政治，并由亲苏联的民族阵线建立了一党统治。随着忠于莫斯科并得到红军支持的政党巩固其政治控制，整个东欧也出现了类似的变化。在西部，随着 1949 年北约的成立，分裂进入新的军事层面。北约是一个由美国领导的联盟，致力于"遏制"所谓的苏联扩张主义。西德于 1955 年正式加入北约，美国军事力量在西德，乃至整个欧洲和地中海地区都长期留驻。在土耳其，美国的压力挫败了苏联的企图，后者欲对连接黑海和地中海的海峡施加某些控制。土耳其于 1952 年加入了北约。

亚洲的军事占领、战争和革命

与四国军队分区占领德国相比，1945—1952 年对日本的占领则是由美国人主导的事务。美国的盟友只承担了相对次要的角色，苏联占领了南库页岛，它早在 1945 年 8 月就入侵了这里。4 万多人的英联邦占领军则管理着日本西部的部分地区。40 万占领军中大部分是美国人，盟军最高司令官麦克阿瑟将军就是个美国派来的总督。美国官员在日本比在德国更有机会按照他们的方式重塑一个国家，麦克阿瑟则全身心地投入这项任务中。1946 年 6 月，裕仁天皇向国会提出了一部新宪法，它由美国官员起草，建立议会民主制，给予女性投票权，并规定了一系列的公民自由。新宪法还确立了天皇的地位，美国政策制定者和日本精英都认为这对维持社会秩序至关重要。为了让裕仁撇开日本帝国主义的侵略责任，在美国组织的战争罪审判中，几名主要被告均声称天皇没有参与战时决策。这令人完全难以信服。

与德国一样，占领最初也具有惩罚性质。战犯审判的结果是 25 名"甲级"战犯被判有罪，包括东条英机在内的 7 人被处决。美国最初计划建立一个去工业化的国家，官员们开始拆除日本的剩余工业产能。然而，在对苏关系不断紧张之际，1947 年，美国政策制定者改弦更张，开始推动日本经济重建。美国官员放弃了之前解散由大家族领导的财阀公司的计划，将这些垄断企业重组为八大企业集团，继续主导着战后日本经济。

美国支持政治改革与镇压劳工激进主义的行动并进不悖。日本许多社会主义和共产主义领导人最初把美国人当作解放者来欢迎。不过，1947年2月，占领当局在全国范围内镇压了反对低工资的大罢工，表明了华盛顿的利益所在。美国占领当局将权力交给了一个由政治家、官僚和商人组成的强力联盟，使日本免受世界其他地方出现的工人阶级激进主义浪潮的冲击。尽管新宪法第9条禁止日本维持军事力量，但美国官员在1950年鼓励日本组建武装警察预备队，并在1954年组建了"自卫队"（Self-Defense Force）——实际上是陆海空三军联合部队。

战后美国实施的军事占领使其得以重建日本，使该国成为一个忠诚的盟友、经济伙伴和军事前哨，但它在中国没有这样的机会。中国本身矛盾重重：在国际上，重庆国民政府以世界舞台上的主要参与者自居，联合国安理会的席位便是证明。但在国内，国民政府面临着社会和经济的崩溃、大规模饥荒以及共产党领导的日益壮大的革命。与此同时，正如我们所看到的，美国在中国缺乏地面部队，美军士兵为加快复员而发起大规模抗议活动，使美国不可能组织大规模的军事干预活动。短期内，华盛顿希望中国成立国共联合政府，以解决这些问题，该计划也得到了莫斯科的支持。马歇尔将军赴华斡旋，在促成协议方面取得了一些进展，但好景不长，1946年7月，当蒋介石重启对东北地区共产党军队的进攻时，该协议就崩溃了。

国民党军开进东北地区的同时，苏联红军也撤退了。仅仅几周时间，国民党军队就占领了东北地区若干大城市。1947年3月，国民党占领了中共战时首府延安，虽然重要，但不过是一场象征性的胜利。和日本人一样，国民党很快发现，控制城镇和交通线并不意味着控制了农村，在那里，加速进行的土地改革进一步加强了那些支持共产党的力量。建立联合政府的希望破灭后，毛泽东无视莫斯科的阻挠，发起了一场夺取全国权力的斗争。

东北和华北的大规模战事使国民党军队不堪重负，在林彪等将军的率领下，共产党的人民解放军趁机发动了一系列毁灭性的反攻。随着军队士气的瓦解，国民党部队成建制地投靠共产党，往往还带着坦克和重型武器一起。1948年9月，解放军通过一场进攻巩固了共产党对东北的控制，引发了国民党走向全面崩溃之路，共产党则在1948年年底和1949年年初的一系列重大战役中取得胜利。1949年1月，解放军进入北京后，追求和平共处的苏联为避免同美国发生对抗，再次提议中国成立联合政府，并以长江为界分治中国。毛泽东拒绝了这些外国干预，解放军继续挺进，于4月跨越长江并进入南京城。

随着中国共产党控制了华南地区，蒋介石和国民党军残部从中国大陆逃往台湾岛，其他人则越过边境进入缅甸，并得到美国中央情报局多年的支持，这让缅甸新政府非常恼火。1949年10月1日，毛泽东宣布成立中华人民共和国。而在中国台湾，蒋介石继续以大大缩水的"中华民国总统"之名实施统治。他还在台湾对政敌发起猛烈的"白色恐怖"运动，巩固了其地位。此后，戒严令一直维持了38年。

在与国民党的斗争中，中国人民解放军发动了一场"混合"战争，将游击战与常规作战结合起来。然而，胜利的关键是，共产党的军事行动以广泛的人民革命为基础。如同南斯拉夫，在解放军控制的土地上，共产党干部组织土地改革、教育事业和卫生保健工作，军事上的进步使一个新的国家得以自下而上地建立起来。从这个意义上说，20世纪50年代初主导美国政治的"谁失去了中国"的问题是错误的：事实上，这是大多数中国人第一次在自己的国家当家作主。然而，从美国的角度看，一些重要的东西已经"失去"了，它们一点都不亚于美国自亚洲战争中获取的巨额好处。尽管美国取得了对日本的碾压性胜利，但四年后，美国被迫坐山观虎斗，眼睁睁地看着巨大的中国市场从其手中滑走。

1941年，从一系列地区冲突中生出的全球战争，现在又演变成一系列局部战争，特别是在大国主导优势较弱的亚洲。1950年6月25日，朝鲜内战爆发，揭开了这场漫长的世界大战的最后一幕。长期以来，朝鲜领导人金日成一直主张武力统一朝鲜，他深信人民军士兵会受到南方人民以起义表达的欢迎。起初，因担心挑起与美国更广泛的冲突，苏联拒绝支持他的想法。后来由于1949年苏联成功试爆原子弹和新中国的成立，斯大林在1950年最终决定支持金日成。

人民军进军神速，攻占首尔，并将南朝鲜军和美军压缩到朝鲜南部釜山港周围的一个小口袋地区。许多南朝鲜人欢迎人民军的到来，其中有20万人在李承晚为应对进攻而发动的血腥恐怖行动中被杀害。在联合国的名义下，美国集结了强大的军力应对人民军的推进。在大规模海空军力量的支持下，美军在首尔南部的仁川登陆，包抄人民军，阻止了其攻势，之后越过三八线推进北方。在美韩当局的领导下一统朝鲜似乎是可能的，美军指挥官道格拉斯·麦克阿瑟幻想着将战争带入中国。中国政府无法容忍美国陈兵中国边境。1950年10月，中国人民志愿军跨过鸭绿江进入朝鲜，经过一连串的冬季苦战，把美国人赶回了三八线。尽管美国的战略轰炸行动使整个北方的城市中心和交通线瘫痪，但地面战争在旧的分界线附近陷入僵局。最终双方于1953年7月签署了停战协议。在付出了巨大的代价后——南方近100万平民被杀，北方则有150万，朝鲜的分裂局面被维持了下来。

第十章　从战争到战后，1945—1953 年

一个短暂而有限的美国世纪

朝鲜战争压实了"二战"后亚洲的军事和地缘政治平衡。美国陆军在海空军力量的配合下重新确立了朝鲜半岛的分治，第 7 舰队负责警戒亚洲海域，阻止北京横渡台湾海峡推翻蒋介石的国民党政权。但美国并没有赢得朝鲜战争。相反，它在三八线上陷入僵局，凸显了美国将军事力量投射到亚洲的困难——甚至是不可能的。此外，朝鲜的僵局凸显了美国"二战"的胜利成色不足，它受到中国的"丢失"、苏联的壮大以及民族独立和非殖民化斗争突然兴起的影响。

第二次世界大战结束后，美国成为世界霸主：它通过商品文化和自由国际主义意识形态的"软实力"，以及军事力量的"硬实力"发挥领导作用，站在重组和复兴的资本主义世界经济顶端。然而，从这个美国世纪的最开始，世界的许多重要地区就不在美国经济渗透的范围之内，1949 年新中国的成立显著扩大了这些地区，因此出现了冷战。这既不是一个道德判断，也不是要美化莫斯科、贝尔格莱德等斯大林式政权的不民主、民族沙文主义和警察国家的运作的，但它确实承认相互冲突的社会和经济体系的存在，以及在中国和南斯拉夫，这些体系是漫长的"二战"时期人民社会革命的产物这一事实。

冷战的东西方紧张关系与后来被称为全球"北方"（"核心"或"发达"资本主义国家，其中大多数是前帝国主义列强）和全球"南方"（"发展中"边缘国家，主要是前殖民地）两大群体之间的关系互相交织，并重塑了这种关系。这种复杂的矩阵为前殖民地国家在相互竞争的超级大国之间提供了周旋的空间，并在 1956 年促成了不结盟运动的形成。其中，埃

及、黄金海岸、印度和印度尼西亚等前殖民地和南斯拉夫加入了这一运动。南斯拉夫因拒绝支持苏联放弃希腊的革命运动而被逐出苏联集团。

以这些复杂及常常矛盾的方式，华盛顿利用它在"二战"中获得的有限胜利所制造出的美国世纪为未来数十年的世界政治搭建了框架。今天，在东欧的斯大林模式被推翻，美国经济主导地位明显减弱，中国惊人崛起之后，战后秩序正在以惊人的速度解体。"二战"也许是一场漫长的战争，但它所开创的美国世纪却相当短暂。[①]

[①] 作者意在说明战后初期美国所建立的霸权从未达到罗斯福政府设想的程度，它在东亚与东南亚的目标布局明显没有实现，以至在"二战"结束时美国未能巩固真正的全球霸权，而这一结果在未来某一天终会反噬于它。——译者注

尾　声

奥得-瓦尔特河畔防御工事建于1944年夏天，目的是抵御苏联红军的猛烈进攻。战壕蜿蜒于波兰西部的森林、湖泊与河流之间。在希奇纳（Chycina）小村庄附近，有一片山毛榉林，见证了当年挖掘战壕的人们的所作所为。其中一些人利用宝贵的几分钟休息时间，在树皮上刻下了自己名字的首字母。他们中有许多是波兰人，有些人还在树皮上刻上了自己家乡罗兹的名字。还有一些用西里尔字母书写的人是俄罗斯人或乌克兰人。一些人在树皮上刻下了污言秽语，还有用德语刻下的神秘的爱情宣言，日期同样可追溯到1944年8月份。这些树皮文字几乎没有透露任何信息：我们只能猜测这些刻字者是附近某个集中营的战俘，在武装看守下作为强迫劳工为德军挖掘战壕。然而，树皮上的文字也是密集而复杂的，它们刻在了——就是字面意思——景致里。刻下这些姓名首字母的人肯定知道，他们再次看到罗兹的机会是渺茫的。然而，他们还是选择留下一个将持续数十年的印记，以见证他们曾经到过那里的事实。

这些人，以及与他们一起挖掘但没有刻下名字的法国人和意大利人，只不过是20世纪中叶那场全球大战所留下的庞大幽灵军团中的一小部分。许多人死不瞑目，他们被匆匆埋葬，或在公共墓坑里，或在海上。他们被埋葬时没有牧师在场，没有举行契合其信仰的葬礼仪式；他们在远离家乡的地方被埋葬，或者干脆"失踪"了，得不到家人和朋友的致哀。不可能有一个圆满的结局。自然地，他们的灵魂继续纠缠着生者，将自己强加于战后世界的生活之中，特别是那些杀戮最激烈的地方，这肯定不足为奇。如果看不到这些灵魂，不思考生者试图以何种方式救赎他们的苦难，就不可能理解战后世界；如果不聆听纳粹大屠杀的幽灵，就不可能理解犹太人定居以色列的情感意义；如果不聆听那些为在整个半岛建立一个统一、民主和独立的民族国家而奋斗的人们的声音，就不可能理解对朝鲜分治的抗议的深刻内涵。

这些幽灵中很少有人操美国口音。这并不是因为美国人没有遭受苦难和大量死亡——他们遭受了——而是因为他们的死亡似乎因胜利而得到了救赎，并被赋予了道德上的荣耀。美国打的是一场机器战争，在这场战争中，机器——无论是由美国人操作的还是提供给盟国的——发挥了决定性的作用。他们的战争主要是一场海权和飞机的战争，一场远程力量投送的战争。这场战争甚至看起来都与众不同。1942年2月23日，当罗斯福总统通过广播向美国人民发表讲话时，他要求美国人民准备好地图和地球仪，以理解他所阐述的看法。罗斯福认为，在现代航空时代，美国不能躲在广阔的海洋后面，置其领导全球的道义责任于不顾。他得出结论，美国不得不"在全球维度层面"作战。[1] 在这个新世界里，距离是用时间而不是里程来衡量的，长途"空中航线"将美国这个"民主国家兵工厂"与其盟国英国、中国和苏联连接起来。

罗斯福总统在一个巨型地球仪旁沉思时曾被照相机拍下，由此一张著名照片留传于世。照片中的地球仪重达750磅（约合340千克），系1942年美国陆军参谋长乔治·马歇尔送给他的圣诞礼物。美国地图绘制者和插图画家开发了新的地图表现形式，将这种高度的全球感融入生活。理查德·哈里森（Richard Edes Harrison）在亨利·卢斯的《财富》

（Fortune）[1]杂志中使用了以北极为中心的方位等距投影图，突出了美国与亚洲的密切关系，以及美国通过"大圆"航道与整个世界的联系。这些令人惊叹的地图以图形的形式展现了卢斯自己的愿景，即一个相互联系、相互依存、由美国主导的世界。这一愿景得到了美国精英的广泛认同，他们在"二战"期间和"二战"后的岁月里重塑了全球经济和政治秩序，而且正如我们所看到的那样，这一愿景得到了能够进行前所未有的全球力量投放的军队的支持。它不是一个征服领土的新帝国，而是一个基地帝国、全球金融帝国和世界贸易帝国；它使致力于攫取领土的帝国——无论是早已建立的英法殖民帝国，还是轴心国新近才开始的自给自足的帝国——看起来都是残酷野蛮、过时无望和不可救药的。

基于上述，美国从来都不曾与幽灵和解。幽灵们行走在不同的国家和地区，从东欧的血腥之地到东南亚广袤的杀戮战场，从欧洲在非洲殖民地的强制劳动营到恒河三角洲饥肠辘辘的田野。但是，正如我试图表明的那样，他们的苦难、他们的被屠戮以及他们对一个更美好世界的希望的破灭，都不能与人们更熟悉、也更舒适的"战争"叙事割裂开来。它们是同一个核桃的两半，正是它们之间持久的张力赋予了"二战"研究持续的魅力。幽灵们的记忆不易褪色，随着那些预示着短命的美国世纪行将结束的迹象的不断累积，它们曾被遮蔽的声音也会越来越响亮。

---

[1] 民国及新中国成立后很长一段时期，该杂志都被译为《幸福》。——译者注

注释、参考书目与拓展阅读

本书所附的简短参考与拓展阅读书目并不是为了穷尽与该章相关的所有文献，那本身就是一个长达一本书的项目。相反，它列出了一些极有见地、发人深省或信息丰富的书籍，这些书将有助于为感兴趣的读者打开一扇窗。

以下两本书主要从军事战役的角度概述了第二次世界大战：

Mawdsley, E. (2009). World War II: A New History. New York: Cambridge University Press.

Millet, A.R. and Murray, W. (2000). A War to Be Won: Fighting the Second World War. Cambridge, MA: Harvard University Press.

原版书序言

注释

〔1〕 Taylor, T.H. (2002). The Simple Sounds of Freedom: The True Story of the Only Soldier to Fight for Both America and the Soviet Union in World War II, 256. New York: Random House.

〔2〕 Diary entry, August 17, 1942, in Sierakowiak, D. (ed. Alan Adelson, trans. Kamil Turowski) (1996). The Diary of Dawid Sierakowiak, 208. New York: Oxford University Press.

〔3〕 Quoted in Reynolds (January 2003), 38.

参考书目

Reynolds, D. (January 2003). The origins of the two 'world wars': historical discourse and international politics. Journal of Contemporary History 38 (1): 29–44.

拓展阅读

Cesarani, D. (2014). "The Second World War and the fate of the Jews." Raul Hilberg Memorial Lecture, October 27. Available at: https://www.uvm.edu/~uvmchs/?Page=HilbergLectures.html&SM=submenunews.html.

Morris-Suzuki, T. (May 2015). Prisoner number 600，001: rethinking Japan, China, and the Korean War, 1950-1953. Journal of Asian Studies 74 (2): 1-22.

第一章

注释

〔1〕British Chancellor of the Exchequer Austen Chamberlain in 1924, quoted in Tooze (2014), 516.

参考书目

Tooze, A. (2014). *The Deluge: The Great War, America and the Remaking of the Global Order, 1916-1931.* New York: Viking.

拓展阅读

Clark, C. (2012). *The Sleepwalkers: How Europe Went to War in* 1914. New York: Harper.

Gerwarth, R. and Manela, E. (2014). The Great War as a global war: imperial conflict and the reconfiguration of the world order, 1911-1923. *Diplomatic History* 38 (4): 786-800.

Gerwarth, R. (2016). *The Vanquished: Why the First World War Failed to End.* New York: Farrar, Straus and Giroux.

Kennedy, P. (1989). *The Rise and Fall of the Great Powers: Economic Change and Military Conflict 1500-2000.* New York: Fontana.

Osterhammel, J. (2014). *The Transformation of the World: A Global History of the Nineteenth Century.* Princeton: Princeton University Press.

Paine, S.C.M. (2017). *The Japanese Empire: Grand Strategy from the Meiji Empire to the Pacific War.* New York: Cambridge University Press.

第二章

注释

〔1〕Paine, S.C.M. (2017). *The Japanese Empire: Grand Strategy from the Meiji Restoration to the Pacific War*, 103. New York: Cambridge University Press.

〔2〕 Hitler, A. (1971〔1924〕). *Mein Kampf*, 641–668. Boston: Houghton Mifflin.

〔3〕 Hitler, February 9, 1933, quoted in Epstein (2015), 99.

〔4〕 Roosevelt, quoted in Dallek, R. (1995). *Franklin D. Roosevelt and American Foreign Policy, 1932–1945*, 171. New York: Oxford University Press.

〔5〕 Mitter (2013), 161.

参考书目

Epstein, C. (2015). *Nazi Germany: Confronting the Myths*. Chichester: Wiley Blackwell.

Mitter, R. (2013). *China's War with Japan, 1937–1945: The Struggle for Survival*. New York: Penguin.

拓展阅读

Hedinger, D. (2017). The imperial nexus: the Second World War and the Axis in global perspective. *Journal of Global History* 12: 184–285.

Hobsbawm, E. (1996). *The Age of Extremes, 1914–1991*. New York: Vintage.

Jackson, J. (2001). *France: The Dark Years, 1940–1944*. New York: Oxford University Press.

Kershaw, I. (1993). Working towards the Führer: reflections on the nature of the Hitler dictatorship. *Contemporary European History* 2 (2): 103–118.

Kotin, S. (1995). *Magnetic Mountain: Stalinism as Civilization*. Berkeley: University of California Press.

Mahnken, T., Maiolo, J., and Stevenson, D. (eds.) (2016). *Arms Races in International Politics: From the Nineteenth to the Twenty-First Century*. New York: Oxford University Press.

Patel, K.K. (2016). *The New Deal: A Global History*. Princeton: Princeton University Press.

Siemens, D. (2017). *Stormtroopers: A New History of Hitler's Brownshirts*. New Haven: Yale University Press.

第三章

注释

〔1〕 Quoted in Evans (2008), 11.

〔2〕 Churchill, W.S. (1950). *The Second World War*, Vol. III, 686. Boston: Houghton Mifflin.

〔3〕 *New York Times*, July 26, 1940.

〔4〕 Reynolds (April 1990), 325–350.

〔5〕 Lord Halifax, quoted in Reynolds (April 1990), 329.

〔6〕 Winston Churchill, quoted in Stoler (2005), 13.

〔7〕 Casey (2001).

〔8〕 Luce (Spring 1999), 170.

〔9〕 The text of the Tripartite Pact is available at: http://avalon.law.yale.edu/wwii/triparti.asp.

〔10〕 Quoted in Stewart (2016), 232.

参考书目

Casey, S. (2001). *Cautious Crusade: Franklin D. Roosevelt, American Public Opinion, and the War against Nazi Germany*. New York: Oxford University Press.

Evans, R.J. (2008). *The Third Reich at War*. New York: Penguin.

Luce, H.R. (Spring 1999). The American Century. *Diplomatic History* 23 (2): 159–171.

Reynolds, D. (April 1990). 1940: fulcrum of the twentieth century. *International Affairs* 66 (2): 325–350.

Stewart, A. (2016). *The First Victory: The Second World War and the East African Campaign*. New Haven: Yale University Press.

Stoler, M.A. (2005). *Allies in War: Britain and America Against the Axis Power*. London: Hodder Arnold.

拓展阅读

Bungay, S. (2000). *The Most Dangerous Enemy: A History of the Battle of Britain*. London: Aurum Press.

Horne, A. (2007). *To Lose a Battle: France 1940*. New York: Penguin.

Knox, M. (2000). *Hitler's Italian Allies: Royal Armed Forces, Fascist Regime, and the War of 1940–1943*. New York: Cambridge University Press.

Nord, P. (2015). *France 1940: Defending the Republic*. New Haven: Yale University Press.

Paine, S.C.M. (2012). *The Wars for Asia, 1911–1949*. New York: Cambridge University Press.

Reynolds, D. (1985). Churchill and the British 'decision' to fight on in 1940: right policy, wrong reasons. In: *Diplomacy and Intelligence During the Second World War* (ed. R.D. Langthorne), 147–167. New York: Cambridge University Press.

Reynolds, D. (2001). *From Munich to Pearl Harbor: Roosevelt's America and the Origins of the Second World War*. Chicago: Ivan R. Dee.

第四章

注释

〔1〕Hitler, quoted in Knox, M.G. (2000). *Hitler's Italian Allies: Royal Armed Forces, Fascist Regime, and the War of 1940–1943*, 18. New York: Cambridge University Press.

〔2〕Hitler, quoted in Stahel (2009), 96.

〔3〕Churchill, W.S. (1950). *The Second World War*, Vol. III, 332. Boston: Houghton Mifflin.

〔4〕US Joint Board, quoted in Stoler, M.A. (2007). *Allies in War: Britain and America Against the Axis Powers, 1940–1945*, 31. New York: Hodder Arnold.

〔5〕Murray, W. and Millett, A.R. (2000). *A War to be Won: Fighting the Second World War*, 188. Cambridge, MA: Harvard University Press.

参考书目

Stahel, D. (2009). *Operation Barbarossa and Germany's Defeat in the East*. New York: Cambridge University Press.

拓展阅读

Bayly, C. and Harper, T. (2004). *Forgotten Armies: The Fall of British Asia 1941–1945*. Cambridge, MA: Harvard University Press.

Browning, C.R. (2004). *The Origins of the Final Solution: The Evolution of Nazi Jewish Policy 1939–1942*. Jerusalem: Yad Vashem.

Browning, C.R. (2017). *Ordinary Men: Reserve Police Battalion 101 and the Origin of the Final Solution in Poland*. New York: HarperCollins.

DiNardo, R.L. (2005). *Germany and the Axis Powers: From Coalition to Collapse*. Lawrence, KS: University Press of Kansas.

Evans, R.J. (2009). *The Third Reich at War*. London: Penguin Books.

Hilberg, R. (1985). *The Destruction of the European Jews*. New York: Holmes & Meier.

Ienaga, S. (1978). *The Pacific War, 1931–1945*. New York: Pantheon Books.

Overy, R. (1997). *Russia's War: A History of the Soviet War Effort, 1941–1945*. London: Penguin Books.

Porch, D. (October 2004). The other Gulf war: British intervention in Iraq, 1941. *Joint*

Forces Quarterly 35: 134–140.

Spector, R.H. (1985). *Eagle Against the Sun: The American War with Japan.* New York: Vintage Books.

Wood, J.B. (2007). *Japanese Military Strategy in the Pacific War: Was Defeat Inevitable?* Lanham, MD: Rowman & Littlefield.

第五章

注释

〔1〕 PAA-Africa manager Voit Gilmore, quoted in Van Vleck (2013), 164.

〔2〕 Gerd von Runstedt, quoted in Trigg, J. (2017). *Death on the Don: The Destruction of Germany's Allies on the Eastern Front, 1941–1944*, 119. Stroud: The History Press.

参考书目

Van Vleck, J. (2013). *Empire of the Air: Aviation and the American Ascendancy.* Cambridge, MA: Harvard University Press.

拓展阅读

Atkinson, R. (2002). *An Army at Dawn: The War in North Africa, 1942–1943.* New York: Henry Holt.

Ball, S. (2009). *Bitter Sea: The Brutal World War II Fight for the Mediterranean.* New York: Harper.

Beevor, A. (1998). *Stalingrad: The Fateful Siege, 1942–1943.* New York: Penguin.

Citino, R.M. (2007). *The Death of the Wehrmacht: The German Campaigns of 1942.* Lawrence, KS: University Press of Kansas.

Funk, A. (1973). Negotiating the 'deal with Darlan.' *Journal of Contemporary History* 8 (2): 81–117.

Glantz, D.M. and House, J. (1995). *When Titans Clashed: How the Red Army Stopped Hitler.* Lawrence, KS: University Press of Kansas.

Porch, D. (2004). *The Path to Victory: The Mediterranean Theater in World War II.* New York: Farrar, Straus & Giroux.

Stoler, M.A. (2000). *Allies and Adversaries: The Joint Chiefs of Staff, the Grand Alliance, and U.S. Strategy in World War II.* Chapel Hill: University of North Carolina Press.

Symonds, C.L. (2011). *The Battle of Midway.* New York: Oxford University Press.

Thorne, C.G. (1978). *Allies of a Kind: The United States, Britain, and the War Against Japan, 1941–1945*. New York: Oxford University Press.

第六章

注释

〔1〕 See Wilson (May 1995), 249–286.

〔2〕 Preis, A. (1972). *Labor's Giant Steps: The First Twenty Years of the CIO, 1936–1955*. New York: Pathfinder Press.

〔3〕 Heisler, B.S. (Summer 2007). "The 'other braceros': temporary labor and German prisoners of war in the United States, 1943–1946." *Social Science History*, 31 (2), 241.

〔4〕 Kennedy, P. (January 2010). "History for the middle: the case of the Second World War." *Journal of Military History*, 74, 38.

参考书目

Wilson, S. (May 1995). The 'new paradise': Japanese emigration to Manchuria in the 1930s and 1940s. *The International History Review* 17 (2): 249–286.

拓展阅读

Carson, C. (2015). Knowledge economies: toward a new technological age. In: *The Cambridge History of the Second World War*, vol. III (ed. M. Geyer and A. Tooze). New York: Cambridge University Press.

Collingham, L. (2012). *A Taste of War: World War II and the Battle for Food*. New York: Penguin.

Edgerton, D. (2011). *Britain's War Machine: Weapons, Resources and Experts in the Second World War*. New York: Oxford University Press.

Engerman, D.C. (2015). The rise and fall of central planning. In: *The Cambridge History of the Second World War*, vol. III (ed. M. Geyer and A. Tooze). New York: Cambridge University Press.

Fear, J. (2015). War of the factories. In: *The Cambridge History of the Second World War*, vol. III (ed. M. Geyer and A. Tooze). New York: Cambridge University Press.

Giffard, H. (2016). *Making Jet Engines in World War II: Britain, Germany and the United States*. Chicago: University of Chicago Press.

Hachtman, R. (2015). The war of cities: industrial labouring forces. In: *The Cambridge

History of the Second World War, vol. III (ed. M. Geyer and A. Tooze). New York: Cambridge University Press.

Harrison, M. (1998). The economics of World War II: an overview. In: *The Economics of World War II: Six Great Powers in International Comparison* (ed. M. Harrison). New York: Cambridge University Press.

Herman, A. (2012). *Freedom's Forge: How American Business Produced Victory in World War II*. New York: Random House.

Jackson, A. (2006). *The British Empire and the Second World War*. London: Bloomsbury Academic.

Kennedy, P. (2013). *Engineers of Victory: The Problem Solvers Who Turned the Tide in the Second World War*. New York: Random House.

Killingray, D. and Rathbone, R. (eds.) (1986). *Africa and the Second World War*. London: Palgrave Macmillan.

Kowner, R. (2017). When economics, strategy and racial ideology meet: inter-Axis connections in the wartime Indian Ocean. *Journal of Global History* 12: 228–250.

Miyake, Y. (1991). Doubling expectations: motherhood and women's factory work under state management in Japan in the 1930s and 1940s. In: *Recreating Japanese Women* (ed. G.L. Bernstein). Berkeley: University of California Press.

Pennington, R. (July 2010). Offensive women: women in combat in the Red Army in the Second World War. *Journal of Military History* 74: 775–820.

Smith, W.D. (Fall 2000). Beyond 'The Bridge on the River Kwai': labor mobilization in the Greater East Asia Co-Prosperity Sphere. *International Labor and Working-Class History* 58: 219–238.

Symonds, C. (July 2017). For want of a nail: the impact of shipping on grand strategy in World War II. *Journal of Military History* 81 (3): 657–666.

Tooze, A. (2007). *The Wages of Destruction: The Making and Breaking of the Nazi Economy*. New York: Penguin.

Zanasi, M. (2006). *Saving the Nation: Economic Modernity in Republican China*. Chicago: University of Chicago Press.

第七章

注释

〔1〕 Franklin D. Roosevelt, quoted in Stoler, M.A. (2000). *Allies and Adversaries: The Joint*

Chiefs of Staff, the Grand Alliance, and U.S. Strategy in World War II, 136. Chapel Hill: University of North Carolina Press.

〔2〕Churchill memorandum, February 29, 1944, quoted in Bell, C.M. (2013). *Churchill and Sea Power*, 295. New York: Oxford University Press.

〔3〕Claude Auchinleck, quoted in Callahan (2008), 41.

〔4〕Winston Churchill, quoted in Buchanan (2014), 143.

参考书目

Buchanan, A. (2014). *American Grand Strategy in the Mediterranean During World War II*. New York: Cambridge University Press.

Callahan, R.A. (2008). Winston Churchill, two armies, and military transformation. *Global War Studies* 5 (4): 36–42.

拓展阅读

Agarossi, E. (2006). *A Nation Collapses: The Italian Surrender of September 1943*. Cambridge: Cambridge University Press.

Citino, R.M. (2012). *The Wehrmacht Retreats: Fighting a Lost War, 1943*. Lawrence, KS: University Press of Kansas.

Ellwood, D.W. (1985). *Italy 1943–1945*. New York: Holmes & Meier.

Johnson, C. (1962). *Peasant Nationalism and Communist China: The Emergence of Communist China, 1937–1945*. Palo Alto: Stanford University Press.

Kahn, Y. (2015). *The Raj at War: A People's History of India's Second World War*. London: Bodley Head.

Overy, R. (2013). *The Bombing War: Europe, 1939–1945*. New York: Penguin.

Raghavan, S. (2016). *India's War: World War II and the Making of Modern Asia*. New York: Basic Books.

Roberts, G. (2006). *Stalin's Wars: From World War to Cold War, 1939–1953*. New Haven: Yale University Press.

Roberts, W.R. (1973). *Tito, Mihailovic, and the Allies, 1941–1945*. New Brunswick, NJ: Rutgers University Press.

Showalter, D.E. (2013). *Armor and Blood: The Battle of Kursk, the Turning Point of World War II*. New York: Random House.

Stargardt, N. (2017). *The German War: A Nation Under Arms, 1939–1945*. New York: Basic Books.

第八章

注释

〔1〕 Murray, W. and Millett, A.R. (2000). *A War to Be Won: Fighting the Second World War*, 450. Cambridge, MA: Harvard University Press.

〔2〕 James Dunn, quoted in Buchanan, A. (2014). *American Grand Strategy in the Mediterranean During World War II*, 191. New York: Cambridge University Press.

〔3〕 Churchill, W. (1953). *The Second World War*, Vol. VI, 276. Boston: Houghton Mifflin.

〔4〕 Curtis LeMay, quoted in Cohn, R.H. (ed.) (1988). *Strategic Air Warfare: An Interview with Four Generals*, 57. Washington, DC: Office of Air Force History.

〔5〕 Bose, S. (2011). *His Majesty's Opponent: Subhas Chandra Bose and India's Struggle Against Empire*, 271–272. Cambridge, MA: Harvard University Press.

参考书目

Atkinson, R. (2013). *The Guns at Last Light: The War in Western Europe, 1944–1945*. New York: Henry Holt.

Beevor, A. (2015). *Ardennes 1944: The Battle of the Bulge*. New York: Penguin.

Bratzel, J.F. and Leonard, T.M. (2007). *Latin America During World War II*. Lanham, MD: Rowman & Littlefield.

Citino, R.M. (2017). *The Wehrmacht's Last Stand: The German Campaigns of 1944–1945*. Lawrence, KS: University Press of Kansas.

Footitt, H. (2004). *War and Liberation in France: Living with the Liberators*. New York: Palgrave Macmillan.

Gamboa, E. (2000). *Mexican Labor and World War II: Braceros in the Pacific Northwest, 1942–1947*. Seattle: University of Washington Press.

Gildea, R. (2015). *Fighters in the Shadows: A New History of the French Resistance*. Cambridge, MA: Harvard University Press.

Glass, C. (2013). *The Deserters: A Hidden History of World War II*. New York: Penguin.

Jones, H. (2014). *The War Has Brought Peace to Mexico: World War II and the Consolidation of the Post-Revolutionary State*. Albuquerque: University of New Mexico Press.

Kochanski, H. (2012). *The Eagle Unbowed: Poland and the Poles in the Second World War*.

Cambridge, MA: Harvard University Press.

Kolko, G. [1968] (1990). *The Politics of War: The World and United States Foreign Policy, 1943–1945*. New York: Pantheon.

Leitz, C. (2001). *Sympathy for the Devil: Neutral Europe and Nazi Germany in World War II*. New York: New York University Press.

Lewis, N. (2005). *Naples '44: A World War II Diary of Occupied Italy*. New York: Carroll & Graf.

Maguire, G.E. (1995). *Anglo-American Policy Towards the Free French*. New York: Palgrave Macmillan.

McCann, F.D. Jr. (1973). *The Brazilian-American Alliance, 1937–1945*. Princeton: Princeton University Press.

Miller, J.E. (1986). *The United States and Italy, 1940–1950*. Chapel Hill: University of North Carolina Press.

Roberts, M.L. (2013). *What Soldiers Do: Sex and the American GI in World War II France*. Chicago: Chicago University Press.

Robertson, C.L. (2011). *When Roosevelt Planned to Govern France*. Amherst: University of Massachusetts Press.

Wittner, L.S. (1982). *American Intervention in Greece, 1943–1949*. New York: Columbia University Press.

第九章

注释

〔1〕 Alvin Hansen and Charles Kindleberger, *Foreign Affairs*, April 1942, quoted in Helleiner (2014), 126.

〔2〕 Conference chair and leader of the US delegation Adolf Berle, quoted in Van Vleck, J. (2013). *Empire of the Air: Aviation and the American Ascendancy*, 184. Cambridge, MA: Harvard University Press.

〔3〕 Roosevelt to Churchill, Telegraph R-485, May 3, 1944, in Churchill, W. (1984). *Churchill and Roosevelt: The Complete Correspondence*, Vol. III (ed. W. Kimball), 14. London: Collins.

〔4〕 Joseph Stalin, quoted in DiNardo (Summer 1997), 378.

〔5〕 Franklin D. Roosevelt, quoted in Stoler (2005), 200.

〔6〕 Text of the July 26, 1945 Potsdam Declaration quoted in Stoler (2005), 208.

〔7〕 "Abroad," *New York Times*, November 25, 1945, 69.

〔8〕 CCP Central Committee statement, quoted in Offner (2002), 322−323.

参考书目

DiNardo, R.S. (Summer 1997). Glimpse of an old world order? Reconsidering the Trieste crisis of 1945. *Diplomatic History* 21 (3): 365−381.

Helleiner, E. (2014). *Forgotten Foundations of Bretton Woods: International Development and the Making of the Postwar Order*. Ithaca: Cornell University Press.

Offner, A.A. (2002). *Another Such Victory: President Truman and the Cold War, 1945−1953*. Stanford: Stanford University Press.

Stoler, M.A. (2005). *Allies in War: Britain and America Against the Axis Power*. London: Hodder Arnold.

拓展阅读

Biddle, T.D. (April 2008). Dresden 1945: reality, history, and memory. *Journal of Military History* 72 (2): 413−449.

Brogi, A. (2011). *Confronting America: The Cold War Between the United States and Communists in France and Spain*. Chapel Hill: University of North Carolina Press.

Cummings, B. (2010). *The Korean War: A History*. New York: Modern Library.

DeNovo, J.A. (1977). The Culbertson Economic Mission and Anglo-American tensions in the Middle East, 1944−1945. *Journal of American History* 63 (4): 913−936.

Dower, J. (1987). *War Without Mercy: Race and Power in the Pacific War*. New York: Pantheon.

Garcia, D.E. (September 2010). Class and brass: demobilization, working-class politics and American foreign policy between World War and Cold War. *Diplomatic History* 34 (4): 681−698.

La Faber, W. (December 1975). Roosevelt, Churchill and Indochina, 1942−1945. *The American Historical Review* 80 (5): 1277−1295.

Lanzona, V.A. (2009). *Amazons of the Huk Rebellion: Gender, Sex, and Revolution in the Philippines*. Madison: University of Wisconsin.

Little, D. (2004). *American Orientalism: The United States and the Middle East*, Since 1945. Chapel Hill: University of North Carolina Press.

Searle, T.R. (January 2002). 'It made a lot of sense to kill skilled workers': the firebombing of Tokyo in March 1945. *Journal of Military History* 66 (1): 103−133.

Wittner, L.S. (1982). *American Intervention in Greece, 1943–1949*. New York: Columbia University Press.

第十章

注释

〔1〕 de Grazia (2005).

〔2〕 Vine, D. (2015). *Base Nation: How U.S. Military Bases Abroad Harm America and the World*, 26–27. New York: Metropolitan Books.

〔3〕 Truman Doctrine, quoted in Offner, A.A. (2002). *Another Such Victory*, 207–208. Stanford: Stanford University Press.

〔4〕 Bayly and Harper (2007), 190.

〔5〕 OSS report quoted in Kolko, G. (1990). *The Politics of War: The World and United States Foreign Policy, 1943–1945*, 606. New York: Pantheon.

〔6〕 OSS political report, October 17, 1945, reprinted as an appendix to US Committee on Foreign Relations (1973). *Causes, Origins and Lessons of the Vietnam War*, 319. Washington: USGPO.

〔7〕 Heefner (2017), 51.

参考书目

Bayly, C. and Harper, T. (2007). *Forgotten Wars: Freedom and Revolution in Southeast Asia*. Cambridge, MA: Harvard University Press.

de Grazia, V. (2005). *Irresistible Empire: America's Advance through 20th-Century Europe*. Cambridge, MA: Belknap.

Heefner, G. (2017). 'A slice of their sovereignty': negotiating the U.S. empire of bases, Wheelus Field, Libya, 1950–1954. *Diplomatic History* 41 (1): 50–77.

拓展阅读

Buchanan, T. (2006). *Europe's Troubled Peace*, 1945–2000. Oxford: Blackwell.

Carruthers, S.L. (2016). *The Good Occupation: American Soldiers and the Hazards of Peace*. Cambridge, MA: Harvard University Press.

Cooper, F. (2002). *Africa Since 1940: The Past of the Present*. New York: Cambridge University Press.

Dower, J. (2000). *Embracing Defeat: Japan in the Wake of World War II*. New York: Norton.

Kim, D. (May 2010). Stalin and the Chinese Civil War. *Cold War History* 10 (2): 185–202.

Mazower, M., Reinisch, J., and Feldman, D. (eds.) (2011). Post-War Reconstruction in Europe: International Perspectives, 1945–1949. *Past & Present Supplement* 6. Oxford: Oxford University Press.

Laakkonen, S., Tucker, R., and Vuorisalo, T. (eds.) (2017). *The Long Shadows: A Global Environmental History of the Second World War*. Corvallis, OR: Oregon State University Press.

Little, D. (2002). *American Orientalism: The United States and the Middle East Since 1945*. Chapel Hill: University of North Carolina Press.

Mistry, K. (2014). *The United States, Italy and the Cold War: Waging Political Warfare, 1945–1950*. New York: Cambridge University Press.

O'Brien, P.P. (2015). *How the War was Won: Air-Sea Power and Allied Victory in World War II*. New York: Cambridge University Press.

Overy, R. (1997). *Why the Allies Won*. New York: W.W. Norton.

Vitalis, R. (1996). The 'New Deal' in Egypt: the rise of Anglo-American commercial competition in World War II and the fall of neocolonialism. *Diplomatic History* 20 (2): 211–240.

尾　声

注释

〔1〕Franklin D. Roosevelt, "Fireside Chat," February 23, 1942, https://millercenter.org/the-presidency/presidential-speeches/february-23-1942-fireside-chat-20-progress-war.

拓展阅读

Barney, T. (Fall, 2012). Richard Edes Harrison and the cartographic perspective of modern internationalism. *Rhetoric and Public Affairs* 15 (3): 397–433.

Black, M. (2015). The ghosts of war. In: *The Cambridge History of the Second World War*, vol. III (ed. M. Geyer and A. Tooze). New York: Cambridge University Press.

Farish, M. (2010). *The Contours of America's Cold War*. Minneapolis: University of Minnesota Press.

Kobialka, D., Frackowiak, M., and Kajda, K. (June 2015). Tree memories of the Second World War: a case study of common beeches from Chycina, Poland. *Antiquity* 89 (345): 683–696.

索 引

（索引条目后页码为原版书页码，即本书的边页码）

Act of Chapultepec (1945) 查普尔特佩克议定书（1945），159
Advisory Committee on Postwar Foreign Relations 战后对外关系咨询委员会，88
Africa 非洲
    decolonization 非殖民化，111, 213
    European colonies in 欧洲殖民地，1-2, 8, 9, 30, 49, 51, 110-111, 203, 205, 213, 229
    See also individual countries 亦可见 各国
Africa Corps. See German Military 非洲军团，见 德国军队
African Americans 非洲裔美国人，5, 79, 119, 120-121, 129, 165, 167, 176, 207
African Pioneer Corps 非洲先遣队，49
Airborne operations 空降行动，50, 67, 102, 104, 166, 167-168, 187
aircraft carriers 航空母舰，24, 25, 79, 81-82, 94-95, 139, 174, 192, 208
agriculture 农业，17, 21, 24, 25, 30, 33, 45, 47, 78, 96, 98, 110, 111, 112, 113, 118, 122-123, 124, 157, 203, 204, 217, 218
Alaska 阿拉斯加，92
Albania 阿尔巴尼亚，3, 39, 61, 67
Aleutian Islands 阿留申群岛，94
Al-Gaylani, Rashid Ali 拉希德·阿里·盖拉尼，68-69
Algeria 阿尔及利亚 3, 52, 103, 201, 214, 215
    See also Sétif Massacre，亦可见 塞提夫大屠杀
Al-Husseini, Mohammed Amin, Grand Mufti of Jerusalem 耶路撒冷大穆夫提穆罕默德·阿明·侯赛尼，68, 69
Allied Control Commission (ACC) 盟国管制委员会，147, 185, 217, 218
Allied Forces Headquarters (AFHQ) 盟军司令部，146, 148-149
Allied Military Government (AMGOT) 盟军军政府，104, 168, 212

　　　　in Germany 在德国，217-218

　　　　in Italy 在意大利，147, 148-149, 168

　　　　in Japan 在日本，195, 220-221

　Allied regional commands 盟军区域（战区）司令部，83

　ABDACOM 美英荷澳司令部，81, 83

　China-Burma-India (CBI) 中缅印战区，145

　Mediterranean Theater 地中海战场，101-105, 146, 160

　Pacific Ocean Areas 太平洋地区，139

　Persian Gulf Command 波斯湾司令部，90

　South East Asia Command (SEAC) 东南亚司令部，140, 145, 211

　South West Pacific Area (SWPA) 西南太平洋地区，82, 90, 139, 140

　All-India Muslim League 全印穆斯林联盟，50, 143, 213

　America. *See* United States 美利坚，见 美国

　American Airlines 美国航空公司，92

　'American Century' "美国世纪"，4, 55, 87, 208, 223-224, 228

　American Volunteer Group 美国志愿援华航空队，97

　Andaman and Nicobar Islands 安达曼-尼科巴群岛，141

　'Anders Army', *See* Poland military "安德斯部队"，见 波兰军队

　Anglo-American alliance 美英联盟，83-84, 102-105, 139-140

　　　　relations with USSR 与苏联的关系，83

　　　　tensions within 紧张关系，149, 151, 165, 167, 172, 186, 189-190, 205-206

　　　　See also Anglo-American conferences, 'Germany First' strategy, Potsdam conference, Tehran conference, Yalta conference 亦可见 美英会议，"德国第一"战略，波茨坦会议，德黑兰会议，雅尔塔会议

　Anglo-American Combined Raw Materials Board 美英原材料联合委员会，118

　Anglo-American conferences 美英会议

　　　　Arcadia (Dec. 1941) 阿卡迪亚会议（1941年12月），81, 83-84, 88, 102

　　　　Casablanca (Jan. 1942) 卡萨布兰卡会议（1942年1月），104-105, 134, 155, 160, 169

　　　　Quebec (Quadrant, August 1943) 魁北克会议（四分仪，1943年8月），133, 139

　　　　Washington (June 1942) 华盛顿会议（1942年6月），102

　　　　Washington (Trident, May 1943) 华盛顿会议（三叉戟，1943年5月），139, 146

　Anglo-American Petroleum Agreement (1944)《美英石油协定》(1944)，186

　Anglo-Soviet Treaty (1942)《英苏条约》(1942)，101

　Anschluss 德奥合并，3, 34-35

287

Anti-colonialism 反殖主义，2-3, 4, 141-142, 193, 195-196, 206, 210-212

Anti-Comintern Pact (1936)《反共产国际协定》(1936)，29, 30, 38, 44

Anti-Fascist People's Freedom League (Burma) 缅甸反法西斯人民自由联盟，141, 211

anti-Semitism 反犹主义，25-26, 27, 46, 52, 68, 73, 98, 139, 187, 203, 204

anti-woman violence 反女性暴力，36, 187

Antonescu, Marshal Ion 扬·安东内斯库元帅，58, 163

Anzio, Allied landing 盟军登陆安齐奥，165

appeasement 绥靖，35-36, 52, 160, 185

Arab-Israeli War (1948-1949) 阿以战争（1948—1949），216-217

Arabs and Arab nationalism 阿拉伯人与阿拉伯民族主义，2, 9, 68-69, 104, 169, 170, 182, 201, 215-217

ARAMCO (Arabian American Oil Company) 沙特阿美石油公司，185, 215

Arctic Ocean 北冰洋，89, 203

Ardennes Forest 阿登森林，51, 52, 168

Argentina 阿根廷，23, 157-159, 181

Arnhem, Battle of 阿纳姆战役，167-168

Ascension Island 阿森松岛，92

Atatürk, Mustafa Kemal 穆斯塔法·凯末尔，10

Atlantic, Battle of 大西洋战争，56, 57-58, 76, 77, 88-89, 155, 157, 160, 205

Atlantic Charter《大西洋宪章》，76, 84, 98, 104, 195, 196, 208, 214

Atomic bomb. *See* nuclear weapons 原子弹，见 核武器

Attlee, Clement 克莱门特·艾德礼，190

Auchinleck, Field Marshal Claude 克劳德·奥金莱克陆军元帅，144

'August Revolution.' *See* Democratic Republic of Vietnam "八月革命"，见 越南民主共和国

Aung San 昂山，59, 81, 82, 141, 193, 211

Auschwitz-Birkenau death camp 奥斯威辛-比克瑙灭绝集中营，98, 187

Australia 澳大利亚，49, 79-80, 82, 90, 92, 94-95, 140, 184, 205, 207
   military 军事，66, 80-82, 90, 95, 136, 139-140, 193

Austria 奥地利，3, 7, 8-9, 10, 11, 15, 29-30, 34, 67, 165, 186, 189, 207, 219

Autarky and autarkic-colonial projects 自给自足殖民地项目，3, 22, 23, 24-25, 29, 30, 47-48, 58, 59, 73, 87, 98, 111-112, 182, 205, 228

Axis Alliance 轴心联盟，30, 39, 53, 59, 65-69, 72, 77, 87, 94, 99, 100, 101-102, 104, 119, 122, 147

strategy and war planning 战略和军事计划，56-57, 65, 74-75, 88, 93, 111-114, 134
Azad Hind (Free India Movement) 自由印度运动，141, 176
Azerbaijan 阿塞拜疆，72, 90, 216
    See also Iran 亦可见 伊朗
Azores 亚速尔群岛，160-161, 208

B-17 Flying Fortress bomber B-17 飞行堡垒轰炸机，77, 80, 136
B-24 Liberator bomber B-24 解放者轰炸机，116, 117
B-29 Superfortress bomber B-29 超级空中堡垒轰炸机，174, 175-176, 191, 194
Babi Yar massacre (1941) 巴比亚尔大屠杀（1941），74
Badoglio, Marshal Pietro 佩特罗·巴多格里奥元帅，146-149, 152, 163, 165
Baltic States 波罗的海国家，9, 10, 39, 44, 54, 69, 70
Ba Maw 巴莫，59, 81, 141
Batista, General Fulgencio 富尔亨西奥·巴蒂斯塔将军，158
Battle of Brisbane 布里斯班之战，90
Battle of the Potomac 波托马克之战，109
Battle of Wichita 威奇托之战，175-176
Belgian Congo 比属刚果，61, 129, 203
Belgium 比利时，43, 48, 50-51, 171, 172, 181
Belgrade 贝尔格莱德，67, 164
Berlin 柏林，136, 184, 187, 203
Berlin airlift 柏林空运，218
Bełżec death camp 贝乌热茨灭绝集中营，98
Beveridge Report 贝弗里奇报告，48, 190, 197
Bevin Boys 贝文男孩，121
Bevin, Ernest 欧内斯特·贝文，121-122
Bismarck 俾斯麦号，88
Black markets and petty criminality 黑市和轻罪，124, 170-172
Blackshirts 黑衫军，14
'blitz' bombing of UK 轰炸英国的"闪电战"，4, 53, 57, 134, 204, 217
blitzkrieg operational methods 闪电战方式，40, 43, 50-51, 58, 66, 69-70, 97, 138, 162, 186, 204
Bolivia 玻利维亚，118
Bolshevik Party. *See* Communist Party of Soviet Union 布尔什维克党，见 苏联共产党

289

Bombay Plan 孟买计划，143

Bonomi, Ivanoe 伊万诺·博诺米，165, 171, 188

Borneo 婆罗洲，8, 81, 193

Bose, Subhas Chandra 钱德拉·鲍斯，59, 80, 141, 176-177, 213

Bracero program 布拉塞洛计划，123, 157

Brazil 巴西，23, 92, 118, 155-157, 158, 159

Brazilian Expeditionary Force 巴西远征军，2, 155, 165

Brazzaville Conference (1944) 布拉柴维尔会议（1944），169, 201

Bretton Woods conference (1944) 布雷顿森林会议（1944），159, 181-184, 207, 209

Britain, Battle of 不列颠之战，52-53, 57, 126

British Empire 英帝国，1, 3-4, 7-8, 21-22, 43, 49-50, 110-111, 181, 182, 183, 204, 211, 228

British-Imperial military forces 英帝国军队

    African 非洲人，1, 49, 95, 193

    Eighth Army 第8军，101, 102, 146

    in Europe and Balkans 在欧洲和巴尔干半岛，66-67, 75, 144, 146-149, 165-168, 186-187, 189

    Fourteenth Army 第14军，177, 193

    Indian Army 印度军队，9, 50, 60-61, 66, 68-69, 80-81, 95, 141, 143-144, 177, 211, 213

    in Middle East 在中东，68-69, 144

    in North and East Africa 在北非和东非，60-62, 66-67, 101-105, 144

    in Pacific 在太平洋，192

    Royal Air Force 皇家空军，44, 66, 110, 134-137, 164, 177, 193

    Royal Navy 皇家海军，3, 7, 12, 47, 51, 53, 55, 65-67, 81, 95, 110, 166

    in Southeast Asia 在东南亚，1, 80-82, 143, 145-146, 175, 176-177, 178, 192-193, 210

British Somaliland 英属索马里兰，60, 61

Broz, Josip. *See* Tito 约瑟普·布罗兹，见 铁托

Budapest, battle for (1944-1945) 布达佩斯争夺战（1944—1945），164

Bulgaria 保加利亚，67, 160, 163-164, 167, 173

Bulge, Battle of the 突出部战役，168, 184

Burma (Myanmar) 缅甸，1, 2, 8, 49, 59, 81-82, 96, 140, 141, 143, 144, 145, 175, 176-178, 192-193, 211, 221

Burma Road 滇缅公路，38, 59, 81, 92, 139-140, 145, 176

Burmese National Army 缅甸国民军，141, 193

Bush, Vannevar 范内瓦·布什，126-127

Byelorussia (Belarus) 白俄罗斯，15, 54, 162

Byrnes, James F. 詹姆斯·贝尔纳斯，110

Cairo 开罗，68, 101, 173, 181, 190, 215

Cairo Conferences (Nov-Dec. 1943) 开罗会议（1943年11月—12月），145-146, 175, 177

Camacho, President Manuel Ávila 曼努埃尔·卡马乔总统，157

Canada 加拿大，49, 55, 78, 118, 128, 184, 205, 207

    Military 军事，55, 103, 136, 165, 167, 186

Cape Matapan, Battle 马塔潘角战役，66

Cárdenas, President Lázaro 拉萨罗·卡德纳斯总统，157

Caribbean 加勒比地区，55, 169, 217

Caroline Islands 加罗林群岛，9

Cassino, battles of 卡西诺战役，148, 165

casualties, worldwide 全球伤亡，201-203

cavity magnetron 空腔磁控管，126

Central Intelligence Agency (CIA) 中央情报局，215, 216, 218

Ceylon (Sri Lanka) 锡兰（斯里兰卡），81

Chad 乍得，169

Chełmno death camp 海乌姆诺灭绝集中营，73, 98

Chennault, General Claire 陈纳德将军，97, 144

Chetniks 切特尼克，149-150

Chiang Kai-shek 蒋介石，1, 18-19, 24-25, 36-38, 44, 81, 96-97, 114-115, 144-146, 177-178, 192-193, 197, 206, 221-222, 223

Chicago Convention on International Civil Aviation 芝加哥国际民用航空大会，184

Chile 智利，118, 157, 203

China 中国，8, 9, 13, 17-19

    civil war and revolution 内战与革命，1, 2-3, 175, 177-178, 195-197, 221-222, 223

    economy 经济，114-115

    Japanese invasion and occupation 日本侵略与占领，24-25, 36-38, 43, 96-97, 175, 176, 177-178, 192, 195, 204

    military stalemate in 军事僵局，43, 58-59, 96, 133, 144

    Nationalist government of 国民政府，1, 38, 84, 96-97, 114-115, 144-147, 177-178, 192, 193, 212, 221-222

pro-Japanese governments in 亲日政府，144

  postwar coalition government 战后联合政府，2, 177, 178, 197, 206, 221

  See also Chiang Kai-shek; Chinese Communist Party 亦可见 蒋介石；中国共产党

Chinese Communist Party 中国共产党，1, 16, 25, 36, 115, 142, 144-145, 150, 194

  land reform and peasant base 土地改革和农民基础，96, 114, 145, 178, 192, 193, 221, 222

  military campaigns 军事行动，1, 58-59, 142, 177-178, 221-222

  See also China, civil war and revolution; Hundred Regiment's Campaign; 'Long March'; Mao Zedong 亦可见 中国内战与革命；百团大战；长征；毛泽东

Cho Man-sik 曹晚植，212

Chongqing 重庆，37-38, 43, 92, 144-145, 177, 204

Christmas Islands 圣诞岛，92

Chuikov, General Vasily 瓦西里·崔可夫将军，100

Churchill, Winston S. 温斯顿·丘吉尔，48, 50, 52, 54, 68, 69, 75-76, 83, 101, 104, 140, 145, 146, 149, 150-152, 160, 165, 172, 173-174, 184, 186, 189-190, 206

City of London 伦敦城，3, 7, 22, 182

civil aviation 民用航空，93

Clark, General Mark W. 马克·克拉克将军，165

coal and coal miners 煤炭和煤矿工人，12, 17, 24, 30, 49, 58, 112, 113, 119, 121, 122, 123, 124, 143, 161, 171, 219

Coca-Cola 可口可乐，118

code-breaking and signals intelligence 密码破译和信号情报，66, 79, 89, 94, 104

Cold War 冷战，3, 184, 189-190, 206, 219, 223

collective security 集体安全，31-32, 33, 39

Cologne, bombing 科隆大轰炸，135

Colombia 哥伦比亚，157

Combined Bomber Offensive 联合轰炸攻势，104, 134-137

Combined Chiefs of Staff 美英联合参谋长会议，83, 88, 139-140, 206

comfort women. *See* Prostitution and forced sex work 慰安妇，见 卖淫和被迫从事性工作

Comité Français de Libération nationale (CFLN) 法兰西民族解放委员会，169, 171

Committee of National Liberation (CLN) (Italy) 意大利民族解放委员会，148-149

Communist International (Comintern) 共产国际（第三国际），16-17, 26, 31, 32-34, 39, 151

Communist Party 共产党

of Belgium (PCB-KPB) 比利时，171

　　of Brazil 巴西，156

　　of Bulgaria 保加利亚，164

　　of France (PCF) 法国，32, 52, 151, 167, 169, 170, 218

　　of Germany (KPD) 德国，13, 25, 27, 218

　　of Greece (KKE) 希腊，172-174

　　of India (CPI) 印度，143

　　of Indonesia 印度尼西亚，210

　　of Italy (PCI) 意大利，14, 16, 147, 148-149, 151, 152, 165, 172, 188-189, 218

　　of Japan 日本，18

　　of Romania 罗马尼亚，163

　　of Soviet Union (Bolsheviks) 苏联（布尔什维克），10, 16

　　of Spain 西班牙，32, 33

　　of Yugoslavia (CPY) 南斯拉夫，149-150, 151, 164

Condor Legion 秃鹰军团，33, 34, 40

conscription 征兵，1, 29, 55, 113, 115, 119, 123, 207

Continuation War (1941-1944) 继续战争（1941—1944），74, 162

convoys 护航，56, 66, 88-89, 91, 102, 104

Cook Islands 库克群岛，92

copper 铜，113, 118, 157, 203

Co-Prosperity Sphere. *See* Japan "共荣圈"，见 日本

Coral Sea, Battle of the 珊瑚海战役，94, 95, 142

Corfu, Italian invasion 意大利入侵科孚岛，14

Council for Mutual Economic Assistance (Comecon) 经济互助委员会（经互会），219

Council of Foreign Ministers 外长委员会，190

Crete, Battle of 克里特岛战役，67

Crimea 克里米亚，99, 184

Crimean Taters 克里米亚鞑靼人，202

Cripps Mission 克里普斯使团，82-83

Croatia 克罗地亚，67, 149, 187

cross-Channel invasion of France 跨海峡登陆法国，102-103, 104, 133, 146, 150, 166-167

Cuba 古巴，158

Culbertson, William 威廉·卡尔伯森，183

Curtin, John 约翰·卡廷，82

293

Czechoslovakia 捷克斯洛伐克，3, 11, 15, 35, 39, 66, 186, 187, 189, 219

Dakar, Anglo-Free French raid 英国与自由法国突袭达喀尔，169

D'Annunzio, Gabrielle 加布里埃尔·邓南遮，14

Darlan, Admiral François 弗朗索瓦·达尔朗海军上将，68, 103-104, 169

'Darlan Deal' "达尔朗协议"，103-104

Dawes Plan 道威斯计划，13, 15, 16, 21, 22

D-Day landings. *See* Operation Overlord D 日登陆，见 霸王行动

deep operations. *See* Blitzkrieg operational methods 纵深作战，见 闪电战方式

De Gasperi, Alcide 阿尔契德·德·加斯贝利，218

De Gaulle, General Charles 夏尔·戴高乐将军，52, 69, 95-96, 104, 165, 168-171, 201

   relations with Roosevelt 与罗斯福的关系，168, 169-170

   See also Provisional Government of the French Republic; Comité Français de Libération nationale 亦可见 法兰西共和国临时政府；法兰西民族解放委员会

De Grazia, Victoria 维多利亚·德·格拉齐亚，207

del Río, President Carlos Arroyo (Ecuador) 卡洛斯·阿罗约·德尔里奥总统（厄瓜多尔），158

demobilization 复员，208

   in Africa 在非洲，49, 214

   Allied soldiers demand 盟国士兵要求，196, 207, 213, 221

Democratic Republic of Vietnam 越南民主共和国，212

Denazification 去纳粹化，170, 185, 217-218

Denmark 丹麦，47-48, 112, 161

deserters 逃兵，170-171, 172

'Destroyers for Bases' agreement (1940) "驱逐舰换基地"协定（1940），55

Dieppe, Allied raid 盟军空袭迪耶普，103

Displaced Persons (DPs) 流离失所之人，202, 216

Dixie Mission 迪克西使团，144-145

Dominican Republic 多米尼加共和国，23, 158

Donbass 顿巴斯，112, 137, 138

Dönitz, Admiral Karl 卡尔·邓尼茨海军上将，57, 89, 187

Doolittle raid 杜立特空袭，94

'Double V' campaign "双 V"运动，79

Douhet, General Giulio 朱利奥·杜黑将军，134

索　引

Dower, John 约翰·道尔，194
Dresden, bombing of 轰炸德累斯顿，186
Dumbarton Oaks Conference (1944) 敦巴顿橡树园会议（1944），209
Dunkirk, evacuation from 敦刻尔克撤退，51, 52, 204
Dutch East Indies. *See* Netherlands East Indies 荷属东印度，见　荷兰东印度群岛

EAM (National Liberation Front). *See* Greece 民族解放阵线，见　希腊
East Africa Campaign (1940-1941) 东非战役（1940—1941），49, 61-62, 65
Éboué, Félix 费利克斯·埃布埃，168-169
economic planning and war production 经济计划与战时生产，107-108
　　in Axis countries 在法西斯国家，97-98, 111-114
　　in Britain and USA 在英国和美国，109-111
　　in China 在中国，114-115
　　in USSR 在苏联，71-72, 108-109, 119-120
Ecuador 厄瓜多尔，158
Egypt 埃及，50, 60, 61, 62, 65, 66, 67, 68, 92, 95, 101-102, 173, 181, 215, 223
Einsatzgruppen 党卫军特别行动队，46, 72
Eisenhower, General Dwight D. 德怀特·艾森豪威尔将军，104, 146, 149, 167, 169, 187
El Alamein, battles of 阿拉曼战役，2, 102, 104, 215
ELAS (Greek People's Liberation Army). *See* Greece 希腊人民解放军，见　希腊
Empire Windrush 帝国疾风号，217
Enigma code 谜团（恩尼格玛密码），89
Eniwetok 埃尼威托克岛，140
Enola Gay 艾诺拉·盖伊轰炸机，194
environment and environmental impact of war 环境和战争对环境的影响，203
epuration. *See* denazification 政治清洗，见　去纳粹化
Eritrea 厄立特里亚，61-62, 125
Essex class aircraft carriers 埃塞克斯级航空母舰，139
Estonia. *See* Baltic States 爱沙尼亚，见　波罗的海国家
Ethiopia 埃塞俄比亚，3, 30, 31, 61-62, 65, 181
European Coal and Steel Community 欧洲煤钢共同体，219
European Recovery Program (Marshall Plan) 欧洲复兴计划（马歇尔计划），219

famine 饥荒，147

in Bengal 在孟加拉，143, 202, 229

in China 在中国，96, 202, 221

in Greece 在希腊，67, 112

'Hunger Plan' "饥饿计划"，73, 98

'Hunger Winter' (Netherlands) "饥饿之冬"（荷兰），168

in Nigeria and Tanganyika 在尼日利亚和坦噶尼喀，111, 125

in Ukraine 在乌克兰，73

in USSR 在苏联，17, 73, 98

farms and farming. *See* agriculture 农场和农业，见 农业

Faroe Islands 法罗群岛，92

Farouk I, King of Egypt 埃及国王法鲁克一世，102

Fatherland Front (Austria) 祖国阵线（奥地利），29, 34

Fatherland Front (Bulgaria) 祖国阵线（保加利亚），164

Federal Republic of Germany 德意志联邦共和国，218

Final Solution. *See* Shoah 最终解决方案，见 大屠杀

Finland 芬兰，12, 39, 44-45, 58, 65, 74, 162

See also Continuation War, Winter War 亦可见 继续战争，冬季战争

Fiume (Rijeka) 阜姆港（里耶卡），14

flooding, in China 中国洪灾，37

food and food production. *See* Agriculture 食品与粮食生产，见 农业

forced workers 强迫劳工，82, 93, 98, 119, 123-125, 127, 129, 142, 148, 194, 202, 203, 227, 229

'forces parliaments' "部队议会"，190

Fordism 福特制 107, 114, 115-116

'Four Freedoms' "四大自由"，76

'Four Policemen' "四大警察"，145, 175, 209

Four-Power Treaty (1921)《四国条约》（1921），13

France 法国

Empire 帝国，3-4, 7, 44, 51, 92, 95, 102-104, 168-169, 181, 183, 204, 208, 212, 214, 228

German invasion and occupation 德国入侵与占领，48-49, 50-52, 112, 168

postwar 战后，182, 183, 201, 212, 214, 217, 218

prewar 战前，7-10, 11-12, 13-16, 22, 29, 30, 32, 35-36, 39-40

resistance movement 抵抗运动，2, 151, 166, 169, 170, 171, 196

Shoah in 大屠杀，187

  Vichy government 维希政府, 51-52, 56, 60, 68-69, 95, 103, 169, 170, 187

France, military 法国军队

  French Expeditionary Corps (CEF) 法国远征军, 165

  during German invasion 德国入侵期间, 50-52, 204

  liberation of France 法国的解放, 2, 165, 167, 169-170

  navy 海军 52

  re-equipment by US, 美国重新武装, 169

Franco, Francisco 弗朗西斯科·佛朗哥, 33-34, 57, 159, 160

Free French 自由法国, 52, 61, 69, 92, 95-96, 104, 166, 167, 168-170

Free India Army 自由印度军, 80

French resistance. *See* France 法国抵抗运动, 见 法国

French Union 法兰西联邦, 214

Gandhi, Mahatma 圣雄甘地, 9, 59, 97, 142, 176

General Agreement on Tariffs and Trade (GATT) 关税与贸易总协定（关贸总协定）, 182

General Government of Poland 波兰总督府, 2, 45-47, 98, 139, 187

Generalplan Ost 东方总计划, 98

George II, King of Greece 希腊国王乔治二世, 67, 173

German Democratic Republic 德意志民主共和国, 218

German military (*Wehrmacht*) 德国军队（国防军）

  in Balkans 在巴尔干, 66-67, 149-150, 163-164

  Kriegsmarine 海军, 47, 53, 57, 76, 88-89, 91, 96, 155, 157

  logistical problems 后勤问题, 66, 70, 97-98, 166

  Luftwaffe 空军, 53, 58, 66, 70, 100, 102, 104, 136, 137, 161, 166

  non-Germans in 非德国人, 2, 73, 99, 100, 165

  in USSR (*Ostfront*) 在苏联（东线战场）, 2, 69-72, 97-100, 137-139, 162-163, 186-188

in Western Europe 在西欧, 3, 29, 34-35, 50-52, 66, 101-102, 147-148, 155, 165-168, 186-187, 204

  See also Blitzkrieg, individual battles 亦可见 闪电战，各大战役

German-Turkey Treaty of Friendship (1941),《德土友好条约》(1941), 69, 160

German Workers Federation (DAF), 德国工人阵线, 122

Germany 德国

  economy 经济, 13, 28-29, 97-98, 99, 111-112, 136, 156, 161, 217, 218, 219

  Nazi government 纳粹政府, 27-29, 30, 34, 97-98, 111-112, 135, 138, 166-167, 186-187

1918-1923 revolutions in 1918—1923 年革命，10-11, 13, 15, 218

postwar partition and occupation 战后分区与占领，3, 185, 208, 217-218

war aims and colonial expansion 战争目标与殖民扩张，3, 26, 29, 35, 39-40, 45-46, 47, 56-57, 65, 73, 77-78, 87

Weimer Republic 魏玛共和国，11, 13, 25-27

in World War I 在第一次世界大战，7, 8-11, 12

See also Economic planning, National Socialist German Workers Party, Nuremberg Laws; Shoah 亦可见 经济计划，国家社会主义德国工人党，纽伦堡法案，大屠杀

'Germany First' strategy "德国第一"战略，55, 60, 76, 78, 83, 103-104

Gibraltar 直布罗陀，57

Gilbert Islands 吉尔伯特群岛，79, 140

Giraud, General Henri 亨利·吉罗将军，104, 169

Goebbels, Joseph 约瑟夫·戈培尔，138

Gold Coast (Ghana) 黄金海岸（加纳），92, 118, 214, 223

gold standard 金本位制，15, 22, 23, 32, 182, 207

'Good War' (Terkel) "好战争"（特克尔），5

Göring, Hermann 赫尔曼·戈林，29, 53, 100, 111

Gosplan (State Planning Committee) 国家计划委员会，108-109

Gothic Line 哥德防线，155, 165-166, 188

government-in-exile 流亡政府

    of Belgium 比利时，171, 181

    of Greece 希腊，67, 173, 181

    of Holland 荷兰，50, 56, 81, 181

    of Norway 挪威，47, 181, 187

    of Philippines 菲律宾，80, 181, 210

    of Poland 波兰，75, 162-163

    of Yugoslavia 南斯拉夫，149-150, 164, 181

Graf Spee 斯佩伯爵号，88

Graziani, General Rodolfo 鲁道夫·格拉齐亚尼将军，61

Great Depression 大萧条，21-28, 29, 31, 32, 33, 40, 110, 119, 182, 207

Greater East Asia Conference 大东亚会议，141

Great Migration. *See* African Americans 大迁徙，见 非洲裔美国人

Greece 希腊，36, 60-61, 62, 65, 66-67, 68, 112, 173-174, 181, 196, 209, 218-219, 223

Greenland 格陵兰，56, 92, 208

Groves, General Leslie R. 莱斯利·格罗夫斯将军，128

Guadalcanal, Battle 瓜达尔卡纳尔岛战役，95, 139

Guam 关岛，79, 174, 196, 208

Guatemala 危地马拉，23, 218

Guderian, General Heinz 海因茨·古德里安将军，51

gulag prison system (USSR) 古拉格监狱系统（苏联），31, 125, 202

Guomindang (Chinese Nationalist party) 中国国民党，1, 18–19, 25, 36, 43, 96–97, 114–115, 144–147, 176–178, 193, 195, 197, 206, 212, 221, 223

    See also China, Nationalist government 亦可见 中国国民政府

Guyana 圭亚那，118

Haakon VII, King of Norway 挪威国王哈康七世，47, 187

Habsburg Empire 哈布斯堡帝国，7, 8, 9, 10, 11, 15, 189

Haganah (Defense) 哈加纳（防御），68

Haile Selassie, Emperor 海尔·塞拉西一世皇帝，30, 61–62

Hamburg, bombing 轰炸汉堡，4, 135

Hankou, bombing 轰炸汉口，176

Harris, Sir Arthur 'Bomber' "轰炸手"亚瑟·哈里斯爵士，134–135, 137

Hawai'i 夏威夷，44, 92, 94, 208

Heydrich, Reinhard 莱因哈德·海德里希，28, 73, 98

High Commission Territories (Basutoland, Swaziland, Bechuanaland) 高级专员公署领地（巴苏陀兰、斯威士兰、贝专纳），49

hilfswillige ('willing helpers'). *See* hiwis 辅助志愿者（"愿助人者"），见 希维人

Himmler, Heinrich 海因里希·希姆莱，28, 98, 111

Hindenburg, Field Marshal Paul von 陆军元帅保罗·冯·兴登堡，27

Hindus 印度教徒，50, 143, 183, 213

Hirohito, Emperor of Japan 日本天皇裕仁，194–195, 220

Hiroshima 广岛，129, 194

Hitler, Adolf 阿道夫·希特勒，13, 22, 26–29, 30, 34–35, 45, 46, 57, 66, 72, 98, 112, 187

    assassination attempt 暗杀企图，166–167

    military decision-making 军事决策，39, 43, 53, 66, 73, 100, 102, 137, 162

hiwis 希维人，99, 100, 166

Ho Chi Minh 胡志明，142, 212

Holocaust. *See* Shoah 大屠杀，见 大屠杀

Home Army (AK). See Poland military 波兰救国军（又名波兰家乡军、波兰国家军等）见 波兰军队

homosexuals 同性恋者，28

Hong Kong 香港，79-80, 195

Hopkins, Harry 哈里·霍普金斯，75

Hornet, USS 大黄蜂号航空母舰，94

Horthy, Admiral Miklós 海军上将米克洛什·霍尔蒂，58, 164

Hukbalahap (People's Anti-Japanese Army) 虎克军（人民抗日军），142, 210-211

    See also Philippines 亦可见 菲律宾

'Hump,' The. See India-China Ferry "驼峰航线"，见 印华空运

Hundred Regiments Campaign (1940) 百团大战（1940），58-59, 177

Hungary 匈牙利，11, 29, 35, 58, 67, 99-100, 137, 163-164, 173, 187, 189

Hunger Plan. See Famine 饥饿计划，见 饥荒

Hurley, Ambassador Patrick J. 帕特里克·赫尔利大使，177, 178, 193

Hürtgen Forest, Battle of 许特根森林战役，168

Ibn Saud, King of Saudi Arabia 沙特阿拉伯国王伊本·沙特，185-186

Iceland 冰岛，56, 76, 92, 208

Idris al-Senussi, King of Libya 利比亚国王伊德里斯·赛努西，215

IG Farben 法本公司，111

Imphal, Battle of 英帕尔战役，177

India 印度

    British colonial rule in 英国殖民统治，7, 8, 9, 50, 69, 81-82, 111, 142-144, 181, 205, 213

    economy 经济，21, 143, 205

    independence and partition 独立与分治，143, 206, 211, 213, 217, 223

    wartime mobilization 战时动员，50, 82, 143-144, 213

    See also All-India Muslim League; Indian National Congress; 'Quit India' movement 亦可见 全印穆斯林联盟；印度国民大会党；"退出印度"运动

India-China Ferry 印华空运，92, 97, 145, 176

Indian Army. See British-Imperial military forces 英帝国军队

Indian National Army (INA) 印度国民军，141, 176-77, 213

Indian National Congress (INC) 印度国民大会党，9, 50, 59, 82-83, 97, 142-144, 213

Indian Ocean 印度洋，46, 81-82, 94, 95-96, 145

Indochina (Vietnam) 印度支那（越南），2-3, 8, 56, 59-60, 76-77, 80, 140, 141, 142, 176,

211–212, 217

 See also Democratic Republic of Vietnam 亦可见 越南民主共和国

İnönü, Ismet 伊斯麦特·伊诺努，160

Integralist Party (Brazil) 整合党（巴西），156

International Bank for Reconstruction and Development (IBRD) 国际复兴与开发银行，183

International Monetary Fund (IMF) 国际货币基金组织，182

Iran 伊朗，69, 72, 75, 90, 181, 186, 216, 218

 See also Persian Corridor route 亦可见 波斯走廊路线

Iraq 伊拉克，9, 50, 68–69, 181, 186, 215

Ireland 爱尔兰，9, 49–50

Israel 以色列，215, 216–217, 228

Italian Social Republic (RSI or Salò Republic) 意大利社会共和国（萨罗共和国），148, 165, 188

Italy 意大利

 Allied invasion and occupation 盟军登陆与占领，102, 104, 146–149, 155, 165, 168, 171–172, 188–189, 195, 204, 208, 217

 economy 经济，13, 22, 30, 113–114, 116, 156, 171–172, 183

 Fascist government 法西斯政府，14, 29, 33, 56, 122, 146–147, 156, 166, 188

 invasion of Ethiopia 入侵埃塞俄比亚，30, 31, 60, 146–147

 popular revolts in 人民起义，148–149, 151–152, 172, 188–189, 190, 218

 war aims and colonial expansion 战争目标与殖民扩张，3, 14, 30, 39, 56–57, 60, 65, 67, 87, 156, 205

 in World War I and postwar 在第一次世界大战及战后，8, 9, 12, 13–14, 15, 16

 See also Axis alliance; Badoglio, Pietro; Communist Party of Italy; Mussolini, Benito 亦可见 轴心联盟；佩特罗·巴多格里奥；意大利共产党；贝尼托·墨索里尼

Italy military 意大利军队

 in Africa 在非洲，3, 30, 60–62, 65–67, 101–102, 104

 airforce 空军，30, 66, 101–102

 in Balkans 在巴尔干，3, 39, 60–62, 65–67, 164, 173

 Regina Marina 海军，65–66, 101–102

 in Sicily and Italy 在西西里和意大利，146–149, 204

 in USSR 在苏联，2, 99–100, 137

Iwo Jima, Battle of 硫磺岛战役，191–192

Japan 日本

    'Co-Prosperity Sphere' "共荣圈", 59, 77, 80, 87, 90–91, 94, 96, 113, 119, 128, 141, 176, 194, 195

    economy 经济, 8, 17–18, 19, 22, 23–24, 82, 90–91, 93, 112–113, 116, 117, 118, 122–124, 191, 220

    militarization and expansionist policies 军国主义化与扩张政策, 8, 17–18, 19, 23–25, 36–38, 44, 53, 56–57, 58–60, 65, 75, 76–77, 93, 112–113, 119, 140–142, 205

    surrender and postwar occupation 投降与战后占领, 191, 192, 193–195, 202, 207–208, 210, 212, 220–221

    in World War I and postwar 在第一次世界大战及战后, 8, 9, 10, 12, 13, 15, 17–18, 19

    See also Economic planning; Manchuria/Manchukuo 亦可见 经济计划；中国东北 / 伪满洲国

Japan military 日本军队

    in Burma and Southeast Asia 在缅甸和东南亚, 76, 79–83, 176–177, 195, 204

    in China 在中国, 2, 36–38, 43, 58–59, 87, 96, 114, 176, 177–178, 192–193, 195–196, 204

    Imperial Japanese Navy 日本帝国海军, 36, 65, 90–9, 94–95, 140–141, 174–175

    Kwantung Army 关东军, 1, 18, 24, 25, 36, 38, 113, 194

    in Pacific 在太平洋, 77, 79–83, 94–95, 129, 140–141, 174–175, 191–192, 195

    war with USSR (1940) 与苏联的战争（1940）, 38

    See also Kamikaze attacks 亦可见 神风特攻

Japanese Americans, wartime detention of 战时拘禁日裔美国人, 78

Japanese Canadians, wartime detention of 战时拘禁日裔加拿大人, 78

Japanese Surrendered Personnel (JSP) 日本投降人员, 195, 210

Java Sea, Battle of 爪哇海战役, 81

jet aircraft 喷气式飞机, 119, 125–126, 128, 136

Jews 犹太人, 2, 26, 27, 34, 39, 45–47, 52, 67, 72–75, 98–99, 129, 135, 138–139, 149, 161, 187–188, 202, 216–217, 228

    See also Anti-Semitism, Shoah 亦可见 反犹主义，大屠杀

Jinnah, Muhammad Ali 穆罕默德・阿里・真纳, 143

Joint Chiefs of Staff 参谋长联席会议, 83, 102–103, 104, 139, 194, 208

Judeocide. *See* Shoah 犹太灭绝，见 大屠杀

Jumo 004 jet engine 久茂 004 喷气式发动机, 128

Kaiser, Henry 亨利・凯泽, 116

kamikaze attacks 神风特攻，192

Kasserine Pass, Battle of 卡塞林山口战役，104

Katyń Massacre 卡廷森林大屠杀，45, 163

Kellogg-Briand Pact (1928),《白里安—凯洛格公约》(1928)，15

Kennedy, Paul 保罗·肯尼迪，127

Kenya 肯尼亚，50, 118, 214

Kesselring, Field Marshal Albert 阿尔伯特·凯塞林元帅，148

Khalkhyn Gol, Battle of 诺门罕战役，38, 40, 54, 74

Kharkov, battles for 哈尔科夫战役，99, 138, 203

Kidō Butai. *See* aircraft carriers 机动部队，见 航空母舰

Kiev, battles of 基辅战役，73–74, 138

Kim Il-sung 金日成，142, 212, 222

Kings African Rifles 国王非洲步枪团，49, 61

Knox, William F. 'Frank' 弗兰克·诺克斯，55

Kobe 神户，117
  bombing of 轰炸，191

Kohima Battle of 科希马战役，177

Kokoda Track, battle for 科科达小径争夺战，94

Konoe, Prince Fumimaro 近卫文麿，36, 59, 75

Korea 朝鲜
  Japanese colony 日本殖民地，18, 24, 142, 176, 194
  popular government (1945) 人民政府（1945），211–212
  postwar partition 战后分裂，194, 211–212, 217, 222, 223, 228
  wartime mobilization 战时动员，124, 142, 166, 194

Korean War (1950–1953) 朝鲜战争（1950—1953），1, 2–3, 222–223

Kurdish Republic of Mahabad 马哈巴德库尔德共和国，216

Kursk, Battle of 库尔斯克战役，137–138, 152, 204

Kuwait 科威特，186

Kwajalein 夸贾林环礁，140

Kwantung Army. *See* Japan military 关东军，见 日本军队

Labour Party (UK) 工党（联合王国），48, 52, 82, 121–122, 190, 211, 213

Latin America 拉丁美洲，8, 23, 56, 155–159, 181, 183, 184
  US hegemony 美国霸权，24, 118, 157–159, 205, 206, 208, 209

See also individual countries 亦可见 各国

Latvia. See Baltic States 拉脱维亚，见 波罗的海国家

Laurel, José 何塞·劳雷尔，80, 141, 142

Laval, Pierre Jean-Marie 皮埃尔·赖伐尔，51-52

League of Nations 国际联盟，12, 14, 15, 24-25, 30, 31, 39, 99

Leahy, Admiral William D. 海军上将威廉·李海，194

Lebanon 黎巴嫩，69

lebensraum 生存空间，26, 28, 30, 35, 39, 45-46, 58, 59, 87, 98-99, 113

　　See also Autarky and autarkic-colonial projects; Germany, war aims and colonial expansion 亦可见 自给自足殖民地项目；德国战时目标与殖民扩张

Ledo Road 列多公路（中印公路），176, 177

LeMay, General Curtis 柯蒂斯·李梅将军，176, 191

Lend-Lease 租借，55-56, 76, 181, 190

　　to Brazil 于巴西，155

　　to China 于中国，92

　　to Ethiopia 于埃塞俄比亚，62

　　to Iran 于伊朗，90

　　to Liberia 于利比里亚，118

　　to Saudi Arabia 于沙特阿拉伯，186

　　to UK 于联合王国，55-56, 62, 88-89, 159, 190

　　to USSR 于苏联，56, 75, 89-90, 92, 104, 109, 138, 139, 162, 204

Leningrad, siege 列宁格勒围城战，4, 70, 74, 109, 162

Leopold III, King of Belgium 比利时国王利奥波德三世，51, 171

Leopoldville (Kinshasa) 利奥波德维尔（金沙萨），129

Leyte Gulf, Battle of 莱特湾海战，175

Liberia 利比里亚，92, 118, 181

liberty ships 自由轮，90, 116, 119

Libya 利比亚，30, 61, 66, 101, 208, 215

Lin Biao, General 林彪将军，221

Lindemann, Frederick 弗雷德里克·林德曼，134

Lithuania. See Baltic States 立陶宛，见 波罗的海国家

Litvinov, Maxim 马克西姆·李维诺夫，31

Locarno Conference (1925) 洛迦诺会议（1925），15

London, bombing 轰炸伦敦，53, 128, 134

索 引

London Naval Conference (1935) 伦敦海军会议（1935），25
'Long March' 长征，25
 See also Chinese Communist Party 亦可见 中国共产党
logistics and military transport 后勤与军事运输
 Allied 盟国，88-93, 97, 145, 148, 166, 167, 168, 172, 173, 174, 176, 193, 196, 204
 Axis 法西斯集团，60, 61, 66, 99, 102, 104, 204
 Soviet 苏联，90, 162, 204
Luce, Henry R. 亨利·卢斯，4, 55, 87, 208, 228
Luzon 吕宋岛，142

M4 Sherman tank M4 谢尔曼坦克，102, 115-116, 117
MacArthur, General Douglas 道格拉斯·麦克阿瑟将军，80, 82, 90, 139-140, 175, 195, 210, 220, 222
Madagascar 马达加斯加，46, 95-96, 169, 214
Maginot Line 马奇诺防线，35, 48, 67
Magsaysay, Ramon 拉蒙·麦格赛赛，142
Majdanek death camp 马伊达内克灭绝集中营，98, 188
Malaka, Tan 陈马六甲，210
Malaya 马来亚，8, 59, 79-80, 82, 95, 118, 140, 141-142, 195, 211
'Malay Barrier' "马来屏障"，81
Malay People's Anti-Japanese Army 马来人民抗日军，141-142, 211
Malta, siege 马耳他围城战，66-68, 102
Manchuria/Manchukuo 中国东北/伪满洲国，1-3, 17-18, 19, 24-25, 29, 30, 36, 112-113, 141, 142, 176, 194, 197, 221
 See also Autarky and autarkic-colonial projects 亦可见 自给自足殖民地项目
Manhattan Project 曼哈顿工程，128-129
Manila 马尼拉，142, 196, 211
Manstein, General Erich von 埃里希·冯·曼施坦因将军，52, 100, 137
Mao Zedong 毛泽东，19, 25, 96, 115, 144, 145, 177, 178, 193, 197, 221
Marco Polo Bridge 'Incident' 卢沟桥事变，36
Marianas Islands 马里亚纳群岛，9, 140, 174-175, 176, 191
Marseilles, popular uprising 马赛人民起义，167, 218
Marshall, General George C. 乔治·马歇尔将军，156, 197, 219, 221, 228
Martinique 马提尼克，169

305

Massachusetts Institute of Technology (MIT) 麻省理工学院，126

Matapan, Battle of 马塔潘战役，66

Mediterranean Sea 地中海

    Italian colonial project 意大利殖民工程，14, 60, 87, 205

    struggle for 争夺，56, 57, 60, 65–66, 94–95, 101–104, 133, 160, 173, 205

    US predominance in 美国主导，160, 183, 205, 208, 215, 219

'Mediterranean Strategy' "地中海战略"，103, 104–105, 134, 146, 152, 160

Mers-el-Kébir, bombardment 轰炸凯比尔港，52

Messerschmitt Me 109 fighter 梅塞施米特 Me-109 战斗机，161

Messerschmitt Me 262 jet fighter 梅塞施米特 Me-262 喷气式战斗机，128, 136

Metaxas, Ioannis 扬尼斯·梅塔克萨斯，67

Mexico 墨西哥，16, 157, 158, 159

    Escuadrón 201 201 中队，2, 157

    See also 'Bracero' program 亦可见 "布拉塞洛" 计划

MG 42 machine gun MG-42 机关枪，112

Michael I, King of Romania 罗马尼亚国王米哈伊一世，163

Middle East Supply Center (MESC) 中东供应中心，181, 183, 215

Midway, Battle of 中途岛战役，94–95, 139, 142, 205

Mihailović, Colonel Draža 德拉查·米哈伊洛维奇上校，149–150

Military Investigation and Statistics Bureau (MSB) 军事调查统计局（军统），144

Missouri, USS 密苏里号战列舰，195

Mitchell, General William 'Billy' 威廉·"比利"·米切尔将军，134

Mohammad Reza Pahlavi, Shah of Iran 伊朗国王穆罕默德·巴列维，72

Molotov-Ribbentrop Pact (1939)《苏德互不侵犯条约》(1939)，39–40, 44, 52, 54, 101

Molotov, Vyacheslav 维亚切斯拉夫·莫洛托夫，39, 96, 101, 189

Mongolia 蒙古，25, 38, 166, 194

Monsoon Group 季风编队，96

Monte Cassino, battles of 卡西诺山战役，148, 165

Montgomery, Field Marshal Bernard L. 陆军元帅伯纳德·蒙哥马利，102, 146

Morgan, J. P. J. P. 摩根，13

Morocco 摩洛哥，103, 125, 208, 214, 215

Moscow, Battle of 莫斯科战役，73–74, 83, 97, 109

Mossadegh, Mohammed 穆罕默德·摩萨台，216

Mountbatten, Admiral Lord Louis 海军上将路易斯·蒙巴顿勋爵，140, 145

索 引

Mulberry harbors 桑树港，166

Munich conference (1938) 慕尼黑会议（1938），35

Murphy, Justice William Francis 法官弗兰克·墨菲，78

Muslims 穆斯林，50, 68, 82, 143, 213

Mussolini, Benito 贝尼托·墨索里尼，14, 29–30, 34, 35, 52, 60–61, 122, 146–147, 148, 166, 188

Nagasaki, atomic bombing 原子弹轰炸长崎，129, 194

Nagumo Chūichi, Admiral 海军上将南云忠一，79

Nanjing 南京，4, 19, 43, 144, 221

    'rape' of 大屠杀，36

'Nanjing Decade' "南京十年"，19, 114

Naples 那不勒斯，66, 147–149, 155, 172

    popular uprising 人民起义，148–149, 218

Narvik, battles of 纳尔维克战役，47

National Committee for a Free Germany 自由德国全国委员会，151

National Defenses Research Committee (NDRC) 国防研究委员会，126–127

National Socialist German Workers Party (NSDAP/Nazi) 德国国家社会主义工人党（国社党/纳粹党），13, 24, 25–29, 34, 35, 45, 67, 72, 98, 135, 138, 166–167, 185, 217–218

    See also Germany, Nazi government of; Hitler, Adolf; SS (Schutztaffel); Sturmabteilung (SA) 亦可见 德国纳粹政府；阿道夫·希特勒；党卫队；冲锋队，112

Navy Acts (US, 1938 and 1940)《海军法》（美国，1938 及 1940），44, 55, 60, 77

Nedić, Milan 米兰·内迪奇，149

Netherlands East Indies (Indonesia) 荷兰东印度群岛（印度尼西亚），2, 8, 59, 81, 82, 140, 195, 196, 210, 223

neutrality 中立，10, 35, 48, 49–50, 54, 56, 60, 67, 69, 80, 92, 136, 140, 145, 158, 159–161, 219

Neutrality Acts (US)《中立法》（美国），35, 48, 55, 92

New Britain 新不列颠，79–80

New Deal 新政，22–23, 28, 107, 110, 143, 184

'New Deal for Italy' "为意大利实施新政"，172

New Guinea 新几内亚，79, 82, 94, 139–140, 175

New Zealand 新西兰，49, 53, 66, 136, 184, 189, 205

Nigeria 尼日利亚，60, 111, 125, 214

307

Nimitz, Admiral Chester W. 海军上将切斯特·尼米兹，94-95, 139-140

Nine-Power Treaty (1921)《九国公约》(1921)，13

'ninety division gamble' "90 个师的赌博"，39, 178

Non-Aligned Movement 不结盟运动，219, 223

North Africa, Allied landings. See Operation Torch 盟军登陆北非，见 火炬行动

North African Economic Board (NAEB) 北非经济委员会，181, 183

North Atlantic Treaty Organization (NATO) 北大西洋公约组织（北约），219

Norway 挪威，47-48, 52, 53, 88, 89, 112, 161, 181, 187

nuclear weapons 核武器，4, 125, 126, 128-129, 190, 191, 192-194, 207-208, 222

Nuremberg Laws (1935)《纽伦堡法案》(1935) 46

Nuremberg Trials (1945) 纽伦堡审判（1945），185, 217

Oak Ridge, Tennessee 田纳西橡树岭，129

Oil 石油，58, 90, 107, 157, 159, 161
    German supplies 德国供应，29, 39, 54, 58, 99, 111, 186
    Japanese supplies 日本供应，59, 60, 77, 81, 82, 90
    Lend-lease supplies of 租借供应，88

oilfields and oil producers 油田和石油生产者
    Caucasus 高加索，39, 44, 58, 99, 100
    Mexico 墨西哥，157
    Middle East and Iran 中东和伊朗，7, 60-61, 68-69, 72, 185-186, 215, 216
    Netherlands East Indies 荷兰东印度群岛，59, 81, 82, 140
    Ploesti (Romania) 普洛耶什蒂（罗马尼亚），29, 58
    United States 美国，59, 60, 77, 88, 103, 159, 160, 161, 174, 185

Office of Scientific Research and Development (OSRD) 美国科学研究和发展局，126-127, 128

Office of Strategic Services (OSS) 战略情报局，103, 142, 144, 161, 211, 212

Office of War Mobilization 战争动员局，110

Okinawa, Battle of 冲绳战役，192

Operation *Achse* (Axis) 轴心行动，148

Operation *Diadem* 王冠行动，165

Operation *Bagration* 巴格拉季昂行动，162-163

Operation *Barbarossa* 巴巴罗萨行动，58, 60, 66, 69-72, 73, 74, 75, 93, 97, 99, 204, 206

Operation *Blau* 蓝色行动，99-100

索　引

Operation *Buccaneer* 海盗行动, 145

Operation *Compass* 罗盘行动, 61

Operation *Dragoon* 龙骑兵行动, 165, 167

Operation *Gomorrah* 蛾摩拉行动, 135

Operation *Ichigō* 一号作战行动 / 豫湘桂战役, 1, 140–141, 176, 177, 178

Operation *Manna* 灵粮行动, 173

Operation *Overlord* 霸王行动, 166, 169

Operation *Rankin* 兰金行动, 133

Operation *Torch* 火炬行动, 103–104, 160, 169

Operation *U-Go* 宇号作战行动 / 英帕尔作战行动, 176–177

Operation *Zitadelle* 堡垒行动, 137–138

Ottoman Empire 奥斯曼帝国, 7, 8, 9, 216

P-51 Mustang fighter P-51 野马战斗机, 127, 136

P-47 Thunderbolt fighter P-47 雷电战斗机, 155

Pact of Steel (1939)《钢铁条约》(1939), 39

Pakistan 巴基斯坦, 143, 213

Palestine 巴勒斯坦, 2, 9, 60, 68, 69, 75

    Jewish migration 犹太移民, 27, 46, 66, 68, 75, 202, 216, 228

    Partition 分裂, 216–217

Pan-American Airlines 泛美航空公司, 92–93

Pan-American Security Zone 泛美安全区, 56

Pan-Arabism 泛阿拉伯主义, 68, 215

Papua 巴布亚, 95

Paris 巴黎

    German conquest 德国占领, 51–52

    popular uprising 人民起义, 167, 170, 218

    US soldiers in 美国士兵, 170–171, 196

Paris Commune (1871) 巴黎公社（1871）, 52

Paris Peace Conference. *See* Versailles Conference 巴黎和会，见 凡尔赛会议

Park, Air Marshal Sir Keith R. 空军元帅基思·帕克爵士, 53

Partition 分裂

    of China 中国, 221

    of Germany 德国, 3, 151, 185, 187, 190, 217–218, 219

by Germany 被德国，39, 40, 203

of India 印度，143, 213, 217

of Iran (1941) 伊朗（1941），72, 90

of Korea 朝鲜，194, 211-212, 217, 223, 228

of Palestine 巴勒斯坦，216-217

of Vietnam 越南，212, 217

Patton, General George S. 乔治·巴顿将军，146, 167, 206

Pavelić, Ante 安特·帕韦利奇，67

'peaceful coexistence' "和平共处"，151, 184, 193, 196, 206, 221

Pearl Harbor 珍珠港

　　Japanese attack 日本袭击，77, 79, 81, 82, 83, 87

　　US Pacific Fleet at 美国太平洋舰队，44, 60, 76, 94-95

People's Republic of China 中华人民共和国，221

People's Republic of Korea (PRK) 朝鲜人民共和国，211-212

Perón, General Juan 胡安·庇隆将军，158-159

Persian Corridor route 波斯走廊路线，72, 90

Peru 秘鲁，158

Pétain, Marshal Philippe 菲利普·贝当元帅，51, 103, 169

Peter II, King of Yugoslavia 南斯拉夫国王彼得二世，66, 149, 150, 164

Philippines 菲律宾，2, 59, 77, 79-80, 82, 139, 141, 142, 157, 175, 181, 210-211

　　Hukbalahap insurrection 虎克起义，142, 210-211

Philippine Sea, Battle 菲律宾海之战，174-175

Phony War 虚假战争，40, 43, 44, 47

pilot training 飞行员培训，95, 140, 174, 192

Poland 波兰，2, 10, 12, 35, 36, 39-40, 45-47, 54, 73, 151, 152, 162-163, 184-185, 188, 189-190, 202, 203, 204, 227

　　See also General Government; Government-in-exile; Katyń Massacre 亦可见 总督府；流亡政府；卡廷森林大屠杀

Poland, military 波兰军队

　　'Anders Army' "安德斯部队"，75

　　in British-Imperial forces，在英帝国军队，2, 49, 53, 66, 75, 165, 202

　　in German Army 在德国陆军，165

　　Home Army (AK) 波兰救国军，162

　　in Red Army 在红军，2, 75, 186-187

Port Moresby 莫尔兹比港，94

Portugal 葡萄牙，159, 160–161

Potsdam Conference (1945) 波茨坦会议（1945），189–190, 191, 192, 202, 212, 217

Potsdam Declaration 波茨坦宣言，191

prisoners of war 战俘，50, 61, 72, 80, 90, 93, 99, 100, 104, 119, 123, 125, 127, 162, 168, 173, 186–187, 188, 195, 202, 227

prostitution and forced sex work 卖淫和被迫从事性工作，124, 142, 170–171, 172

proximity fuse 近炸引信，125, 126–127

Punjab 旁遮普，2, 60, 111

Quezon, Manuel 曼努埃尔·奎松，80

Quisling, Vidkun 维德孔·吉斯林，47

'Quit India' movement "退出印度"运动，142–143, 176

Rabaul, Japanese base on 日本在腊包尔的基地，95, 139, 140

radar 雷达，53, 89, 119, 125–126, 127, 136

Randolph, A. Philip A. 菲利普·伦道夫，120

Rangoon (Yangon) 仰光，81, 193, 211

'Rape of Nanjing.' See Nanjing 南京大屠杀，见 南京

rearmament and preparation for war 重整军备与备战

    in Britain and France 在英国和法国，35–36

    in Germany 在德国，28–29, 31, 39–40

    in Japan 在日本，25, 112–113

    in USA 在美国，23, 39–40, 44, 55, 76–77

    in USSR 在苏联，31, 39

Red Ball Express 红球特快，167

refugees 难民，38, 45, 50, 52, 81, 137, 186, 191, 202–203, 216, 217

    See also Displaced Persons 亦可见 流离失所的人

Reich Main Security Office 帝国安全总局，73, 98, 166–167

Reich Protectorate of Bohemia and Moravia 波希米亚和摩拉维亚帝国保护国，39

Reichswerke Hermann Göring 赫尔曼·戈林国家工厂，111

Reorganized National Government of China 伪国民政府，43, 114, 141, 144

Republic of Mahabad 马哈巴德共和国，216

    See also Iran 亦可见 伊朗

Repulse and Prince of Wales, HMS 英国皇家海军却敌号与威尔士亲王号，77, 80

Reuben James, USS 美国海军鲁本·詹姆斯号驱逐舰，76

Reynaud, Paul 保罗·雷诺，51

Reynolds, David 戴维·雷诺兹，54

Rhineland 莱茵兰，3, 29, 30, 34

Rhodesia 罗得西亚，60, 61, 95

Rockefeller, Nelson A. 纳尔逊·洛克菲勒，158, 159

rubber 橡胶，29, 91, 111, 118, 119, 125, 141, 157, 211

Ruhr industrial region 鲁尔工业区，11, 13, 161

    battle of 战役，186

    bombing of 轰炸，135

Romania 罗马尼亚，29, 36, 58, 67, 162, 163-164, 167, 173

    in invasion of USSR 入侵苏联，2, 70, 74, 99-100, 137, 160

    See also Antonescu, Marshal Ion; Oilfields 亦可见 扬·安东内斯库元帅；油田

Romani people 吉卜赛人（罗姆人），46, 67, 98, 149

Rome-Berlin Axis. *See* Axis Alliance 罗马-柏林轴心，见 轴心联盟

Rome, US capture 美军占领罗马，165

Rommel, General Erwin 埃尔温·隆美尔将军，66, 101-102, 104, 167

Roosevelt, Franklin D. 富兰克林·德·罗斯福，22, 31, 35, 44, 55, 56, 62, 75-77, 78, 83, 89, 92, 96-97, 101, 102, 110, 120, 128, 145-146, 150-152, 155, 165, 168-169, 172, 175, 177, 184-186, 189, 193, 212, 228

    grand strategic vision 大战略视野，96-97, 103-105, 133, 146, 150-152, 175, 218

Royal Indian Navy, strike-mutiny (1946) 孟买海军起义（1946），213

Roxas, Manuel 曼努埃尔·罗哈斯，210-211

Russia 俄国，3, 7, 8, 9, 10, 15

    See also Union of Soviet Socialist Republics 亦可见 苏维埃社会主义共和国联盟

Russian Revolution (1917) 俄国革命（1917），9-10, 11, 15-16, 17, 31, 71-72, 108, 133, 150, 218

Russo-Japanese War (1904-1905) 日俄战争（1904—1905），8

Saipan 塞班岛，174

Salazar, Dr. António de Oliveira 安东尼奥·萨拉查博士，160

Salerno, Allied landing 盟军登陆萨莱诺，147-148

Samoa 萨摩亚，94

Saudi Arabia 沙特阿拉伯, 60, 185–186

Schwarzkopf, Colonel Norman 诺曼·施瓦茨科普夫上校, 90

'second front' "第二战场", 101, 103

Serbia 塞尔维亚, 66–67, 149–150

    See also Chetniks; Partisans, Yugoslavia 亦可见 切特尼克；南斯拉夫游击队员

Servicemen's Readjustment Act, (GI Bill)《退伍军人权利法案》(GI 法案), 207

Sétif Massacre 塞提夫大屠杀, 201, 215

Shanghai 上海, 16, 19, 24, 25

    Japanese capture 日军占领, 36

Sheffield, bombing 轰炸谢菲尔德, 4, 136

Shinkolobwe uranium mine, Belgian Congo 比属刚果辛科罗布韦铀矿, 129, 203

Shipbuilding 造船业, 12, 25, 77, 116–117

Shoah 大屠杀, 2, 45–47, 67, 72–74, 98–99, 127, 138–139, 149, 187–188, 202, 216, 217, 228

    'decision' for "决定", 73

    See also Babi Yar massacre; Wannsee Conference 亦可见 巴比亚尔大屠杀；万湖会议

Shōwa steel mill 昭和制钢所, 24, 113, 176

Shukri al-Quwatli 舒克里·库阿特利, 215

Sicily 西西里, 66, 68

    Allied landings 盟军登陆, 138, 146

Sikhs 锡克教徒, 143, 213

Sikorski, Władysław 瓦迪斯瓦夫·西科尔斯基, 75, 163

Singapore 新加坡, 50, 77, 81, 140, 176, 195

    Japanese capture 日军占领, 80

Sino-Japanese War (1894–1895) 中日战争（1894—1895）, 8

Sino-Soviet Treaty of Friendship and Alliance (1945)《中苏友好同盟条约》(1945), 193

Slavs 斯拉夫人, 39, 45, 72, 73

Slim, General William J. 威廉·斯利姆将军, 177, 193

Slovakia 斯洛伐克, 39

Smith Act (1940)《史密斯法》(1940), 79

Smith, C.R. C. R. 史密斯, 92–93

Smolensk 斯摩棱斯克, 45

    battle of 战役, 70

social revolution 社会革命, 1–2, 4, 8, 10, 11, 13, 15–17, 18, 21, 33–34, 52, 115, 133, 148–149, 151–152, 164, 188–189, 218, 221–222, 223

See also Russian Revolution 亦可见 俄国革命

Sobibór death camp 索比堡灭绝集中营，98

Solomon Islands 所罗门群岛，79-80, 139-140

Soong Mei-ling 宋美龄，144, 145

South Africa 南非，49, 61, 95, 181, 205, 214

South Sakhalin 南库页岛，220

Soviet-Japanese Non-Aggression Pact (1941)，《苏日中立条约》(1941)，38, 54, 74, 140, 145

Spain
- Blue Division 蓝色师团，2, 57, 160
- civil war (1936-1939) 内战（1936—1939），3, 32, 33-34, 40, 149, 170
- Franco dictatorship 佛朗哥独裁统治，34, 159-160
- neutrality 中立，57, 112, 159-160

Special Operations Executive (SOE) 特别行动执行处，142

Speer, Albert 阿尔伯特·施佩尔，97-98, 112, 127

SS (*Schutztaffel*) 党卫军，28, 73, 111, 127, 138, 163, 164, 168, 186

Stalingrad, Battle 斯大林格勒战役，2, 99-100, 109, 137

Stalinism 斯大林主义，16-17, 26, 31, 33, 71-72, 108-109, 111, 113, 150, 157, 187, 202, 223, 224

Stalin, Joseph 约瑟夫·斯大林，16-17, 31, 45, 69, 70, 101, 103, 108, 150-152, 172, 184-185, 189, 190-191, 193, 216, 218, 222

Stark, Admiral Harold M. 海军上将哈罗德·斯塔克，55

State Defense Committee (USSR) 苏联国防委员会，71

Stavka 苏联最高统帅部，71, 100, 138

steel production 钢铁产量，17, 24-25, 97, 111, 113, 143, 157, 160, 161, 176

See also Reichswerke Hermann Göring; Shōwa steel mill; Volta Redonda 亦可见 赫尔曼·戈林国家工厂；昭和制钢所；沃尔塔雷东达

Stilwell, General Joseph W. 约瑟夫·史迪威，81, 97, 144, 177-178, 192, 193

Stimson, Henry L. 亨利·史汀生，55

strategic bombing 战略轰炸，60-61, 134, 147, 167, 222
- in China and Southeast Asia 中国和东南亚，76
- of Germany 德国，4, 48, 54, 127, 134-137, 139, 186, 204, 217
- of Japan 日本，4, 140, 144, 145-146, 174, 175, 191, 193-194, 202, 205
- See also Combined Bomber Offensive; Douhet, Giulio; Mitchell, William "Billy," 亦可

见 联合轰炸攻势；朱利奥·杜黑；威廉·"比利"·米切尔

Stresa Front (1935) 斯特雷萨阵线（1935），29–30, 31

strikes and labor protests 罢工和劳工抗议

 in Belgium 比利时，171

 in Egypt 埃及，68, 215

 in France 法国，32, 218

 in French West Africa 法属西非，214

 in Germany 德国，11, 26, 218

 in Netherlands 荷兰，168

 in Italy 意大利，11, 14, 15, 122, 147, 188, 218

 in Japan 日本，122, 220

 in Malaya 马来亚，211

 in US 美国，121, 122, 123, 196

Sturmabteilung (SA) 冲锋队，26, 112

submarine warfare 潜艇战，10, 50, 56, 57–58, 76, 78, 88–89, 90–91, 93, 95–96, 97, 102, 116–117, 119, 141, 155, 176, 191

 See also Atlantic, Battle of Sudan, 61, 92 亦可见 大西洋，苏丹战役

Sudetenland 苏台德地区，3, 35

Sukarno 苏加诺，82, 210

Sumatra 苏门答腊，82, 140, 145

Surabaya, Battle 泗水之战，210

Sweden 瑞典，48, 112, 136, 159, 161

Switzerland 瑞士，60, 136, 159, 161

Syngman Rhee 李承晚，212, 222

Syria 叙利亚，9, 68–69, 169, 181, 215

T-34 tank T-34 坦克，70, 115, 116

Taiwan 中国台湾，139, 175, 213, 221–222, 223

Takoradi Air Route 塔科拉迪航线，92, 124–125

Tamils 泰米尔人，141

Tanganyika 坦噶尼喀，111

Tank Landing Ship (LST) 坦克登陆舰，145, 146, 166

"Tankograd" (Chelyabinsk) "坦克格勒"（车里雅宾斯克），109, 115

Taranto, raid 突袭塔兰托，65–66

315

Tarawa, Battle 塔拉瓦战役，140

Tehran Conference (1943) 德黑兰会议（1943），145, 150-152, 164, 173, 188-189, 196, 217

Terkel, Studs 斯特茨·特克尔，5

Thai-Burma railroad 泰缅铁路，81, 93

Thailand 泰国，80, 81, 141, 177

Thakin Soe 德钦梭，141

Thorez, Maurice 莫里斯·多列士，170

Tiger tank 虎式坦克，116, 137-138

Tinian 天宁岛，174

Tirpitz 提尔皮茨，89

Tito (Josip Broz) 铁托（约瑟普·布罗兹），149-150, 164, 173, 174, 189, 219

Tizard Mission 蒂扎德使团，126

Tobruk, battles for 托布鲁克争夺战，66, 101, 102

Todt, Fritz 弗里茨·托特，97, 112

Togliatti, Palmiro 帕尔米罗·陶里亚蒂，152, 165

Tōjō Hideki 东条英机，75, 94, 113, 140-141, 220

Tokyo 东京，195
  bombing 轰炸，4, 191

Tokyo war crimes trials 东京战犯审判，220

Tomislav II, King of Croatia 克罗地亚国王托米斯拉夫二世，67

Tonga 汤加，92

Trans-Atlantic air route 跨大西洋航线，92, 155, 160-161, 176

Trans-Pacific supply routes 跨太平洋供应线，90, 92

Treaty of Brest Litovsk (1918)《布列斯特—利托夫斯克条约》，10

Treblinka death camp 特雷布林卡灭绝集中营，98, 139

Trenchard, Air Marshal Hugh M. 空军元帅休·特伦查德，134

Trieste Crisis 的里雅斯特危机，189

Tripartite Pact《三国同盟条约》，56-57, 58, 66, 80

Trippe, Juan 胡安·特里普，92

Trotskyist parties 托派，33, 79, 125

Trotsky, Leon 列夫·托洛茨基，16

Truk, Japanese base 日本基地特鲁克岛，140

Truman, President Harry S. 哈里·杜鲁门总统，189-190, 197, 209, 216, 218

Tungsten ore (Wolfram) 钨矿砂，119, 160, 161

Tunisia 突尼斯，104

Turkey 土耳其，7, 9, 10, 69, 112, 159, 160, 219

    See also German-Turkey Treaty of Friendship 亦可见《德土友好条约》

Type XXI U-boat 21 式 U 型艇，116–117

U-Boats. *See* Atlantic, Battle of; German, military; submarine warfare; Type XXI U-boat U 型潜艇，亦可见 大西洋战争；德国军队；潜艇战；21 式 U 型艇

Ukraine 乌克兰，10, 15, 17, 44, 54, 70, 72–73, 137–139, 166, 227

    See also Famine, in Ukraine 亦可见 乌克兰饥荒

Union of Soviet Socialist Republics 苏维埃社会主义共和国联盟

    economy 经济，29, 39, 40, 56, 71–72, 89–90, 92, 108–109, 117, 125, 128, 143, 145, 218, 219

    formation and civil war 成立与内战，10, 15–17,

    in prewar period 战前时代，19, 29, 31, 36, 38, 45

    postwar foreign policy 战后外交政策，96, 101, 172–173, 184–185, 189–190, 202, 206, 209, 212, 217–219

    wartime foreign policy 战时外交政策，74, 75, 83–84, 96–97, 101, 133, 140, 149, 150–152, 163–164, 172–173, 174, 185, 206

    See also Famine, in Ukraine, Lend-Lease, Russian Revolution, Stalinism 亦可见 饥荒，乌克兰，租借，俄国革命，斯大林主义

Union of Soviet Socialist Republics, Red Army 苏联红军

    doctrine, equipment, and competence 理论、装备和能力，38, 40, 44, 54, 58, 65, 70, 134, 138, 162, 204

    guerrilla forces of 游击队，70, 138, 162

    purge of officer corps (1937) 对军官的清洗（1937），16, 31, 38, 44, 58

    war with Finland 苏芬战争，44, 54, 162

    war with Germany 苏德战争，2, 69–72, 73, 75, 97–101, 137–139, 152, 162–164, 172–173, 186–188, 189, 204, 206, 227

    war with Japan (1939, 1945) 对日战争（1939、1945），38, 40, 54, 74, 193, 194

    war with Poland (1939) 对波战争（1939），39–40, 45

    See also T-34 tank, individual battles and operations 亦可见 T-34 坦克，各大战役与行动

United Kingdom 联合王国

economy 经济，7, 8, 9, 11, 13, 15, 22, 23, 36, 39, 49, 53, 109-111, 118-119, 121-122, 126, 143, 158-159, 182, 217

domestic politics 国内政治，2, 15, 40, 48, 52, 121-123, 135, 190, 202, 217

global hegemony 全球霸权，3, 7, 11, 12, 62, 87, 140, 151, 183, 186, 190, 205-206, 228

postwar policy 战后政策，208-209, 211, 213-214, 215-217, 218

relations with US 英美关系，8, 11-12, 13, 19, 25, 54-56, 76, 78, 83-84, 88, 96, 104, 133, 140, 145, 150-152, 165, 172, 186, 205-206, 217, 228

relations with USSR 英苏关系，10, 12, 33, 44, 75, 101, 150-152, 172-173, 184-186, 189

wartime foreign policy 战时外交政策，48-50, 53-56, 59, 66, 68-69, 75, 82, 96-97, 150-152, 158, 160, 172-174, 185, 190

World War I and postwar settlement 第一次世界大战及战后安排，8-10, 11, 12, 13, 15, 19, 25, 29-30, 33, 35-36, 40

See also British Empire 亦可见 英帝国

United Kingdom, military. See British-Imperial military 联合王国军队，见 英帝国军队

United Mineworkers of America 美国矿工联合会，121

United Nations 联合国家 / 联合国，88, 171, 172, 208, 209-210, 216, 222

Declaration of (1942) 联合国家宣言（1942），84, 158, 181

founding conferences 联合国创建会议，158, 159, 160, 185, 209

United Nations Relief and Recovery Administration (UNRRA) 联合国善后救济总署（联总），172, 202

United States of America 美利坚合众国

agriculture 农业，118, 203

domestic politics 国内政治，4-5, 12, 16, 22-23, 46, 55-56, 76, 78, 79, 119, 120-121, 144, 157, 203, 207, 222

economy 经济，3-4, 8, 10-11, 12, 22-23, 87, 107, 115-119, 120-121, 125-127, 157, 181-184, 203, 204

overseas bases 海外基地，3, 55, 93, 124, 158, 160-161, 203, 208, 215, 217-218, 219, 221

relations with China 美中关系，13, 18, 19, 38, 44, 57, 77, 84, 92, 96-97, 139-140, 144-146, 175-178, 183, 190, 192-193, 195, 196-197, 206, 209, 221-222, 223-224

relations with France 美法关系，9, 10, 11, 12, 13, 36, 104, 168-170, 182, 183, 190, 209, 212

relations with UK 美英关系，8, 9, 10, 11-12, 13, 19, 25, 54-56, 76, 77-78, 83-84, 88, 96, 104, 133, 140, 145, 150-152, 165, 172, 182, 186, 205-206, 217, 228

relations with USSR 美苏关系，3, 10, 17, 75, 96, 150-152, 184-185, 196, 206, 209, 217, 218-219, 223

rise to global hegemony 崛起为全球霸权，3-4, 8, 11, 30, 54, 55, 56, 88, 96, 150-152, 159, 181-184, 189-190, 205-210, 223-224, 228

wartime foreign policy 战时外交政策，83-84, 87-88, 96-97, 150-152, 155-161, 172-173, 181-186, 192-195

World War I and postwar policy 第一次世界大战及战后政策，8, 10, 11, 12, 13, 15, 18-19, 25, 30, 33, 35, 38, 54, 55, 56, 59-60, 75-76, 77-78

United States military 美国军队

 Air Transport Command 空运司令部，92-93, 196

 in China 驻华美军，18, 38, 81, 97, 139, 144-146, 175, 178, 195-197, 221

 Corps of Engineers 工程兵团，93, 176, 192, 203

 in Europe 在欧洲，10, 11, 103-104, 138, 146-148, 155, 165-168, 186-187, 189, 205, 208, 217

 Marine Corps 海军陆战队，95, 140, 175, 191-192, 196

 Navy Construction Battalions (Seabees) 海军工程营（海蜂部队），93, 175, 192, 203

 in Pacific 太平洋美军，139-140, 174-176, 178, 191-192, 204, 220-221

 segregation of 种族隔离，79, 120, 165, 176

 Strategic Air Command 战略空军司令部，208

 submarines 潜艇，90-91, 141, 176, 191

 US Army Air Force 美国陆军航空队，2, 97, 102, 136-137, 144-145, 155, 157, 164, 175, 176, 178, 191, 222

 US Navy 美国海军，3, 77, 79, 94-95, 103, 139-140, 155, 166, 174-175, 192, 193, 204, 208, 222

Uruguay 乌拉圭，88, 203

Ustaše 乌斯塔沙，67

V2 ballistic missile V2 弹道导弹，127-128

Vargas, President Getúlio 热图利奥·瓦加斯总统，23, 155-156, 159

Varkiza Agreement《瓦尔基扎协定》，174

Vercors, Republic of (1944) 韦科尔解放区（1944），169

Versailles Conference (1919) 凡尔赛会议（1919），11-12, 14, 15, 17, 19, 28-29, 30, 34, 35, 39, 217

Vichy 维希政权，51

 See also France, Vichy government 亦可见 法国维希政府

Victor Emmanuel III, King of Italy 意大利国王维托里奥·埃马努埃莱三世，14, 39, 146,

148, 149, 195
'victory disease' "胜利病"，94
Victory Program 胜利计划，76, 139
Viet Minh 越盟，143, 212
Vietnam 越南，2, 3, 8, 142, 212, 217
　　See also Indochina 亦可见 印度支那
Volksdeutsche 德意志侨民，98, 202
Volkssturm 国民突击队，186
Volta Redonda steel mill 沃尔塔雷东达钢铁厂，157

Wafd Party (Egypt) 华夫脱党（埃及），102
Wake Island 威克岛，79-80
Wall Street 华尔街，3, 13, 18, 21-22, 98, 182
Wang Jingwei 汪精卫，43, 114, 115, 141, 144
Wannsee Conference (1942) 万湖会议（1942），73
Wan Waithayakon 旺·威泰耶康，141
War Brides Act《战争新娘法》，207
War Production Board 战时生产局，109-110
Warsaw 华沙，47
　　ghetto rebellion (1943) 犹太区叛乱（1943），139
　　Uprising (1944) 起义（1944），162-163
Washington Naval Conference (1921) 华盛顿海军会议（1921），12-13
Wasp, USS 大黄蜂号航空母舰，102
Wavell, General Sir Archibald P. 阿奇博尔德·韦维尔将军、爵士，61, 68, 81
Wedemeyer, General Albert C. 阿尔伯特·魏德迈将军，177, 193
Weimar Republic. See Germany, Weimar Republic 魏玛共和国，见 德意志魏玛共和国
West African Field Force 西非野战军，1, 49, 60, 61, 193
White, Harry Dexter 哈里·德克斯特·怀特，184
Willkie, Wendell L. 温德尔·威尔基，55
Willow Run 柳条，116, 117
Wilson, President T. Woodrow 伍德罗·威尔逊总统，10, 11, 12, 55, 182, 208
Winter War 冬季战争，44, 58, 65
Women 女性
　　in armed forces 武装军人，2, 120, 121, 123, 142, 150, 176-177, 196, 212

economic mobilization 经济动员，5, 116, 119, 120–124, 127, 217

status of 身份，5, 116, 119, 120, 121, 170, 207, 212, 220

violence against 针对女性的暴力，142, 170, 172, 187

See also prostitution and forced sex work 亦可见 卖淫和被迫从事性工作

Women Airforce Service Pilots (WASP) 女子航空勤务飞行队，121

Women's Land Army 女子农地军，123

Women's Volunteer Corps 女子挺身队，123

World Bank 世界银行，183

World War I 第一次世界大战，7, 8–11, 15, 17, 18, 51, 67, 107, 134, 182, 202

World War II 第二次世界大战

    names of 命名，3

    interlocking regional wars 环环相扣的地区性战争，2–3, 21, 44, 53–54, 75, 77, 88, 222

Wuhan, capture of 夺取武汉，37, 38

Xi'an Incident (1936) 西安事变（1936），36

Yalta Conference (1945) 雅尔塔会议（1945），184–185, 187, 189, 190, 193, 217

Yamamoto Isoroku, Admiral 海军上将山本五十六，79, 94–95, 140

Yamato 大和，25

Yan'an 延安，144–145, 175, 221

    See also Chinese Communist Party 亦可见 中国共产党

Yangtze River 长江，36, 37, 38, 43, 221

Yorktown, USS 约克城号航空母舰，94–95

Yugoslavia 南斯拉夫，2, 14, 60, 61, 66–67, 149–150, 164, 165, 172, 173, 174, 181, 189, 219, 222–223

    Allied policy towards 盟国对南政策，150, 164, 173, 189

    Partisan struggle 游击战，2, 149–150, 151, 164, 174, 189, 222–223

Yugoslavia, Socialist Federal Republic of 南斯拉夫社会主义联邦共和国，164

zaibatsu 财阀，113, 220

Zhang Zuolin 张作霖，18

Zhang Xueliang 张学良，24, 36

Zhukov, General Georgi K. 格奥尔吉·朱可夫将军，38, 74, 75, 83, 184

Z Plan Z 计划，47, 87, 88

译后记

第二次世界大战的硝烟散去快80年了，但"二战"题材的电影依然吸引着人们的兴趣。关于"二战"的史学著作，虽早已汗牛充栋，但新的成果每年还是纷至沓来。别的不论，仅关于"二战"的通史性著作便呈现出五彩缤纷的局面。近年来，除了李德·哈特《第二次世界大战战史》外，风靡中文世界的外文作品还有阿诺德·汤因比《国际事务概览·第二次世界大战》、约翰·基根《二战史》、马丁·吉尔伯特《第二次世界大战史》、理查德·奥弗里《牛津二战史》、格哈德·温伯格《第二次世界大战》以及诺曼·斯通《二战简史》等，它们各有特色，广为流传，叙事的主体也由战史向经济、外交、文化等方面扩展。随着一代又一代学人不断推陈出新，欧美学界关于二战史的叙事也在发生着变化。近年来，最为重大的变化是由以欧美为中心的叙事向全球叙事的转变。本书即是反映这一转变的重要作品，也因此在"二战"学术史中占据了一席之地。

本书作者安德鲁·N.布坎南，出生于英国，美国佛蒙特大学历史系高级讲师。这所大学在国际排名中名不见经传，因此也就不那么广为人知，但这并没有妨碍布坎南在此扎根，全身心投入第二次世界大战史的教学与研究中。2007年他在该校开设《第二次世界大战史》课程，先后有数百名学生选修了这门课。无论学生是否喜欢布坎南的考核方式（他要求4—5篇论文），对他的评价总包含这么一句："布坎南是佛蒙特大学最

译后记

好的老师之一，他的课程既令人愉快，又富有价值。历史课就该这么上。"借助早年在牛津大学（Oxford University）练就的底子，以及后期在罗格斯大学（Rutgers University）受到的专业训练，布坎南先是研究第二次世界大战中美国在地中海的大战略，再关注第二次世界大战的全球性，其代表性论文发表在西方权威杂志《过去与现在》中，证明了"板凳要坐十年冷，文章不写半句空"在东西方都是适用的。按作者的原话，本书注重的是"二战"的全球性，着重描绘了两点：首先，当年美国（不是纳粹德国）是唯一有能力也有意愿发动全球大战的国家，虽然美国借机建立了战后霸权，但它注定不会长久；其次，强调美欧之外国家的参与，尤其是肯定了中国在抗战的巨大意义。

译者由衷地感谢武汉大学资深教授胡德坤先生对本书翻译工作毫无保留的支持。多年来，作为国内第二次世界大战史研究的领军人物，胡先生一直关心并鼓励笔者的成长，这次又慷慨提供了出版经费，没有他的支持，本书不可能问世。译者曾向业师韩永利教授报告过本书翻译情况，得到了他的热情支持和鼓励。我的学生陶凯、雷铭泽、杨淑毓、袁琪、智敏和许佳睿，勤奋好学，善于钻研，大多选修过我主讲的《第二次世界大战史专题》课程，在成书过程中他们帮助译者做了大量的基础性工作，在一些词句的翻译方面给我提出了很好的建议。因此，作为教学相长的产物，本书亦可看作武汉大学世界史学科人才培养的成果之一。

因为翻译本书的缘故，译者与布坎南建立了长期的联系。其间往来邮件有数十封，译者向他提出了不少问题，都得到了他的及时且详细的回答，这些解答非常重要，有效地减少了译者在翻译过程中可能犯下的错误。同时，我们也发现了原版书中的若干明显错误，一一顺手更正。可能是问得太多了，在翻译接近尾声时，布坎南不由感慨：本书的中文版将会比英文原版更为准确！（the Chinese translation is going to be more accurate than the English original!）在此，对布坎南的耐心回答表示诚挚的感谢！

在本书翻译与出版过程中，有两位老师没有少打扰，非常感谢她们的耐心与付出。武汉大学中国边界与海洋研究院办公室主任郁艳琴老师待人诚恳，工作高效；刘叶编辑在联系版权和审读译稿时表现出极高的专业水准和十分负责的态度。另外，武汉大学历史学院和世界史研究所的领导与同事对本书的翻译与出版也多有关心，在此一并感谢！

值此即将迎来世界反法西斯战争暨中国人民抗日战争胜利 80 周年之际，衷心希望本书的出版能够助推我国第二次世界大战史研究更上一层楼！

张士伟

2024 年夏于珞珈山